# The History of Tarot
# タロットの歴史

西洋文化史から図像を読み解く

## 井上教子

山川出版社

## はじめに

　本書は、タロットの絵柄と歴史を深く学ばれたい愛好家のみなさまに向けて、各絵札の由来、図像の歴史を詳細にお伝えする趣旨で企画されました。

　タロットの歴史をそれ単独ではなく、西洋史の時系列のなかで発祥のルーツから紹介している点、そして、タロット図版は可能な限り原版を採用し、西洋絵画の参考図版とともにオールカラーでふんだんに掲載している点で類書がないといえるでしょう。中世ヨーロッパの歴史や文化に楽しく親しみながら、タロットとは一体なんなのかという問いに明確な答えを見出していただけるはずです。

　タロット発祥期の大アルカナとは、中世ヨーロッパ社会そのものを物語る全22巻の歴史書のようなものだといえます。中世、すなわち「メディーバル／medieval」は、ラテン語の「真ん中の時代／medium aevum」を語源としており、歴史においてはギリシア・ローマ時代と近世との間、400年代〜1400年代後期までの、比較的長い期間を指すことばです。本書では、キリスト教会の支配、王侯貴族による君主制度、魔術や占いの流行、疫病、階級制度といったキーワードが相当する1300年代以降の中世期を取り扱っています。

　文字媒体が未発達の時代に描かれた22枚の寓意画の構図、色彩、描かれているアイテムを、一枚一枚丁寧に、時代背景とともに見つめてみてください。タロット独自のシンボリズム、それが西洋でも日本でも、いまも昔も人は人であるという、私たちの本質を説くものであることがご理解いただけるでしょう。

　タロット愛好家のみなさまに、より多くタロットの魅力に触れ、もっと身近に感じられるよう本書をお役立ていただければ幸いです。

井上教子

CONTENTS

はじめに　2

# 第1章　タロットの歴史

## 1　序論――基本となる知識
3種の系統　12
タロットの標準(スタンダード)について　13

## 2　古典派タロットが生まれるまで
1300年代～　権力者たちのために描かれた絵画　14
1304～1306年　ルネッサンス芸術の創始者ジオットの工夫　14
1364年　フランス王位に芸術の庇護者、シャルル5世が即位　16
1396年　フランス国王シャルル6世のタロット登場　19
1412年　イタリア・ミラノ公にフィリッポ・マリア・ヴィスコンティが即位　22

## 3　一族のためにつくられたヴィスコンティ版
推定1428年　現存する最古のタロット　ヴィスコンティ版登場　24
推定1450年　新たなヴィスコンティ版、ベルガモ・パックの登場　26
1450年　イタリア・フェラーラ公ボルゾと12か月の暦　27
推定1470年　イタリア・フェラーラ公のまじない札、エステンシ・タロット　30
1494年　フランスがイタリアを侵略、タロットが他国へ広がる　31
マンテーニャのタロット　32

## 4 庶民の間で流行したマルセイユ版

1500年代〜　宗教改革で普及した木版画　34
1600年代〜　宮廷文化から大衆文化へ　35
1650年頃　木版画のマルセイユ版登場　36
1700年代〜　ギルドに守られたマルセイユ版の伝統　41
1701年　フランス政府による版木の回収　41
1725年　教皇、女司祭長の絵札に排除命令　42
1781年　タロットのエジプト起源説登場　43

## 5 不朽の名作ウェイト版

1800年代初期　フランス近代におけるオカルティストの活躍　44
1800年代中期　イギリスの魔術結社とカバラ・タロット　47
1800年代後期　魔術系タロットの集大成　49
1857年　ウェイト版の作者誕生　50
1909年　78枚すべてが絵札のウェイト版刊行　51
1900年代後期　空前のタロットブーム　52
1944年〜現代　続々と派生するウェイト系タロット　54

## 第2章 大アルカナの歴史

### 1 魔術師　神聖な知力から庶民の知恵へ　56
ヴィスコンティ版　59／マルセイユ版　61／ウェイト版　63

### 2 女教皇　男性優位社会における聖性　65
ヴィスコンティ版　66／マルセイユ版　72／ウェイト版　74

### 3 女帝　母なる女神の偉大さ　76
ヴィスコンティ版　77／マルセイユ版　79／ウェイト版　82

### 4 皇帝　男社会における武力　84
ヴィスコンティ版　86／マルセイユ版　88／ウェイト版　90

### 5 ローマ教皇、法王、司祭長　最高権力者である神の代理人　92
ヴィスコンティ版　94／マルセイユ版　96／ウェイト版　99

### 6 恋人、愛、結婚　どんな身分でも楽しい恋愛ゲーム　101
ヴィスコンティ版　103／マルセイユ版　105／ウェイト版　107

### 7 戦車　優美な乗り物、あるいは時代を変えた武器　110
ヴィスコンティ版　111／マルセイユ版　113／ウェイト版　115

## 8 正義　善の象徴である天秤をもつ　117
ヴィスコンティ版　121／マルセイユ版　123／ウェイト版　124

## 9 隠者、時の翁　俗世を生きる知恵　126
ヴィスコンティ版　128／マルセイユ版　130／ウェイト版　132

## 10 運命の輪　運命を物語る車輪と球体、連鎖のシンボル　135
ヴィスコンティ版　137／マルセイユ版　140／ウェイト版　142

## 11 力、堅忍　獅子と勇者にまつわる神話　144
ヴィスコンティ版　147／マルセイユ版　149／ウェイト版　151

## 12 吊るされた男　キリストの受難を暗示　154
ヴィスコンティ版　157／マルセイユ版　159／ウェイト版　161

## 13 死に神　すべての人間にもたらされた死の恐怖　163
ヴィスコンティ版　165／マルセイユ版　167／ウェイト版　169

## 14 節制　欲望の火を打ち消す水　171
ヴィスコンティ版　173／マルセイユ版　176／ウェイト版　178

## 15 悪魔　人を地獄に突き落とすサタン　180
ヴィスコンティ版　182／マルセイユ版　185／ウェイト版　187

## 16 塔、神の家　バベルの塔に下された天罰　189
ヴィスコンティ版　191／マルセイユ版　193／ウェイト版　195

## 17 星　内なる輝きを表す　197
ヴィスコンティ版　199／マルセイユ版　201／ウェイト版　203

## 18 月　人の内面を示す天体　205
ヴィスコンティ版　207／マルセイユ版　209／ウェイト版　211

## 19 太陽　命の象徴である太陽神　213
ヴィスコンティ版　215／マルセイユ版　218／ウェイト版　220

## 20 審判、最後の審判　生まれ変わることの象徴　222
ヴィスコンティ版　224／マルセイユ版　226／ウェイト版　228

## 21 世界、宇宙　この世のありとあらゆるものを一体化　230
ヴィスコンティ版　231／マルセイユ版　235／ウェイト版　237

## 22 愚者、狂人　配列からはみ出した特殊な切り札　239
ヴィスコンティ版　241／マルセイユ版　243／ウェイト版　245

# 第3章 小アルカナの歴史

小アルカナの起源　248

トランプとの関連　250

ナイビと呼ばれたタロット　251

印刷技術との関連　252

スートについて　254

人物札について　254

近世以降に重要な役割を担う小アルカナ　255

数札の解説　256

人物札の解説　276

キャリー・イェール・パックの人物札　284


ヴィスコンティ・スフォルツァ家系図　23

本書で紹介する主なマルセイユ版　38

タロット関連年表　290

ウェイト版解釈のためのキーワード早見表　294

おわりに　303

| | |
|---|---|
| デザイン | 黒岩二三[Fomalhaut] |
| 写真提供 | PPS通信社　株式会社アフロ |
| | The Beinecke Rare Book and Manuscript Library, Yale University |
| | Bibliothèque nationale de France |
| | Accademia Carrara |

・タロットカードはクレジットのあるもの以外、復刻版を複写しました。
・キャリー・イェール・パックの欠損分はU.S.Gamesの復刻版を掲載しています。
Illustrations from the Cary Yale Visconti Tarot deck reproduced by permission of U.S. Games Systems, Inc., Stamford, CT 06902 USA. Copyright ©1985 by U.S. Games Systems, Inc. Further reproduction prohibited.

# 第 1 章 タロットの歴史

観賞用の絵画から占いの道具になるまでの、タロットの歴史をたどります。
ひとことでタロットといっても、カードの種類によって
異なる背景をもつものであることがわかります。

# 1 序論──基本となる知識

## 3種の系統

ひとことで「タロット」といっても、そのスタイルはさまざまで、およそ600種ものタロットが巷には出まわっています。

タロットの歴史や絵柄、シンボリズムを学ぶとき、まずは大きく3系統のタロットを理解することが必要です。その3系統とは、古典系、マルセイユ系、ウェイト系です。より細分化されることもありますが、主にアメリカで支持されている研究者による分類を参考に、本書ではわかりやすく3種に大別し、年代順に解説していきます。

古典系のタロットは、**ヴィスコンティ版**を代表とする1300〜1400年代の中央ヨーロッパ(現フランス、イタリア方面)発祥のものです。王侯貴族の依頼を受けた画家の手描きによるテンペラ画が多く、現存しているものは数種に限られています。札番号やタイトル表記もなく、どれもセットとしては未完成の状態です(次項「タロットの標準(スタンダード)について」参照)。

キリスト教的なシンボリズムや教義が散りばめられており、教養人たちが絵解きをして楽しむもの、あるいはまじない札などとして使われていた模様です。

マルセイユ系のタロットは、**マルセイユ版**を代表とする1600年代中盤から出まわりだした木版画による絵札で、版木の作製にあたってはヴィスコンティ版を参考にしたと考えられています。同じ版木がくり返し使用されることで、札番号とタイトル表記含め、タロットのセットが確立しました。ただし、カードメイカー(カードの製造業者)によって細部に微妙な違いがあります。印刷物として量産され、庶民の間にも広く普及し、ゲーム、賭博、占いの道具としてもてはやされました。

ウェイト系のタロットは、アーサー・エドワード・ウェイトにより1909年に刊行された**ウェイト版**、そしてそれをアレンジした現代タロットで、20世紀以降、今日も続々とプロデュースされており、大多数がこの系統に属します。

ウェイト版は、ヴィスコンティ版とマルセイユ版のスタイルを踏襲しながら、古代文明、宗教、神秘思想、心理学などの領域で扱われる普遍的なシンボルを取り入れてつくられたタロットです。計算し尽くされたその色彩と構図が世界中で愛好され、事実上、ウェイト版がタロットのスタンダー

ド（標準）としての地位を獲得しています。

ただし、マルセイユ版をアレンジした現代版、さらには、ウェイト版とマルセイユ版をミックスさせたもの、そこから派生し、どの系統にも属さないような独創的なイメージの現代版も数多くつくられています。

3つの系統を代表するヴィスコンティ版、マルセイユ版、ウェイト版は、同じタロットと呼ばれるものであっても3種異なるDNAをもつものです。

本書では、歴史的な背景とともに、これらの絵柄の成り立ちを理解することでタロットの本質を解き明かしたいと考えています。

## タロットの標準（スタンダード）について

現在の標準的なタロットは、大アルカナ22枚と小アルカナ56枚、総計78枚でワンセットとされています。

**ヴィスコンティ版キャリー・イェール・パック**のなかに、56枚の小アルカナと思われる絵札が現存していることから、このパックがつくられたとされる推定1428〜1447年には、すでになんらかの一定のパターンが成立していたことがうかがい知れます。この時点では絵札にタイトルなどは振り当てられていません。

現在、タロットの絵札はアルカナと呼ばれます。アルカナ／arcanaは、「不思議な、秘密」を意味するラテン語です。

大アルカナは寓意的な象徴画です。小アルカナは4種のスート（主に棒、剣、杯、貨幣）に分けられ、4種のスートごとにACEから10までの数札と、王、女王、騎士、小姓の4枚の人物札、合計14枚で構成されています。

4種のスートの起源は定かではなく、時の流れとともにしぜんに定着していった模様です。古典系のタロットに見られる「槍／stave」「剣／sword」「杯／cup」「貨幣／coin」は、イタリア式のスートです。

しばしば「タロッキ／tarocchi」ということばにも遭遇しますが、これは15〜16世紀初頭に使用されていたイタリア語で、厳密には「タロッコ／tarocco」の複数形です。こちらより、フランス語の「タロット tarot」が英語圏においては広く用いられています。

# 2 古典派タロットが生まれるまで

## 1300年代〜
## 権力者たちのために描かれた絵画

　タロットは「絵札」ですが、そもそも絵とは、たんに眺めて楽しむとか、壁を飾るための装飾品ではありませんでした。最古の絵画である、スペインのアルタミラ、フランスのラスコーなど洞窟に見られる壁画、ピラミッドの内部に描かれた壁画といった絵から、最古の挿絵入りの書物である古代エジプトの『死者の書』(118ページ参照)の挿絵まで、絵にはすべて、描かれた目的がありました。

　先史時代においては生活の大部分を占めていた儀式やまじないに使用され、有史時代においては言語に取って代わるメディア媒体として活用されました。印刷物や画像で溢れた現代社会とは比較にならないほど、当時の絵は貴重で、文化の最先端に位置するものでした。

　中世における絵は、読み書きすらおぼつかない庶民にはまず縁のないもので、王侯貴族や上流階級の人間たちだけのものでした。教会は誰もが自由に足を運べる場所でしたが、そこに掲げられた宗教画は一般に公開されることなく、特別なお布施を支払える富裕層のみに閲覧が許されていました。

　政治・経済社会を牛耳る諸侯、そしてキリスト教会といった権力者たちの政治的手段としての絵が、彼らの依頼を受けた芸術家により日々生産されており、まさに絵は政治と経済と文化の象徴そのものでした。娯楽の少ない当時、富める者は大金を投じて絵の作製や収集に夢中になり、芸術家たちはこぞって技工とインスピレーションを競い合ったのでした。

　現在、西洋名画として私たちが鑑賞している絵のひとつひとつに、依頼者がつくり手に託した目的がありました。タロットという絵札にも、制作を依頼した者のなんらかの意図が託されていたことは明白です。

## 1304〜1306年
## ルネッサンス芸術の創始者ジオットの工夫

　タロットの発祥と前後するこの頃、イタリアではルネッサンスの時代を迎えていました。そしてこの時代のイタリアの代表的な画家であるジオット・ディ・ボンドーネ

（1267頃〜1337）が、その芸術的な識見を高く買われて大聖堂の造営総監督に任命されるなど、多くの功績を残している最中でした。

ルネッサンス期の時代区分については諸説ありますが、絵画については、ジオットの作品からラファエロ（1483〜1520）の作品までとする説が一般的です。

さて、この時期に「絵を読み解く」という宮廷遊技がありました。絵にまつわる知識や鑑賞力を競う知的なお遊びといったところで、タロットとの関連が研究課題にもなっています。

たとえば下の作品を見てください。この絵はジオットがイタリアのパドヴァに滞在中、地元の富豪エンリコ・スクロヴェーニから依頼された礼拝堂の壁画で、イエス・キリストと聖母マリアの生涯を描いた連続画のうちの一幕《ユダの裏切り》です。

ジオットは、イエスとユダの二者の横顔を対面させて描くことで見る者の視線をこの中心部に引きよせ、イエスは気高く、対して獣の表情のユダを至近で射るように見つめる姿にして緊迫感を漂わせるなど、随所に工夫を凝らしています。

イエスがまとう赤い装束には、血を流して殉教したイエスの神聖さが重ね合わされています。イエスの服が赤いというのは、絵画の世界ではすでに画家にとってはお決ま

ジオット《ユダの裏切り》
（パドヴァ・スクロヴェーニ礼拝堂、1304〜06年）

りの伝統でした。その一方で、イエス以外の人物の服の色に配慮する画家が少ないなか、黄色いバラが「裏切り」を象徴することに由来させて、イエスを裏切ったユダの衣服を黄色に染めて描いたこの作品は、当時の教養人たちにより絶賛されたのです。

こういった絵について、誰の依頼でなんのために描かれた絵なのか、また絵画に見られる色彩やシンボル、また画家の芸術的な技巧について、どこまで知識があり論評できるかを、王侯貴族たちは遊技として楽しんでいました。当時の貴族たちの娯楽といえば、チェスやボードゲーム、そして城内での「目隠しをしながらの鬼ごっこ」などであった時代です。

印刷技術が確立される前で、書籍を1冊つくるのにも莫大な経費がかかる時代にあって、読書という趣味もあり得ませんでしたが、貴族たちは自分がいかに豊かで教養深い人間であるかを知らしめるために、筆記者や画家に依頼し、自分専用の写本（手書きの聖書）をつくらせることにも熱中していました。

## 1364年
## フランス王位に芸術の庇護者、シャルル5世が即位

ルネッサンス芸術の担い手といえば、レオナルド・ダ・ヴィンチ（1452〜1519）、ボッティチェリ（1445〜1510）など有名画家の名前が連なりますが、彼らを庇護したパトロン、すなわち王侯貴族とキリスト教会あっての文化でもありました。メッセージ性の高い美術作品は権力者たちの「広告・布教活動」にはもってこいのツールであり、パトロンは芸術家に対して惜しみなく巨万の富を投じたのです。

そんな中世の偉大なるパトロンのひとり、フランス国王シャルル5世は、こと美術研究に専心した王でもあり、宮殿に膨大なコレクションを築き上げた存在です。占星術やまじないにも興味をもっていたことでも知られています。その王の邸宅だった宮殿が、現在、パリの観光名所になっているルーヴル美術館です。もともと1190年頃、パリに築かれ、シャルル5世の代で王宮となり、以来数世紀にわたる建築・増築・改造がくり返されて現在の美術館にいたります。

国王の所蔵品で注目すべきは古い「写本」です。これは印刷技術が生み出されていない時代の聖書のコピー本で、修道士の手書きによるものです。文書をより引き立て、わかりやすくするための挿絵や装飾画は「写本美術」として中世初期〜中期に発達しました。すでに原本は失われていますが、西洋名画の数々、そして、タロットの図像にも、「写本美術」の名残を見つけ出すことができます。

# 写本美術、ルネッサンスの絵画、ウェイト版に共通して描かれる四獣の概念

フランス（トゥール）の写本『ムーチエ・グランバル聖書』より「四使徒とそのシンボル」
（ロンドン・大英博物館、830〜840年頃）

イタリア（ヴェネツィア）の写本より「ヨハネ黙示録の連続画」
（部分／テンペラ、ヴェネツィアアカデミアギャラリー、1375〜97年頃）

2 古典派タロットが生まれるまで

写本美術、
ルネッサンスの絵画、
ウェイト版に共通して描かれる四獣の概念

ラファエロ《エゼキエルの幻視》
(フィレンツェ・ウフィツィ・ギャラリー、1518年)

ウェイト版「運命の輪」(1910年)

★四獣(四聖獣) エジプト神話の天空神ホルスの4人の息子たちが、このシンボルの起源とされる。彼らはハヤブサ、ジャッカル、サル、人間の頭をもつ姿で表され、東西南北の4つの基本方位をつかさどるとされた。ギリシアでは、人間の感覚を示す獅子、肉体を示す牡牛、高度な精神を表すワシ、これら3つが統合された精神性を示すものとして翼をもつ人が、「テトラモルフ(「四重」を意味する)」という心象図として描かれた。キリスト教では、いわゆる十二使徒のなかの四福音史家マルコ、マタイ、ルカ、ヨハネのシンボルが、それぞれ獅子、(水瓶をもった)人、牡牛、ワシとして表される。旧約聖書の「預言者エゼキエルの幻視」では、神とともに降臨した四聖獣が、前方に人の顔、右に獅子の顔、左に牛の顔、後方にワシの顔をもつものとして記されている。

## 1396年
## フランス国王シャルル6世のタロット登場

　1300年代初頭よりはじまったフランスとイギリスの戦争は、のちに百年戦争と呼ばれる1世紀以上にもおよぶ闘争となりました。この百年戦争に加え、フランス国内ではさまざまな公国に分かれ、たがいに内乱をおこすという不安定な治世のなか、1380年にシャルル5世が病により他界し、世代交代を迎えます。

　弱冠18歳で王位を継承したシャルル6世は、亡き父の兄弟、すなわち彼の叔父たちの覇権争いに翻弄されます。「世間知らずの王」と呼ばれ、精神を病んでいたことも伝えられています。彼の紋章は金色のスカラベ（コガネムシ科の甲虫）でした。古代エジプト伝来の太陽神のシンボルでしたが、華々しいエピソードなどなにひとつ残すことなくこの世を去った悲運の王でした。

　そんな王のもとで歴史にはじめてタロットが登場するのが1396年です。シャルル6世の会計帳によれば、「金やさまざまな色彩で描かれた56枚の遊技札」が3パック注文され、カードメイカーと画家グランゴヌールに支払いがされています。実物はもはや存在していませんが、この遊技札が記録上の「現存していない最古のタロット」になります。

　1396年はシャルル6世の天敵、叔父にあたるブルゴーニュ公爵フィリップが即位した年です。また、もうひとりの叔父で、フィリップと敵対するベリー公爵ジャンは画家**ランブール兄弟**★のパトロンとしても有名で、この時期、豪華絢爛な絵画を次々に発注しています。2人の公爵の権力闘争が政治的混乱をもたらすなか、シャルル6世のタロットは作製されており、会計帳には、「王の慰みのため」という文面があります。「絵」本来の目的からすれば、シャルル6世の王権をアピールしようと試行錯誤した結果なのかもしれませんし、そこに祈りやまじない的な要素が多少なりともあった可能性も推察できます。さまざまな理由が相まって作製されたものなのかもしれません。

★**ランブール兄弟**　1390～1416年頃、フランス王室の庇護を得て活躍したポール、エルマン、ジャンの3兄弟。写本の挿絵、寓意画で後世の画家に影響を与えた。『ベリー公爵ジャンの豪華な時祷書（じとうしょ）』が有名。

2　古典派タロットが生まれるまで

1月　　　　　　　　　2月　　　　　　　　　3月

7月　　　　　　　　　8月　　　　　　　　　9月

ランブール兄弟『ベリー公爵ジャンの豪華な時禱書』の冒頭を飾る1月〜12月の彩飾図版
（シャンティイ・コンデ美術館、15世紀）

月ごとの天体の配置と中世期の人々の生活が連動して描かれている。宗教的な日課や祭事が折り込まれた、いまでいうスケジュール帳のようなもので、政務の合間に祈りの儀式等を欠かすことがないよう、諸侯たちは各自の時禱書を画家に作製させていた。『ベリー公の時禱書』は複数作製されており、フランス、イタリア等各地の美術館で所蔵されている。

4月　　　　　　　5月　　　　　　　6月

10月　　　　　　11月　　　　　　12月

2 古典派タロットが生まれるまで

# 1412年
## イタリア・ミラノ公にフィリッポ・マリア・ヴィスコンティが即位

　1300年代中頃から1400年代中頃の100年以上もの間、ヴィスコンティ家はイタリアのミラノを取り巻く広範な地域を支配していました。そしてこの時代のミラノの一領主であったベルナボ・ヴィスコンティは、「もっとも冷酷な暴君」と呼ばれた存在でした。そんなベルナボに対して、甥のジャンガレアゾ・ヴィスコンティが1385年にクーデターを起こし、ミラノの単独統治に挑みます。以後17年間で、ジャンは北イタリアを横切る山ろく地帯からアドリア海まで支配領域を拡大し、「ミラノの専制君主」として知られるようになります。

　当時のヴィスコンティ家の紋章は蝮（まむし）（次項参照）。ジャンガレアゾの先祖が十字軍の一員として遠征した際に掲げたのが「赤いサラセン人を飲み込む緑の蝮」の旗で、初代当主オットーネは「蝮の口から飛び出した若者」と謳われた荒ぶる豪族でした。

　1395年、フランスで最古のタロットが登場した年の前年に、ジャンガレアゾは神聖ローマ帝国のヴェンツェル皇帝から公爵の称号を与えられ、ミラノ初の公爵に即位します。紋章にカタジロワシを使用することが許されるや、ほかの勢力を完全に抑え込み独裁に走り、ミラノにおける地位と名誉は不動のものとなりました。しかしながら1402年に疫病で突然他界し、未亡人カテリーナと、彼女とは別の愛人の子ジョバンニとフィリッポという2人の兄弟が残されました。

　それまでのジャンガレアゾの国政に対する反乱が相次ぎ、ミラノは大混乱におちいります。14歳で第2代ミラノ公となった長男ジョバンニは周囲の大人たちと駆け引きを重ね爵位を維持しましたが、1412年、24歳のときに暗殺されます。

　それまで事態を静観していた4歳年下の弟フィリッポが、「親譲りのしたたかさ」を発揮しながら、3代目ミラノ公として台頭します。以降、フィリッポが長きにわたる治世において公国を統一して復活を果たし、のちに美術的・文化的遺産となる「現存する最古のタロット」が生み出されます。

**15世紀半ばのイタリア北部**

# ヴィスコンティ・スフォルツァ家系図

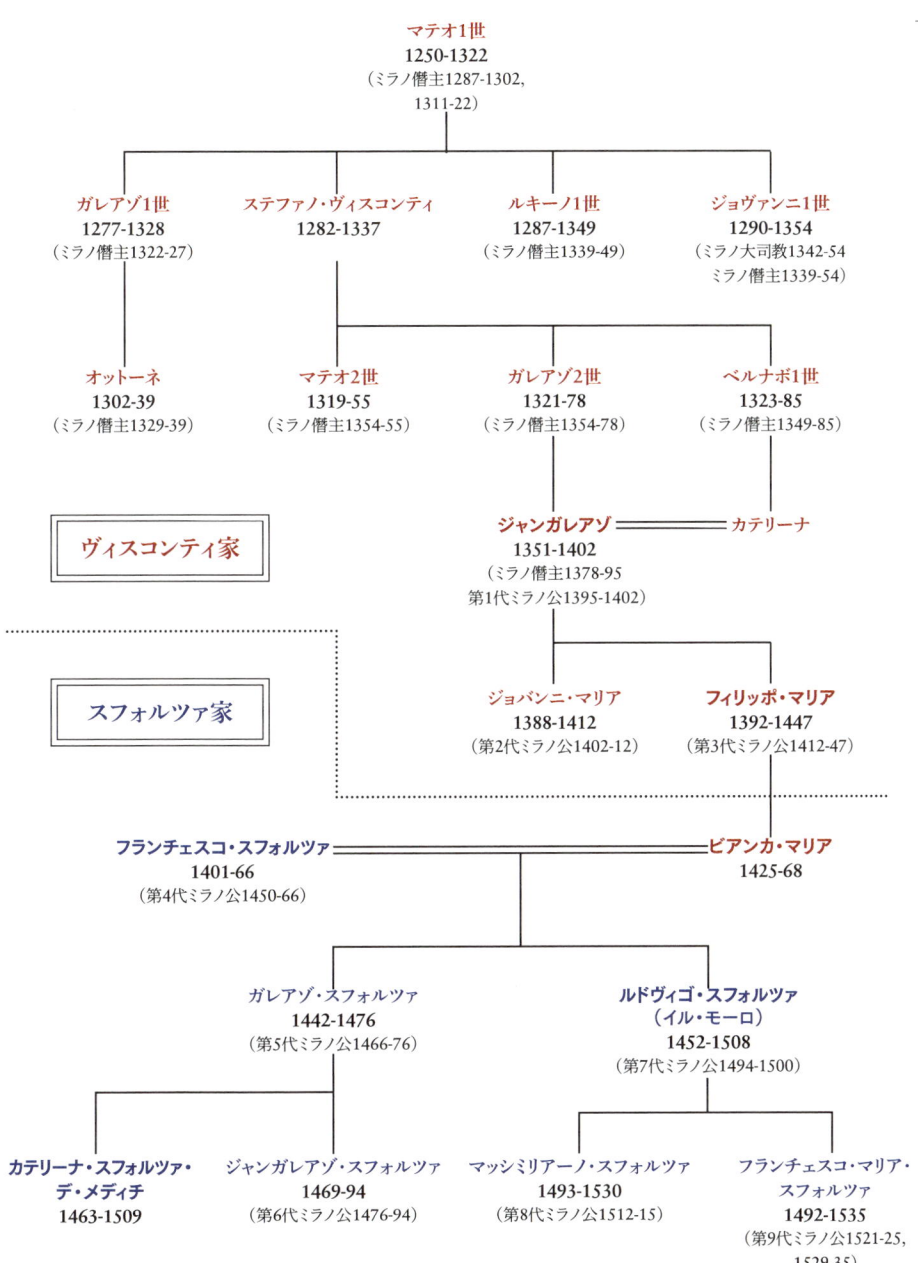

2　古典派タロットが生まれるまで

# 3 一族のためにつくられた ヴィスコンティ版

### 推定1428年　現存する最古のタロット ヴィスコンティ版登場

　第3代ミラノ公フィリッポ・マリア・ヴィスコンティは、美しく優れた公国づくりを目指した一方で、「偏屈な変わり者」が多い王侯たちのなかでも極端な存在で、占星術は信じるが人は信じないといわれた公爵でした。

　最初に妻としてめとったベアトリーチェは、父親の片腕だった有力者ファチーノの妻で、これはファチーノ亡き後の政略結婚でした。20歳も年上でありながら、夫を立て甲斐甲斐しく尽くすベアトリーチェをフィリッポは信頼し、彼女が毒味をした食事にしか口をつけないほどでした。

　ところが結婚10年目にあたる1418年になって、突如としてフィリッポはベアトリーチェとお付きの若い音楽家との「宮廷風恋愛」(101ページ参照)、つまり不倫を疑いだします。2人ともども拷問にかけたあげく処刑してしまうなど、狂信・暴君ぶりをも発揮しています。

「恋人たち」

「槍の女騎士」

**ヴィスコンティ版キャリー・イェール・パック**
(イェール大学ベイネック図書館キャリー・コレクション)
190×90mm

キャリー・イェール・パックは人物札が充実しており、現在の標準的なタロットでは人物札が16枚であるのに対して、24枚もの人物札が存在している。
※欠損している絵札について、本書では、現在の標準的なタロットに従った配列で復刻され流通しているパックの絵札で補った。

その後、サボイ公爵の娘、若く愛らしいマリアを後妻に迎え、2人の間に大きな波風が立つことはなかったとも、フィリッポがマリアを専用の城に幽閉状態にしたとも伝えられています。

そんなフィリッポの命で作製されたという、現存する最古のタロット、通称 **ヴィスコンティ版** が、推定1428年、この世に登場します。

いくつかのヴァージョンが確認されているヴィスコンティ版のうち、最初に作製されたのが **キャリー・イェール・パック** です。残念ながら大アルカナ11枚、小アルカナ56枚、総計67枚のみしかなく、セットとしては不完全ですが、金箔がほどこされた、ほかに類を見ない美しい絵札です。

もともとキャリー家のトランプに関する個人コレクションのひとつで、現在はアメリカ、コネチカット州イェール大学のベイネック図書館に保管されています。

各ヴァージョンが作製された年代については、研究家により諸説ありますが、キャリー・イェール・パックの「恋人たち」の絵柄に描かれているパラソルに、ヴィスコンティ家の蝮の紋章とサボイ家の十字の紋章が見られることから、この絵札がフィリッポとサボイ家のマリアの結婚を記念してつくられたものとし、2人が結婚した1428年を推定制作年とする見解が受け入れられています。

## 推定1450年
## 新たなヴィスコンティ版、ベルガモ・パックの登場

　第3代ミラノ公フィリッポは嫡出子に恵まれず、愛人のアグネス・マイノとの間に娘ビアンカをもうけています。フィリッポは、ビアンカに当時の先端をいく人文教育を受けさせていたとも、愛人とその娘ともども別宅にとどめ、貴族的な生活をさせなかったともいわれています。ビアンカが美術愛好家であったことはたしかで、のちにお抱えの画家を北方ルネッサンスの巨匠ファン・デル・ウェイデンの工房で学ばせたことが伝えられています。

　ビアンカが9歳になると、フィリッポは彼に仕える傭兵隊長フランチェスコ・スフォルツァと婚約させます。もともとフランチェスコの父親が非常に優れた傭兵隊長で、フィリッポから「Sforza／スフォルツァ（力ある者）」の称号を与えられた栄誉ある人物だったため、フランチェスコが婿養子として受け入れられたのです。

　婚約から9年が経過した1441年にビアンカとフランチェスコの挙式が執り行われ、新婦は18歳、新郎は40歳でした。その6年後、1447年8月13日にフィリッポは57歳でこの世を去ります。

　フランチェスコは跡継ぎの地位をめぐり、ほかのヴィスコンティ直系の一族相手に苦戦を強いられましたが、1450年にようやく抵抗勢力を武力で制し、自らの力で第4代ミラノ公に即位を果たします。

　多く世襲が織りなす歴史の流れに、一家臣から公爵にのぼりつめた彼の存在は彗星のごとく人々の心に刻まれました。ヴィスコンティ家のすべての紋章はフランチェスコ・スフォルツァに引き継がれ、彼は人生の残りの16年間をミラノの統治にささげたのでした。

　ちょうどその頃、推定1450年に、新たなヴィスコンティ版、**ピエール・ポント・モルガン・ベルガモ・パック（以降、ベルガモ・パック）**が作製されています。フランチェスコ・スフォルツァがミラノ公としての爵位を引き継いだことを祝して、あるいはフランチェスコからビアンカへの結婚10年を記念した贈り物であろうと考えられています。

　ベルガモ・パックは、大アルカナ18枚と小アルカナ56枚、総計74枚のセットです。標準的な78枚のセットから「悪魔」「塔」「剣の3」「貨幣の騎士」の4枚が欠損しているのみで完全に近いものとして、キャリー・イェール・パックと並び、こちらも最古のタロットの地位を獲得しています。実物は、ニューヨークのピエール・ポント・モルガン図書館とイタリア、ベルガモのアカデミア・カッラーラ美術館とほか数か所に分かれて保管されています。

ほかにもヴァージョン違いのヴィスコンティ版が、ロンドンやロサンゼルス等各地で保管されており、総勢9種類が確認されています。すべて枚数、大きさ、スタイルもまちまちで、絵札にはタイトルすら振られていません。

一説によると、人物札はすべて実在したヴィスコンティ一族の特定の誰かを表しているともいわれています。

注目すべきは、ヴィスコンティ版の絵札には、札を壁か専用のカードボードにピンで留めていたと推察される「穴」が見られる点です。この絵札は、テンペラ画という、画材に卵やハチミツなどを用いる手法で、厚いカードボードに描かれた油絵の類でした。いまでこそ上質紙で量産されており、卓上でシャッフルすることが可能ですが、当時はその種のカードではなかったことがわかります。先述した「絵を読み解く宮廷遊技」を彷彿とし、また、後述するエステンシ・タロットと同様、祈りやまじないのためのものだった可能性も否定できません。

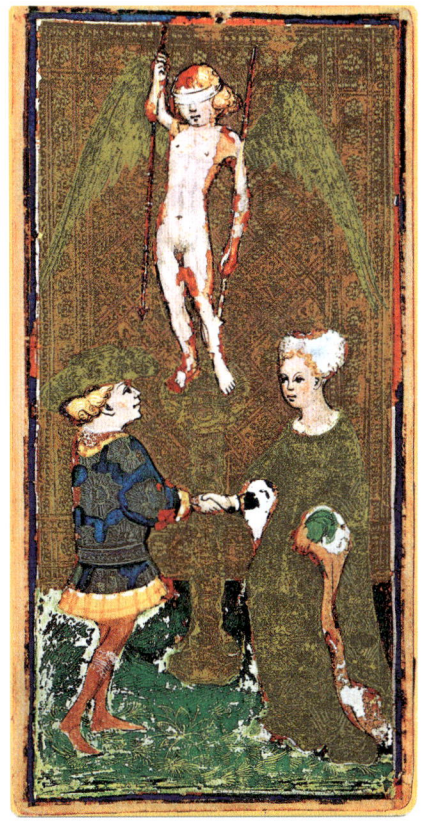

ピエール・ポント・モルガン・ベルガモ・パック
「恋人たち」175×87mm
欠損した札を補い、標準的な78枚のセットとして復刻されたタロットがイタリアやアメリカのカードメイカーから販売されており、誰でも入手することができる。

## 1450年
## イタリア・フェラーラ公ボルゾと12か月の暦

ミラノでヴィスコンティ版ベルガモ・パックが作製されたのと同時期の1450年、ヨーロッパに興った最初の近代都市とされるフェラーラで、侯爵レオナルド・エステが死去しました。それを受けて、弟のボルゾ・エステがさらに上位の公爵に即位します。

27

コズメ・トゥーラとフランチェスコ・デル・コッサ
**《12か月の暦》**
(フェラーラ・市立ラピダリオ美術館〈スキファノイア宮〉、1469～70年)

〈3月〉
黄道12宮の筆頭をつかさどる白羊宮(はくようきゅう)は牡羊座の部屋。

フェラーラは、エステ家により代々統治されてきた伝統ある中堅都市国家でした。規則的に設計された市区に官公庁と産業による中央集権体制が敷かれ、イタリア中から移住者が集まり、活気に満ちていました。

フェラーラ公となったボルゾは同年、市街地の東端に位置するスキファノイア宮殿に巨大なフレスコ画を描かせています。依頼に応えて画家コズメ・トゥーラとフランチェスコ・デル・コッサが、床面積280m²、天井までの高さ7.5mという大広間を埋め尽くす見事な《12か月の暦》を描き上げました。

スキファノイア宮殿は、もともと1300年代後半にエステ家の別荘として建設されたものです。現在はイタリアの観光名所、市立ラピダリオ美術館として公開されています。《12か月の暦》は、占星術を題材に1月から12月まで月ごとに描かれた寓意画です。のちにボッティチェリやラファエロ等、ルネッサンスの巨匠たちが手本としたものでもあり、1400年代にランブール兄弟が描いた『ベリー公爵ジャンの豪華な時禱書』の12か月の挿絵から発想を得たようにも見えます。

この黄道12宮をモティーフにした壮大なフレスコ画は、200年以上にわたる過酷なキリスト教会の支配に対する挑戦が象徴されている作品でもあり、ボルゾがフェラーラの君主として市民から支持と賛美を得るがためのメディア戦略でもありました。

# 3 一族のためにつくられたヴィスコンティ版

〈6月〉
第4宮、家庭運をつかさどる巨蟹宮（きょかいきゅう）は蟹座の部屋。

ボルゾは、まだ兄レオナルド侯爵が健在だった頃、ミラノ公フィリッポ・マリアのもとへ使節として派遣されており、当時エステ家とヴィスコンティ家の関係性は良好でした。フィリッポはボルゾを養子とし、公国の一部の領主権を継承させる契約書を交わしたほどでした。とはいえ、ヴィスコンティ家にしてみれば、ヴェネツィア共和国などの、自らを取り巻く戦国時代の武将のごとき領主たちのことを考えて、フェラーラを味方につけておかざるを得なかったの

です。

　ボルゾの養父となったフィリッポですが、必要以上の親交はもたず、またボルゾが政治的に利用価値がないと判断がつくやいなや、フェラーラに突き返してしまいました。学もなく武将としての名声もないボルゾは、孤独と苦渋に満ちた時期を過ごしたのでした。

　フェラーラ公爵となったボルゾは、反撃するかのように、すでにフィリッポ・マリア亡き後のミラノ公国に勢力を広げようとしました。しかし、武力を用いずフランスの力を利用する試みばかりで、どれも成功しませんでした。

　1400年代後期になると、ミラノやフェラーラの一般市民や労働者階級の間にも、「切り札／trionfi（トライアンフ）」と呼ばれるタロットが広まり、その絵札を作製した芸術家の名前などが歴史的な資料のなかに現れるようになります。

### 推定1470年
# イタリア・フェラーラ公のまじない札、エステンシ・タロット

推定1469〜1471年に、フェラーラ公爵ボルゾ・エステの命により作製された絵札、通称 **エステンシ・タロット** があります。17枚が現存しており、フランス国立図書館で保管されています。そしてこれらの札を作製した画家に対する支払いが、エステ家の会計帳で確認されています。

エステンシ・タロットは、ヴィスコンティ版と同様にテンペラ画で描かれた札で、絵柄はすべて「金色の木の葉の文様と花」という一定のパターンで縁取られ、豪華な風合いがかもし出されています。

ボルゾ公爵を讃え、また、公爵をすべての敵から守るために作製されたまじない札、すなわちお守りのようなものであったと伝えられています。絵柄についても、ボルゾが当時刊行されていた魔術や占星術の文献を参考にして、画家に発注したものでした。

ボルゾは、周辺諸国との攻防戦や勢力争いがくり返される混乱のなかで、大きな軍事的成果を収めることはありませんでしたが、武力闘争を巻き起こす以外の政治的な策略を用いて敵を圧しようとしたことで知られる君主でもあります。手段を選ばない暴君と化した支配者たちが多かったなかで、「祈りとまじない」にも表される、純粋で芸術的なイタリア人の精神を備えた支配者だったと評価する歴史家も存在しています。

**エステンシ・タロット「吊るされた男」**
(パリ・フランス国立図書館)

スキファノイア宮殿に描かれたフレスコ画の寓意絵画をもとに、欠損分5枚のデザインが補われ、金箔の部分までもれなく復刻されたタロットがイタリアのカードメイカー（Lo Scarabeo社）より「ゴールデン・タロット・オヴ・ルネッサンス」として発売されており、誰でも入手できる。

# 1494年
# フランスがイタリアを侵略、タロットが他国へ広がる

1454年にイタリアの5大国であるミラノ、ヴェネツィア、フィレンツェ、ローマ、ナポリが和平協定「ローディの和」を結びますが、それから40年が経過した頃、5大国間でかろうじて保たれていた均衡が崩れだします。

フランスのシャルル8世がイタリアに打って出たことにより、1494年イタリア戦争が勃発し、フィレンツェ周辺が侵略されると、これを契機にタロットはフランス経由でスイス、ドイツにも伝わっていきます。以降各地でヨーロッパ全土の政治、経済、思想の変化を受けながら、タロットはゆっくり進化・成長しながら広がっていきます。

しかしながらこの時期、13世紀頃より猛威を振るいだしたペストは依然として人々の生活を脅かし、ヨーロッパの3分の1の人口を奪うほどの脅威と化していました。そして、新たな脅威となった梅毒による感染症が追い打ちをかけます。

「生きていることが奇跡」という現実をヨーロッパ中の人が目の当たりにしていたこの時代、医療といえば祈りやまじないと同等のもので、効果がないばかりか、むしろ人体に危険な行為もあるという代物でした。体力のない産後の母と子が不衛生な環境下でより死亡率を高め、王侯貴族でさえ天然痘や赤痢といった伝染病の前にあっては死に神に命をささげるだけでした。

1400年代後半には、各地の教会や修道院の囲壁に骸骨がダンスをする、いわゆる「死の舞踏」が描かれるようになり、版画や書物の挿絵としても出まわるようになります。「世界のあらゆる人々の嘆きと身分に対する答え」と題され出版された書籍もあり、身分制度への問いかけがはじまった時代でもありました。

3 一族のためにつくられたヴィスコンティ版

**ハンス・ホルバイン《死の舞踏》**
（木版画、1538年）
ドイツの画家ホルバイン（1498〜1543）による、死の普遍性をテーマにした風刺画で、擬人化された「死」が、さまざまな身分・職業に属する人を、墓場まで導く風景が描かれている。王族、貴族、教皇、修道士、僧侶、農奴、老人、子ども、どんな身分であろうと誰も死に抵抗することはできないという死生観についてのメッセージ。

## マンテーニャのタロット

エステンシ・タロットより少し前に作製されたタロット風の絵札、通称 **マンテーニャのタロット** が、イタリア、パドヴァのスクロヴェーニ礼拝堂にほど近いエレミターニ博物館に保存されており、タロット史研究の重要参考資料とされています。

現在の標準的なタロットとはまったく異なる図柄構成の、総計50枚でワンセットとなる絵札が、推定1460年にイタリアのフェラーラで脚光を浴びたことが伝えられています。

マンテーニャとは、ルネッサンス期に活躍したヴェネツィアのアンドレア・マンテーニャとは別人です。フェラーラのボルゾ・エステ公爵のフレスコ画を描いたフランチェスコ・デル・コッサの派閥の画家か、あるいは兄レオナルド・エステ侯爵に長く仕えた人文主義学者ガリノ・ガリニの一派による作品である可能性などが指摘されています。

ルネッサンス期の版画の見本としても貴重なこのセットは「版画による宇宙百科事典」であると解説されています。50枚すべてが大アルカナのような寓意画で、タイトルが書

**E.1 貧民／MISERO**
威厳、逆境の状態でさえ堂々とした状態でいる。

**E.10 高僧／PAPA**
精神性、日常を越えて考える。

**C.26 音楽／MUSICHA**
ハーモニー、友人を引きつけ、敵を混乱させる。

かれています。美術的価値が高いものとしても知られています。

タイトルの横にローマ数字、絵札の左下にアルファベット、右下には1〜50の札番号がつくという規則性があります。アルファベットはAからEまでの5文字で階級を表し、階級ごとに人物や神、擬人像など10人の絵札があります。それらの序列を表すのがローマ数字です。

たとえば、E.1からE.10は「人間の条件」のグループとされ、最下位（E.1 MISERO 番号なし）から最高位（E.10 PAPA）まで10の人間の特性が描かれています。

C.21からC.30の10枚は「人文科学と自然科学」のグループで、**3つの人文学科「文法、修辞、論理」と4つの自然学科「算術、幾何、天文、音楽」**★が描かれています。

D.11からD.20までの10枚には、太陽神アポロと人間の知的活動をつかさどる9人の女神が描かれている……といった構成です。

初期の古典派タロットとデザインがやや類似していますが、タロットとかかわりをもつものなのか、それともまったく異なるルーツをもつものなのかが大きな論点となっています。

マンテーニャ・タロットは、中世の貴族たちが楽しく遊びながら教養を身につけるための学習道具、あるいは知識人たちの自己啓発的な読み物に相当するものとも考えられます。

★ ローマ時代に制定された学問の基本。以降、ヨーロッパの教育史において受け継がれていった「七自由学芸（7つのリベラル・アーツ）」を指す。

**中世期の教育のための書物の挿絵**
四大に対応する人間の四性論（多血質、胆汁質、粘液質、憂鬱質）を説く書物の木版画の挿絵とマンテーニャのタロットの役割は同一と考えられている。

# 4 庶民の間で流行したマルセイユ版

## 1500年代〜
### 宗教改革で普及した木版画

　ヨーロッパでは16世紀になると、富める者と教会に対する批判がいたる所で強まり、各地で「改革」が求められるようになります。戦いに明け暮れ、庶民の血税を湯水のように使い果たす愚鈍な君主たち、彼らと結託し私腹を肥やし堕落しきっていたキリスト教会に、まずはその矛先が向けられました。

　1517年、神聖ローマ帝国のヴィッテンベルグ大学の教授マルティン・ルター（1483〜1546）が、キリスト教会に対する95箇条の意見書を発表したことを皮切りに、スイス、フランス、イギリスへと激しい抗議運動が広がりました。その後、約30年の時の流れとともに新しい宗教観がヨーロッパにもたらされます。

　宗教改革が成功した大きな要因のひとつに、ルターをはじめとする思想家たちが木版の印刷物を活用したことがあげられます。

　新聞や書物など、活版印刷による活字の印刷物は普及していましたが、当時の庶民の大部分は読み書きができません。彼らにもわかるように挿絵や図版を多用した読み物を作成し、配布することにルターらはいそしみました。

　支配者階層や教会に対する批判が色濃くにじみ出ている風刺画、また、当時流行した占星術や錬金術*の教えを世に伝えようとする当時の図版が数多く残されています。

**錬金術書『哲学者の薔薇園』**
（1550年）より
ウロボロス（64ページ参照）の竜の上に立つ両性具有者は、男女が一体化し、完全な存在へと変成を果たした人間のシンボル。背後に赤獅子とペリカンが見られる。

ゼバスティアン・ブラント「天空における不可思議な会合について」(1503年)
1504年に蟹座でおこる土星、木星、火星の合が擬人化されて描かれ、韻文が添えられている。

★錬金術　化学変化を用いて物質を混合・精製しながら金に変えようとする金属変成術。古代エジプトの魔術にその伝統を見出されることもあるが、多くは人間の精神の変成が主題となった。金を生成する触媒となる物質は「賢者の石」と呼ばれ、寓意画のなかでは赤い獅子などとして描かれる。

宗教改革以降、キリスト教会が関与しない新しい病院や学校が建設され、富める者たちがその運営に資金を投じるようにもなり、社会制度が根底から変わっていきました。

## 1600年代〜
## 宮廷文化から大衆文化へ

　当時は宮廷から、文化・芸術、生活習慣、儀礼、流行といったあらゆるものが発信され、都市部を経て農村部にまで伝えられました。地方には学校や図書館、社交場等の文化施設を充実させるだけの資本が十分に投入され、自然の森や田園地帯さえも宮廷の巨大な庭の一区画であるかのように、快適で美しい都市づくりが実現されました。

　時代は近世に入り、庶民の暮らしにも文化の芽生えが見てとれるようになります。ただし依然として貧しく、その日暮らしの民衆の文化には、「エリート意識」すなわち体裁や恥じらいといった精神性が入り込む余地はありませんでした。大衆文化は自由奔放で、品のない笑いや芸、賭け事が愛好され、占い・魔術の流行も特徴でした。

　酒や性におぼれ、暴力が横行する庶民の日常に、上層社会は眉をひそめ、宮廷伝来のエリート文化を守るべく、風俗的な文化の取り締まりを強化します。

　しかし、政治的・宗教的弾圧が強まるほどに人々は自らの運命をタロットで占い、金銭を賭けたタロットゲームで鬱積を吹き飛ばしました。そんなタロットの魅力はまたたく間に上層社会のエリートたちにまでも

4　庶民の間で流行したマルセイユ版

飛び火し、以降、イギリス、ドイツ等さまざまな国で、タロットに関する多くの資料が発見されるようになります。

1642年には、イタリアの科学者ガリレオ・ガリレイが地動説を認められないままこの世を去っていますが、翌年にはイギリスに近代物理学の祖アイザック・ニュートンが誕生し、科学は進化し続けます。知識人の間で明るみになっていく真実の宇宙の姿が、キリスト教会が主張する創世主ありきの宇宙観をしのぐものとなりつつある時代でした。

## 1650年頃
## 木版画のマルセイユ版登場

フランスでは、推定1650年、パリのカードメイカー、ジーン・ノブレが創作した木版画のタロットがゲームや賭博、占いに使用され、庶民の間で人気を博しました。

羊皮製の多層紙にステンシル彩色を用いた多色刷りの絵札で、78枚中73枚の絵札がフランス国立図書館に保存されています。

これが現存する最古の木版画のタロットになります。のちに同じタイプの木版画のタロットが次々に登場し、総括して マルセイユ版 と呼ばれるようになります。

イギリスの大英博物館は、1701年頃にジーン・ドダルにより作製されたマルセイユ版を78枚、フルセットで所蔵しています。

ジーン・ノブレのマルセイユ版
「愚者」92×55 mm

右／裏面
連続する六角形の「マルタ十字」は聖ヨハネ騎士団（70ページ参照）のシンボルでもあった。

また同じセットの一部の札がフランス国立図書館にも保存されており、この絵札がヨーロッパ各地を行き来していたことがうかがえます。

ノブレ、ドダルのほかにもカードメイカーが続々と登場し、1700年代後半に南仏マルセイユのニコラス・コンバーのタロットが社会に浸透しました。1891年にフランスのメイカー、グリモー社がコンバー版を復刻し発売、1930年に同社のポール・マルトーが改めて復刻版を手がけ、「マルセイユ版／The Tarot of Marseille」と名づけて売り出し、大ヒット作となります。これをモデルにした「マルセイユ版」が各地で発売されるようになり、いまにいたっています。

各カードメイカーが作製するマルセイユ版にはそれぞれ特徴がありました（次頁からの表参照）。

たとえばノブレ版とドダル版では、人物の向きが逆になっているものが目立ちます。

ヴィーヴル版は、大アルカナ22枚中、半数近くの絵札がほかのマルセイ版とは完全に異なるデザインになっており、ほかにも独特の構図や配列が見られるため、マルセイユ版に分類することにしばしば慎重な態度がとられます。

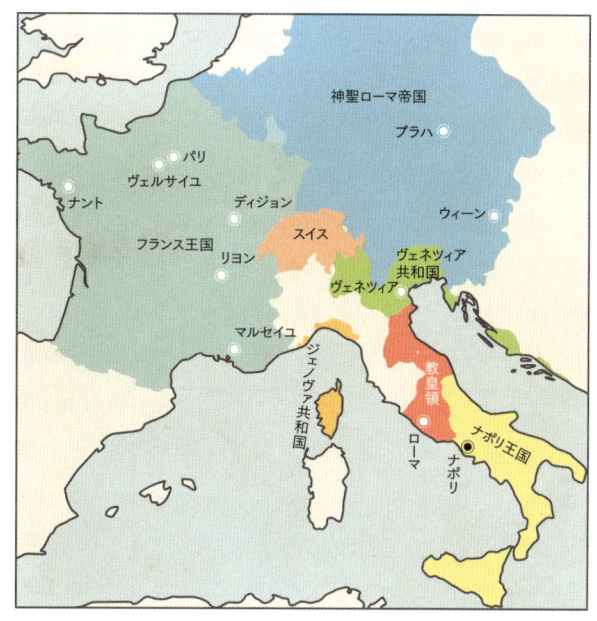

**17世紀半ばのフランス王国周辺**

マドニエ版やバーデル版は、現代の復刻マルセイユ版のモデルとして当初より採用されてきました。

コンバー版は、それまでの複数のマルセイユ版の集大成といえるもので、ゆえにそこに高い完成度を見る人もいます。

カモワン版は、1800年代に入って婚姻関係によりニコラス・コンバーの継承者となったカードメイカー、ジャン・バティスタ・カモワンによるマルセイユ版の復刻版です。

マルセイユ版の絵柄はヴィスコンティ版の亜種に相当するものといわれてきましたが、明らかにキリスト教色が薄れ、むしろ異端宗教的なにおいが漂います。ヨーロッパの暗黒時代を生き抜いた庶民の生きざま、たくましい精神性が投影されたものともいえるでしょう。

# 本書で紹介する
# 主なマルセイユ版
(「魔術師」と「女帝」)

### ジーン・ノブレのマルセイユ版 (パリ、1650年頃)
本文中ではノブレ版とする。復刻版のサイズ：98×61mm

現存するもっとも古いマルセイユ版。木版画の彫刻家でカードメイカーでもあったノブレの弟子からは、優秀なカードメイカーが輩出された。原版がフランス国立図書館に保存されている。図書館情報によれば、ノブレは1659年頃、パリで活躍した商業彫刻家。マリー・フルニエと結婚し、1677年頃に死亡。住所はパリのサント＝マルグリット通り。

### ジャック・ヴィーヴルのタロット (パリ、1650年頃)
本文中ではヴィーヴル版とする。復刻版のサイズ：120×60mmなど（メイカーにより異なる）

ノブレ版と同期ながら、ほとんどの大アルカナの絵柄がほかのマルセイユ版とは左右反転しており、また22枚中、半数近くもの絵札がデザインにおいて完全に異なっている（アルカナ「悪魔」「塔」「星」など参照）。そのため、通常のマルセイユ版とは一線を画して扱われることが多い。さらに、札番号と順序が独特（アルカナ「月」参照）になっているものも。北方ヨーロッパの伝統を引き継いだものか。原版はフランス国立図書館に保存されている。

### ジーン・ドダルのマルセイユ版 (リヨン、1701年頃)
本文中ではドダル版とする。復刻版のサイズ：132×72mm

ノブレ版と同様に、中世社会で流行した精神哲学「フラタニティ（219ページ参照、ギルドなどの組織におけるきずな、友愛や師弟愛）」が織り込まれたタロットだとされているが、ノブレ版とドダル版では、人物の向きが異なる絵札が見受けられ、ノブレ版から半世紀を経て、人物の向きに改めて意味をもたせた要素がドダル版にはある。原版はフランス国立図書館、大英博物館等に保存されている。

### ピエール・マドニエのマルセイユ版 (ディジョン、1709年)
本文中ではマドニエ版とする。復刻版のサイズ：123×65mmなど（メイカーにより異なる）

こちらも彫刻家とカードメイカーを兼任していたというピエール・マドニエによる作品。チューリッヒのスイス国立博物館で保存されている原版をもとに2011年に発売された復刻版が話題を呼んでいる。

### クロード・バーデルのマルセイユ版 (スイス、1751年頃)
本文中ではバーデル版とする。復刻版のサイズ：120×66mmなど（メイカーにより異なる）

スイス発祥のマルセイユ版。フランス産の絵札と異なる構図や線が注目されており、貴重な研究対象とされている。原版は失われているが、1850年のコピーがフランス国立図書館に保存されている。本書で用いられている復刻版は、原版を忠実に再現することより、使いやすさに重きが置かれており、タイトルが5か国語で表記され、絵柄の線が強調されて色鮮やかでもある。

39

## ニコラス・コンバーのマルセイユ版 (マルセイユ、1760年頃)
本文中ではコンバー版とする。復刻版のサイズ：120×70mm など（メイカーにより異なる）

フランスのマルセイユで発行され一躍脚光を浴び、以降、このタイプの版画タロットが「マルセイユ版（Tarot of Marseilles）」と呼ばれるようになった。ニコラス・コンバーこそが伝統あるマルセイユ版のメイカーだと吹聴されたが、現在ではコンバー以前に多くのメイカーが存在していたこと、そして一定の図像やシンボリズムを特徴とする版木にもいくつかのパターンがあったことが確認されており、どれかひとつの版だけが「本物のマルセイユ版」ということはできない。コンバー版はむしろ、1600年代中期からおよそ1世紀にわたってヨーロッパ各地で生み出されてきたマルセイユ版の集大成としての役割を担っている。原版はフランス国立図書館に保存されている。

## カモワン・タロット (マルセイユ、1861年)
本文中ではカモワン版とする。復刻版のサイズ：123×65mm

いわゆる正当マルセイユ版として名高いコンバー版で使用されていた版木を用いて、1861～1971年までマルセイユ・タロットを製造してきたことを主張。21世紀に入って末裔フィリップ・カモワンが、ほかの復刻版とは異なる高いCG技術でさらに精製した復刻版を発表した。以来、カモワン版が唯一生粋の伝統あるマルセイユ・タロットであることを主張している。当時の遺品が古マルセイユ博物館に収蔵されているとのこと。

### 注意事項
自らの復刻版以外のマルセイユ版を認めたがらない現代のメイカーが多い。

すでに出まわっている復刻版を寄せ集めて新たな復刻版をつくり出しているメイカーもいる。

## 1700年代〜
## ギルドに守られたマルセイユ版の伝統

　マルセイユ版の図像の一貫性が数世紀にもわたって守られてきた背景には、絵柄の作製において変更しがたいルールが定められていたことが考えられます。ここで思いつくのがギルドの存在です。カードメイカーたちがギルドをつくってルールを遵守したとあれば、納得のいく話です。

　ギルドの起源は中世初期。絢爛な宮廷、大聖堂、石造りの町なみといった中世ならではの建築物は、当時の芸術家、建築家たちの賜物で、腕のある職人や手工業者が力をもった時代でした。彼らはギルドと呼ばれる組合を結成し、独自の技術や製法を秘伝として、長たる親方から認められた弟子だけがその伝統を受け継ぐことができるという厳しい掟社会を構築したのです。

　石工のギルドなどが有名ですが、画家や羊皮紙職人のギルドも結成されており、より高い賃金と定期的な仕事の保証を得るには、ギルドへの参入が不可欠でした。

　ノブレ版の作者ジーン・ノブレは優れたカードメイカーであり、また彫刻家でもあったおそらく唯一の存在で、彫刻家のギルドで親方を通じてタロットの絵柄の内なる意味を知り得た人間だといわれています。

　ほかのカードメイカー、ドダルやペイアンは版画のデザインを考案するまでで、実際の版木の作製については、フランス西部のシャンベリーにあった名高いギルドの職人、ジャック・メルメに依頼を出していたことがわかっています。

　ノブレやメルメなど、年季が明けて親方になった彫刻家が発信地となり、彼らの図像が信頼のおける弟子たちに受け継がれ、一定の形の「マルセイユ版」が世に広まったと考えられています。

　その絵柄には、古くからの伝統がそのまま描かれている部分も、カードメイカーのオリジナルの部分もあります。中世の画家同様、ギルドでも匠がしのぎを削っていたのです。

## 1701年
## フランス政府による版木の回収

　1701年以降、フランスでは政府の財政難を乗りきるための税制改革があり、版画の作製にあたって古い版木を使用できなくなりました。また、彫刻家でないものが版木を作製することが禁じられ、新しい規制に則った版画の作製が余儀なくされました。古い版木は政府によってことごとく焼き払われ、ギルドで守られてきたマルセイユ版の伝統がこのとき消失してしまったといわれています。

その後マルセイユ版は、営利主義のカードメイカーたちによって、質も内容も落とされ、安価に増版され続けました。18世紀も中盤を過ぎると、カードメイカーは制作よりも販売に専心するようになっていきました。

## 1725年
## 教皇、女司祭長の絵札に排除命令

ルター以来、30年にもおよんだ宗教改革の荒波が一応の解決を見た後、キリスト教会は大衆文化のなかに表現されている「教会」を象徴するものに敏感になります。

イタリアでは推定1725年、フィレンツェからボローニャにいたる広範囲において、トランプやタロットの教皇と女司祭長（Pope、Papess）が描かれた絵札は教会の権威を冒瀆（ぼうとく）するものだとして、これらを排除する命令が教会からカードメイカーに下されました。

結果、教会の圧力を逃れるためにさまざまな工夫がほどこされたマルセイユ版の亜種や変種が、1700年代に続々と登場しました。

## マルセイユ版の亜種や変種

**バッカス・タロット（別名フランドルタロット）**
1777年頃にフランドル地方（現ベルギー）で発行されたタロットで、アルカナ「教皇」がローマ神バッカス（ギリシア神話では酒神ディオニュソスといい、享楽をつかさどる存在）になっている。

**ブザンソン版タロット**
推定1700年代前半、フランスで発行された、マルセイユ版から派生した亜種。伝統的な「女教皇」「教皇」が置き換えられ、アルカナ2と5が「ジュノー」と「ジュピター」になっている（ローマ読みではユノー／Junonとユピテル／Jupiter）。

# 1781年　タロットのエジプト起源説登場

　1781年、フランスの神学者アントワーヌ・クール・ド・ジェブラン（1725〜1784）が著作のなかで、タロットとは古代エジプトの僧侶が教義を密かに伝えるために考案したものだと主張します。ジェブランは啓蒙思想家らと親交があり、当時活発だった博愛主義団体**フリーメイソン**の団員でもありました。フリーメイソンは古代エジプトの魔術を志向していました。

　ジェブランによれば、大アルカナ22枚は、エジプトで神聖数であった7の倍数に特殊な切り札1枚を加えたものであり、小アルカナの4スートもエジプト社会の階層や経済を表したものだといいます。

　魔術の代名詞のような古代エジプトとタロットを結びつける発想はタロット愛好家を魅了するに十分なもので、20世紀に入ってからもジェブランのエジプト起源説は根強く受け入れられるほどでした。

★**フリーメイソン**　中世期より活動を続けている、自由、友愛、平等の三精神を基本原理とする博愛主義団体。世界各地で「神性の追究、内的探求」をテーマに集いが開催されている。中世の石工（メイソン）たちの職人道具である直角定規とコンパスが団のシンボル。タロットにかかわる多くの研究家を輩出している。フリーメイソンの教義が体系化されたトレーシングボードは、タロットの絵札に登場するシンボルと重なる部分が多い。

　1780年代より広がったフランス革命運動を経て、ヨーロッパ各地で封建的君主制度は撤廃されていきます。

**木製トレーシングボード**
（J・ボウリング作、1819年）

4　庶民の間で流行したマルセイユ版

# 5 不朽の名作ウェイト版

## 1800年代初期
## フランス近代におけるオカルティストの活躍

　タロットは庶民のもとでサブカルチャー的な側面を強めていきました。社会におけるさまざまな権利を獲得し、教養を身につけた一般市民が自由にタロットを楽しむようになります。そして魔術的な趣向をもつオカルティスト（**オカルト**★実践家もしくは研究家）たちによってタロットの起源や使用法についての提唱が重ねられました。

★**オカルト**　「隠された世界の神秘」を扱う分野の総称。現実、日常とは一線を画する目には見えない世界、宗教、心霊、超常現象、魔術、占星術、ヨガを含む、いわゆる非科学的な領域のなかで、一般社会では公にならないよう秘密の教義として守られている。

　フランスのオカルティスト、エリファス・レヴィ（1810〜1875）は、タロットの札構成が古代ユダヤの神秘思想**カバラ**の教義に基づいているという可能性を提唱しました。レヴィは、大アルカナ22枚がカバラの象徴体系の中核を成すヘブライ文字22文字に起因するものであると考えたのです。そしてカバラの教義を図式化した**生命の樹**（図1）においても、22の小径（パス）に大アルカナ、10の天球（セフィロト）に小アルカナのACEから10までの数札が対応するものとして、各アルカナをユダヤ神秘思想と関連

づけた解釈へと発展させました（図2）。
　カバラにおける万物の元素から創造のエネルギーがどのように生成し、ものごとを成就させることができるのかという、いわば宇宙の周期と変容の物語を、タロットのアルカナ78枚を通して見出すことができるというものです。

★**カバラ**　古代ユダヤの神秘思想。禁欲的な修行により霊性を高め、光との合一を目指すもの。教義はすべて師から信徒への口伝となっているため、カバラの起源や内実を厳密に解明することは難しい。

★**生命の樹**　カバラの教義を体系化した樹の図像で、「宇宙」の体系図でもある。生命の樹は、人生におこるできごとは神の作用の連続で、すべてが数珠つなぎで関連しており、人は地上である「王国」から、各ステージの試練を通過しながら上へのぼりつめ、光の世界である「王冠」へと到達できることを説いている。現在のアルファベットのもとである22のヘブライ文字による象徴体系でもあり、22を一単位とする考え方を示している。

　レヴィは、古代エジプトの『死者の書』（117ページ、118ページ図1参照）からも洞察を得て、ヘブライ文字の最初の「アレフ」にアルカナ「魔術師」を相当させ、番号なしの「愚者」を21番目に配置しました。これは、20番目の「審判」というよみがえり

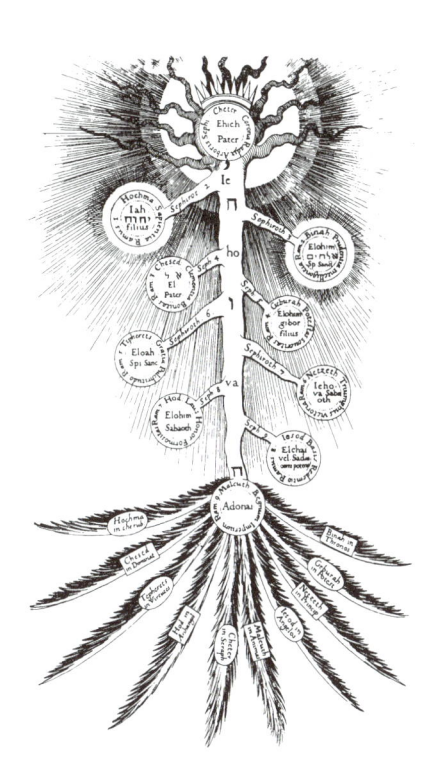

**図1　ロバート・フラッドによる
生命の樹**（16世紀）

樹の実を「天球／セフィロト」、枝を「小径／パス」と呼び、各天球にはヘブライ文字で神名がつけられている。最上部の天球は「王冠／ケテル」、最下部は「王国／マルクト」。

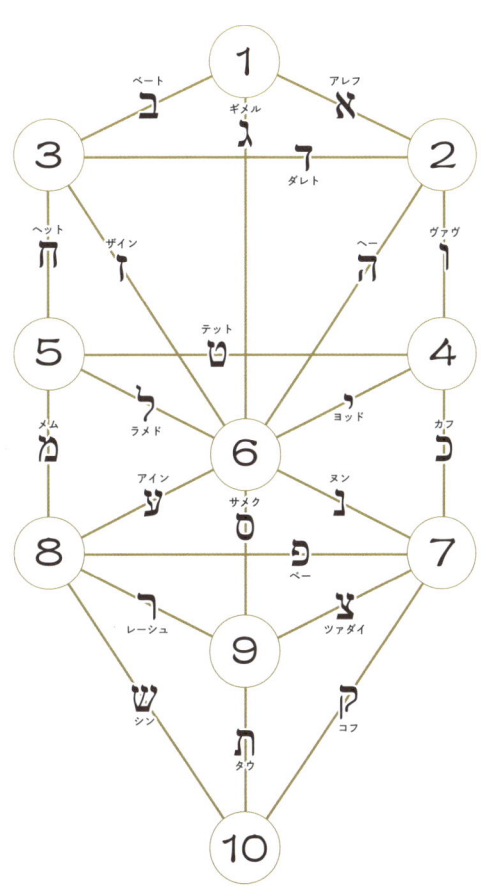

**図2　中世期に体系化された
生命の樹の22の小径と10の天球**

# レヴィによる大アルカナと
# ヘブライ文字との対応

| 札番号 | 大アルカナ | ヘブライ文字 | 呼び方 | 対応アルファベット | 意味 |
|---|---|---|---|---|---|
| 1 | 魔術師 | א | アレフ alef | A | 雄牛 |
| 2 | 女教皇 | ב | ベート bet | B | 家 |
| 3 | 女帝 | ג | ギメル gimel | C | ラクダ |
| 4 | 皇帝 | ד | ダレト dalet | D | 門扉 |
| 5 | 法王 | ה | ヘー he | E | 窓 |
| 6 | 恋人たち | ו | ヴァヴ vav | F | 釘・爪 |
| 7 | 戦車 | ז | ザイン zayin | G | 武器 |
| 8 | 正義 | ח | ヘット chet | H | 囲いこみ |
| 9 | 隠者 | ט | テット tet | I | 蛇 |
| 10 | 運命の輪 | י | ヨッド yod | J | 手 |
| 11 | 力 | כ | カフ kaf | K | 手の掌 |
| 12 | 吊るされた男 | ל | ラメド lamed | L | 家畜突き棒 |
| 13 | 死に神 | מ | メム mem | M | 水 |
| 14 | 節制 | נ | ヌン nun | N | 魚 |
| 15 | 悪魔 | ס | サメク samech | O | 支持、慈善行為 |
| 16 | 塔 | ע | アイン ayin | Y | 目 |
| 17 | 星 | פ | ペー pe | P | 口 |
| 18 | 月 | צ | ツァダイ tsadi | Q | 釣り針 |
| 19 | 太陽 | ק | コフ kof | Z | 頭の後部 |
| 20 | 審判 | ר | レーシュ resh | R | 頭 |
|  | 愚者 | ש | シン shin | S | 歯 |
| 21 | 世界 | ת | タウ tav | T | 十字の印 |

の儀式を経て、人が天界の楽園に神として生まれ変わるなら、大アルカナのラストカードは「世界」となるが、生まれ変わりに失敗し、再び現世での修行を命題とされれば「愚者」となるというエジプト人の死生観になぞらえた発想です。

死者の魂の裁量の儀式（117ページ参照）を通過できなかった民は、振り出しにもどって無から出発すること、エジプトの平民として地上における生を復習しなければならないことがここでは語られているのです。

カバラの教義を介して生命の樹やヘブライ文字に整然と照合され、装い新たになったアルカナは、欧米のオカルト愛好家の支持を得て世界に広められていきます。

## 1800年代中期
## イギリスの魔術結社とカバラ・タロット

タロットとカバラとを関連づける物証はその後もなんら発見されることなく、レヴィやパピュ（49ページ参照）の提唱はいまとなっては「山師のオカルト的見解」だといわれがちです。しかしながら、現在確立しているタロットの標準的な型と使い方の基軸として、彼らの発想はいまもなお温められ続けているのです。

そもそもなぜ22枚なのか、4スートなのか、この連続する絵柄はなんなのかという、タロットに触れる者誰しもが抱く問いかけに答える物的証拠がもはや残っていないことが明るみになると、ではこれをいかにして活用し、生活に取り入れるかという動きが主流になります。

主にイギリスの魔術愛好家の活躍が目立ちますが、魔術といってもお遊びではなく、その起源にさかのぼり、歴史的な背景や心理学的な作用、また科学で解明できない心霊・超常現象等についても研究するのが彼らの主たる活動といえるでしょう。宗教・哲学等幅広い見識者の集いでもあり、現代においても活動を続けている団体があります。

「黄金の夜明け団（ゴールデン・ドーン）」の創設者であるイギリスのマグレガー・メイザース（1854～1918）は、タロットは「生命の樹」の小径や天球を視覚化したものであるとし、占星学をも対応させた象徴体系を確立しました。**ゴールデン・ドーン・タロット**を発表し、この札をカバラの修行法であるパスワーキングという瞑想に取り入れました。

一時期黄金の夜明け団に所属していたこともある、同じくイギリスのダイアン・フォーチュン（1890〜1946）は、「内光協会／Society of the Inner Light」を設立し、カバラの生命の樹とタロット78枚のアルカナとの結びつきを論じる著作"Mystical Qabalah"（『神秘のカバラー』国書刊行会）を発表しています。

　当時は、各団体の研究成果が「秘伝」とされ、公にされることが控えられていたなかで、一般の人にもわかりやすくカバラの教義が解説されており、現代のタロット愛好家がカバラと生命の樹を理解するにあたっての貴重な参考文献とされています。

**ゴールデン・ドーン・タロット**
(U.S.Games)
生命の樹の絵札が入っている。人物札はKING、QUEEN、PRINCE、PRINCESSの4種にアレンジされている。

0 THE FOOL

4 THE EMPEROR

PRINCESS OF CUPS

PRINCE OF CUPS

裏面

## 1800年代後期
# 魔術系タロットの集大成

　1875年、エリファス・レヴィが亡くなると、その弟子ポール・クリスチャン（1811〜1877）が、レヴィの世界観で創作タロットを発表します。これに修正を加えた**オスワルド・ヴィルト版**が、スイスのオカルティスト、オスワルド・ヴィルトにより1889年に発表され人気を博しました。ヴィルトはイギリスの魔術団体「薔薇十字団*」の団員で、カバラ主義者でもあったことが伝えられています。

　その後フランスで、医師でもあったパピュ（スペイン生、1865〜1916）は、オスワルド・ヴィルト版の絵柄を用いて、タロットとカバラに関する解説書"The Tarot of the Bohemians（漂流者のタロット）"を発表、パリで話題となり高く評価されます。この英訳書がロンドンで発売されたタロット書第1号となり、この英訳を手がけたのが、のちにウェイト版の作者となるA・E・ウェイトです。

★薔薇十字団　17世紀後期〜18世紀初頭に伝説上の人物クリスチャン・ローゼンクロイツが創設したという魔術団体。後述するA・E・ウェイトもかかわりがあったという組織で、ここからさまざまな団体が派生した。

オスワルド・ヴィルト版
「悪魔」(U.S.Games)
1889年にマルセイユ版その他に基づいて作製されたタロット。バフォメット（山羊の頭をもつ悪魔）が採用された最初のタロットといわれる。腹部の水星の惑星記号は、邪悪ながらも知力が働いていることの証。

パピュの英訳書 "The Tarot of the Bohemians（漂流者のタロット）" より

現在はアメリカ、メルヴィンパワー社ほかより刊行されている。

## 1857年
## ウェイト版の作者誕生

　タロット界に最大の夜明けをもたらしたA・E・ウェイト（1857～1942）はアメリカに生まれました。幼くして父親を亡くした後、イギリス人の母親はウェイトと妹を連れて郷里ロンドンへ移住しました。ウェイトは成長するにつれ文才を発揮し、小さな文学雑誌などで詩やファンタジー小説を書くようになります。しかし1874年、17歳のときに最愛の妹が病死。この頃から心霊や魔術に引きつけられるようになり、1886年にはレッドウェイ社から、"The Mysteries of Magic, a Digest of the writings of Eliphas Levi（魔術の神秘、エリファス・レヴィの著述の要約）"を出版しています。

　1888年、21歳のときに大英博物館で司書として働きだし、そのかたわらで宗教、心霊、輪廻転生、超常現象、いわゆる精神世界のさまざまな教えを学びます。30歳前後で結婚し、ひとり娘をもうけた後に、妻は他界。数年後に再婚しましたが娘と折り合わず、再びロンドン近郊でひとり暮らしにもどり、"The Unknown World（知られざる世界）"など雑誌の編集を手がけ、以降生涯で70冊以上の書籍と雑誌の執筆に明け暮

れました。

　ウェイトは大英博物館で、やはりそこに勤務していた黄金の夜明け団のメイザースに出会い、ともに団員として活動しつつも数年後には物別れしています。ウェイトにとって、魔術の儀式や組織の利権などはどうでもよいことで、のちに立ち上げた独自の団体では「力の探究ではなく、人間の美徳の探究を」と志を宣言しています。

　1901年にウェイトはフリーメイソンに入団。さらに神智学協会にも所属し、研究で培った知識を組織の制度や講義に提供します。それでも特定のどの団体にも信心することはなく、各所の教義や理論を公にし、世に広めることに力を注ぎました。

## 1909年
## 78枚すべてが絵札のウェイト版刊行

　最終的にウェイトはシンボルに着目し、独自のタロットを目指しました。

　シンボリズムとは、邦訳では象徴主義があてられ、「象徴＝シンボル」を中心にものごとを理解し展開させていく考え方のひとつです。

　たとえば西洋では、伝統的に「犬」は人間の伴侶であることから「忠誠」のシンボル、「ワシやタカ」などの猛禽類はその戦闘的な性質により「戦い」のシンボルとされています。

　注目すべきは、歴史の長い伝統的なシンボルが、西洋でも東洋でも、ほぼ同一のことを示している点です。

　「太陽」というシンボルは、エジプトでもギリシアでも日本でも「生命力」の象徴で、「（太陽）神」という形で表されてもいます。万物を照らし焦げつかせるほどの強い力とまばゆい存在感を、古今東西の人々が示し合わせたかのように「太陽」に見出しているのです。心理学者ユングが提唱した「集合無意識」の働きによるものだともいえるでしょう。

　ウェイトは、シンボルを「普遍言語」としてとらえ、宗教・哲学・心理学的に重要なシンボルで構成されたタロットを目指しました。タロットを通して己の人生を見つめることで、精神的な光明が開けると確信したのです。ヨーロッパの伝統であるエジプトとユダヤの思想、そこから派生したキリスト教や中世期に描かれたギリシア・ローマ神話の絵画などに、参考にすべき多くの図像を見出してもいました。

　1909年、ウェイトは、それまで謎めいていたタロットの絵札について、すでに出まわっていたさまざまなタロットを総括的に解説した"The Key to the Tarot（タロットへの鍵）"を書き上げました。そして解説文

書に相応しいタロットを描ける画家を探しはじめたのですが、大アルカナ22枚、人物札16枚のみならず、数札40枚をも絵柄で表現しようと画策しました。それまでの小アルカナの数札は、各スートがその札番号の数だけ描かれているトランプのような図柄でした。

黄金の夜明け団のメンバーが、同団の女流画家パメラ・コールマン・スミスを引き合わせ、ウェイトの指導の下、スミス女史が描き上げた78枚の絵札**ライダー・ウェイト版**が日の目を見ます。ライダー社より刊行されたため「ライダー版」、また後世においては「ライダー・ウェイト・スミス・パック／RWS版」とも呼ばれるようになります。

以降、イギリスを取り巻く国際的、軍事的情勢が不安定になり、第一次世界大戦が勃発。数年後には第二次世界大戦へと突入し、ウェイトは1942年に、一説によれば空襲で受けた傷がもとでこの世を去ります。

ウェイト版の絵柄の作製を担当したパメラ女史は1951年に他界。2人とも、彼らのタロットが半世紀以上にもわたって賛美を受けることになるとは、思いもしなかったことでしょう。

## 1900年代後期
## 空前のタロットブーム

第二次大戦後、世の中が平静をとりもどしつつあるなか、ウェイト版と"The Key to the Tarot（タロットへの鍵）"が再びライダー社より刊行されると、これがイギリスでたちまち大流行し、ヨーロッパ全土、アジア諸国にも広がりました。もっとも反響が大きかったのはアメリカです。現在はニューヨークのメイカーU.S.Games社が版権をもち、製造・販売を一手に請け負っています。

ウェイト版はシンボルの取り入れ方や絵柄の構図、配色等が理解できて、はじめて絵札の魅力が認識できます。具体的にウェイト版の優れた特徴は次の3点にしぼることができます。

●タロットの絵柄に、ヴィスコンティ版とマルセイユ版の伝統はもちろん、ヨーロッパの伝統である古代文明、そこから派生したギリシア・ローマそしてキリスト教の文化、さらにはオカルティズムや神秘思想にも共通して見られる典型的かつ重要なシンボルを取り入れ、いわば図像という普遍言語を用いた西洋思想の集大成ともいえるアルカナを描きだしています。

たとえばアルカナ「世界」のシンボリズムを見てみましょう。

札いっぱいに、植物を編み込んでつくっ

た大きなリースが描かれています。リースは半円と半円が赤いリボンで結ばれてひとつの円となっており、2つでひとつになることを表しています。円は永続性のシンボルです。リースの中心で2本のバトンをもつ女神は、男性性と女性性という対立原理の融合のシンボルです。「宇宙の構成要素が融合し一体化する」ことのシンボルとしての、アルカナ「世界」なのです。

●「愚者」に算用数字のゼロを振りあてたのもウェイトの功績として注目されます。そして「愚者」が番号なしであれゼロであれ、生命の樹との対応においては、1の「魔術師」の前に配置することがしぜんだと説き、ヘブライ文字アレフに対応させました。

●小アルカナの数札40枚をユダヤ神秘思想カバラの「生命の樹」に対応させ、すべて絵札にしました。これには実際賛否がありますが、「象徴物と数」のみで、すんなりと納得のいくタロット解釈ができる人はそういないのです。実用タロット＝占術の現場ではウェイト版の視覚的な効能が大いに評価されている昨今です。

またウェイトは、タロットの実践的な使用法について、現在ではタロット占術において馴染み深いケルト十字展開法を編みだしてもいます。ヨーロッパ史という舞台で古代ケルト人が果たした役割を熟知してのことでしょう。西洋文化の土台についてのウェイトの深い見識がうかがえます。

ウェイト版「世界」

## 1944年〜現代
## 続々と派生するウェイト系タロット

　1944年、20世紀最大の魔術師といわれたアレイスター・クロウリー（1875〜1947）は、エジプトの書記神トートの知恵の書をモティーフにした異色のタロット、**トート・タロット**を発表し、魔術愛好家から絶賛されました。

　クロウリーも当初は黄金の夜明け団のメンバーでしたが、団員としては問題児で、独自のカルト教団を創設しながらヨーロッパ各地を転々とし、最期はアヘン中毒で他界しました。ウェイトとは犬猿の仲でした。

　クロウリー周辺の人物により、「ウェイト版を改修したデッキ」だともいわれているトート・タロットは、マルセイユ版の伝統を踏襲しながら、ウェイト版に対抗してつくられた異色作といえるでしょう。あえてウェイト版からかけ離れたイメージで作製されています。今日においては、このタイプのデッキも数多く創出されています。

　本格的にタロットを使いこなす目的がある方には、アレンジされたタロットのもととなっているマルセイユ版やウェイト版といった伝統的なデッキから学ぶことをお勧めしつつ、タロット史からタロットの絵柄の変容についての解説に移ります。次項では、最古のヴィスコンティ版とその歴史的背景、時代ごとに見られるマルセイユ版の共通点や違い、それらを踏まえて構築されたウェイト版とそのシンボリズムを解説します。

**トート・タロット**
「星」(U.S.Games)
ウェイトのタロットと生命の樹との対応では、ヘブライ文字「ツァダイ」にあたる小径にはアルカナ「星」が配置されるが、クロウリーは「皇帝」がふさわしいと考えた。彼が述べた「ツァダイは星にあらず、皇帝にあり」ということばが魔術愛好家の間で語り継がれている。

## 第2章 大アルカナの歴史

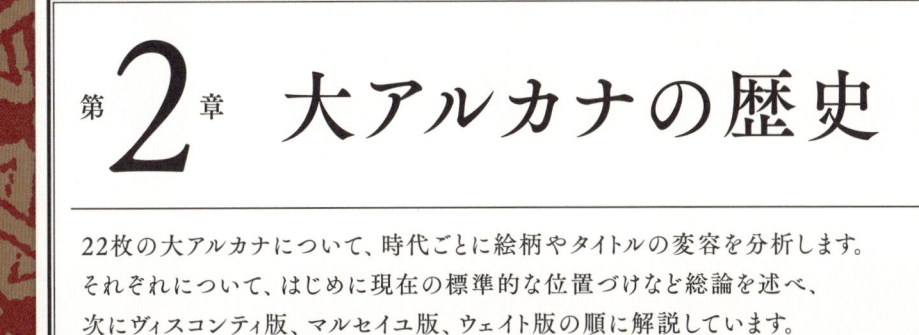

22枚の大アルカナについて、時代ごとに絵柄やタイトルの変容を分析します。それぞれについて、はじめに現在の標準的な位置づけなど総論を述べ、次にヴィスコンティ版、マルセイユ版、ウェイト版の順に解説しています。

# 1 魔術師

英語：The Magician, The Juggler
フランス語：Le Bateleur
イタリア語：Il Bagatino, Il Bagatto

## 神聖な知力から庶民の知恵へ

　第1のアルカナに登場する魔術師は、古くから西洋各地に実在し、地域と時代によっては重要な社会的役割を果たしていたこともある存在です（図1）。

　祭日などに催される市に集う行商人や芸人のうち、魔術師や奇術師は、中世の庶民にとって一種スター的な存在でした。創意工夫で人々を引きつけ、笑いや驚嘆の渦を巻き起こす、そのバックヤードでは、さまざまなネタを仕入れ、技に磨きをかけることに決死の覚悟で努める彼らの姿があったことでしょう。

　中世の魔術師は、芸人、エンターテイナーというだけでなく、なかには身分を偽り、上流階級に紛れ込みのし上がる者もおり、魔術師と聞けば「詐欺師、いかさま師」と偏見をもたれる職業でもありました。相手次第で要領よく立ちまわることができる魔術師の機知を見てとることができるアルカナです。人間ならではの「知力」「創造性」の象徴ともいえるアルカナなのです。

　タロット発祥期の中世社会では階級制度により、富裕層のみが文字を読み書きし、書物や絵画をたしなみながら、文字どおりの文化人となりました。しかし、なかにはその知力を悪用して下層階級を拘束し、労働力にしては私腹を肥やすなどといった輩も出没したわけで、私たちにとって諸刃の剣である「知力」を物語る図像となっています。

　当時の時代背景からすれ

図1『プリニウスの博物誌』（1481年頃の写本）より（ミネソタ州・聖スコラスティカ・カレッジ）
魔法円のなかで魔術を実践する人の挿絵。

**図2 「聖杯伝説」の写本より**（フランス国立図書館、14世紀）
聖杯と長い槍状の剣（ロンギヌス）を手にした者が旅を終えた様子。

**図3 ケルト写本『ダロウの書』よりケルトの文様**（ダブリン大学トリニティカレッジ図書館、7世紀）
ケルトの装飾文様は、紐だけでなくヘビや動物が細長く連なって描かれている場合もあり、絶え間のない増殖性を象徴したものとして護符や豊穣祈願に使用されたと考えられている。

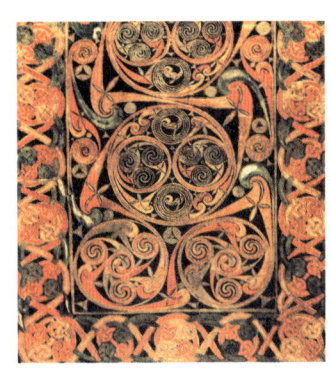

1　魔術師

ば、国家と教会が腐敗するほどに勢力を増すなかで、そのあり方に対抗する思想や制度を訴え、社会に変革をもたらそうとした知識人階層の存在が思い起こされます。やがては、教育とは無縁であった民衆も彼らと手をとり、最終的に支配者層に立ち向かい、人間らしい生き方を実現させたという歴史がヨーロッパにはあります。すなわち、権力も財力も、偽りの教義も、知力を制することはできなかったのです。

この絵柄の大きなポイントは、若い男性の魔術師が卓上でなんらかの術を披露しているいることです。魔術はエジプト伝来のものとされており、そこで流行した死者を復活させる術を布教していたギリシアの哲学者ピタゴラス（B.C.582～496）、スイスの医師で魔術師でもあり、錬金術も実践したパラケルスス（1493/1494～1541）、フランス王妃マリー・アントワネットに仕えたカリオストロ伯爵（1743～1795）など、歴史に顔を出す魔術師たちの多くが男性でした。

通常、この札には、魔術棒や杯などさまざまな魔術師の**アトリビュート**★が見られます。これらは、ヨーロッパ文化の古典である神

57

話や聖書に必ずといっていいほど登場する素材である四聖物「棒、杯、剣、貨幣もしくは紋章」です。

たとえば、旧約聖書に登場するイスラエルの指導者モーゼ、また古代ケルト民族を率いていた祭司ドルイドは力の象徴として棒状の杖を手にしていました。ケルト神話から派生したと考えられているアーサー王伝説には、聖なる杯と聖なる剣が主題となるエピソードがあります（図2）。ケルト人は、三つ巴に似た渦巻き型の組み紐文様（図3）を彼らのシンボルとして掲げた民族でもありました。

★アトリビュート　絵画のなかで特定の人物を表す際に、画家が決まってその人物にもたせたり、身近に描きだしたりする小道具や動植物など。付帯物とも呼ばれる。たとえば、聖母マリアのアトリビュートには白ユリ、書物などが用いられるのが定番。アトリビュートから人物が特定されるケースもある。

★ケルト民族　紀元前900年頃からヨーロッパ広域に分布していた先住民族。彼らの拠点が現在のフランス＝ガリアであることから、ローマ人からはガリア人とも呼ばれ、紀元前50年にはローマに支配された。

棒や杖は人間の創造力を、剣は知力を、聖杯は愛を、紋章やコインは富を表すものとして、中世期にはすでに定着していたシンボルです。

図4　パリのタロット／Tarot de Paris
「魔術師」（1600年代初頭）
古いタロットにはこのような「魔術師」の絵札も存在する。卓上で談話か飲食をしているような男性たちが描かれ、酒場のような雰囲気。いずれにしても「卓上でなにかをする」のが魔術師の主題のよう。テーブルの足元で丸くなる犬が視線を誘う。

## 1 魔術師 ヴィスコンティ版
## 宮廷人を魅了した「異質の知」

キャリー・イェール・パック

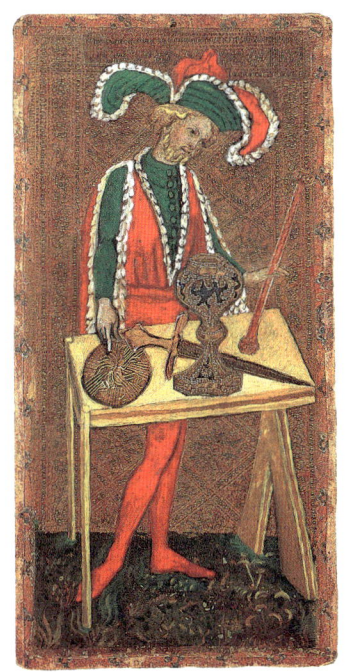

ベルガモ・パック

　ヴィスコンティ一族が治めたミラノは、ガリア地方に住むケルト民族の一派が紀元前4世紀に築いたとされています。先に触れたドルイドなる魔術師で知られる**ケルト文化**★が深く根ざす地域だったのです(図5)。ドルイドは、神官でもあり裁判官でもあり、占星術師でもあり、ケルト社会においては政治までをも主導した重職でした。

> ★**ケルト文化**　ケルト民族の文化。太陽をはじめ森羅万象を崇め、霊魂不滅の思想を信仰した。樹木崇拝の先駆者。ケルト社会は、魔術師であるドルイド、騎士、そして詩人であるバルドの3階級によって成り立ち、特別な教育を受けたバルドに

よりさまざまな神話が生み出され、社会の規範として、また娯楽の物語として語り継がれた。

　古代ヨーロッパにおいては、ローマのネロ皇帝に仕えたシモン・マグス（紀元前1世紀頃）など、代々ローマ皇帝のために命運を占い魔術を実践した宮廷魔術師が存在したことが伝えられており、魔術師は宮廷文化に古くから根づいた存在でした。

　キャリー・イェール、ベルガモの2つのパックの魔術師は、赤と緑の配色があでやかな衣服をまとっています。大きなつばの

反り返った帽子や縁取りの毛皮、ストッキングといった出で立ちは、まさに中世風のものです。

　目の前に置かれているテーブルは、中世の一般家庭で使用されていた組立式の食卓と同じつくりです。家主がそこに、家宝かなにかを持ち出してきたかのようでもあります。

　また、14世紀から目立って活躍しだした手品師の芸当が、カップのなかのボールを隠す、ナイフを自分の身体に突き刺す、見物人から借りたコインで不思議なことをやってみせるといった事柄だったことに由来している可能性もあるでしょう。

　ミラノのヴィスコンティ一族は、1400～1500年代にイタリアの文化と都市景観の維持に多大な費用を投じた領主です。彼らが城から見渡す景観、巨大な大聖堂、重厚な石畳、そこを行き交う商人、そして芸人たちのなかに、この魔術師の姿が見られたことでしょう。その賢さ、利発さ、人をアッと驚かせる独創性は、一定の教育を受けた者が備えもつ知識と情報とは異質のもの。宮廷人も魅了されたことでしょう。

**図5　魔術棒／ワンドをもつドルイド**
ドルイド（druid）とは「大いなる知恵者」を表すことばだが、古代ローマの博物学者プリニウス（22/23～79）は、druの部分が樫の樹（オーク）に由来するため、「樫の樹の知恵をもつ者」とすることを主張し注目された。樫の樹もケルト文化の象徴となっている。

## 1 魔術師 マルセイユ版
### サイコロの出目を操るエンターテイナー

ノブレ版
(1650年頃)

ヴィーヴル版
(1650年頃)

ドダル版
(1701年頃)

マドニエ版
(1709年)

カモワン版
(1861年)

　ノブレ版やカモワン版は、卓上のサイコロの出目にも意味をもたせて精巧に描かれています。サイコロの出目がそれぞれ1、2、4で合計7となっています。7という数字は、シュメール人が発見した七惑星以来、七曜日で一週間が確立されており、古来人が活用してきた重要な単位です。

　もともとサイコロは、偶然性、気まぐれに変化する運命の象徴です。出目の予測のつかない一方、操作可能で賭け事に利用さ

61

れるものでもあり、「その人次第」の運命を表し示すもの。その数の神秘を把握し、操ることができるのが魔術師なのです。

ヴィーヴル版では、魔術師の身体は左側、顔は右側を向いています。不明瞭ですが、卓上にはカップ、定規、筆記用具が置かれているようです。

実はこの項以降も、ヴィーヴル版の絵柄だけ、ほかのマルセイユ版を反転させたかのように向きが逆になっているものが目立ちます。同時期のノブレ版を含め、ほかのマルセイユ版の魔術師はみな身体は右側、顔は左側を向いています。心や精神を象徴する頭部と肉体とが異なる向きで描かれることは、「振る舞いと考えていることは別」であることを示しています。視線が遠方に注がれており、意識を忙しく働かせている様子です。

魔術師の髪型はどれもショートカットで、大道芸人という職業柄か手入れが行き届いているようです。自称最古のカモワン版では巻き髪が強調されているようですが、1701年のドダル版では抑えた印象です。これら2枚で用いた版木が異なることが顕著に出ています。

ノブレ版では、魔術師が手にしている棒はドルイドの神木である樫の樹（その実はドングリ）です。古代の英知により芸当を披露し、観衆を魅了する魔術師は、いわゆる学校の成績がよいお利口さんとは異なる知性の持ち主です。

ドダル、マドニエ、カモワン版の魔術師は左手に棒、右手にはコインをもっており、ポーズに一貫性が見られます。どれも卓上には、2つのカップ、2本のナイフ、小道具入れのようなバッグが見られます。1701年以前に定着していたマルセイユ版の伝統をここに見ることができます。

魔術師にとって、棒は欠かせない仕事道具です。手のひらのコインを消したり、カップからハトを出したりする際、棒を一振りするしぐさはよく見られます。棒は魔術師の最たるアトリビュート（58ページ参照）です。

机の描き方にも一貫性があり、3本だけ脚が見える形になっています。カモワン版では絶対的安定を保証する「三脚の原理」が描かれていると解説されています。3本の脚のひとつが長さを欠いたとしても、テーブルががたつくことはありません。ドダル版では、壊れたテーブルだがインチキをして使っていると説かれています。

卓上に広げられている小物については、マルセイユ版の愛好家たちに熱く論じられていますが、デッキによって諸説あります。近年になって古い木版画をCGで再現することにより、絵柄の細部にまでなにをどう読み解くべきか解説がなされるようになりました。その一方で、それらが100％の確率で1600年代の版画を再現したものだとする決め手もないのが現状です。

## 1 魔術師 ウェイト版
## 天上の永遠の力を手に

　原点に返ってそれまでの絵柄を改訂したのがウェイト版でしょう。タロットは一見形を変えながらも、大切な伝統を息づかせながら進化しているのです。

　ウェイト版では、従来のポーズとは異なり、直立した若い魔術師が魔術棒を手にした右手を上に、左手で大地を指さし、天の力を地上に再現しようと全身で表現しています。卓上に道具をそろえつつも、まだ着手していない点が重要だともされます。

　卓上の4つの聖物（杖、ペンタクル、聖杯、剣）は、西洋の儀式魔術★でも祭壇に不可欠なお馴染みの小道具です。古代ギリシアの哲学者エンペドクレスの四根説★から派生した西洋占星術的思考に基づき、四大要素★（四大、もしくはフォー・エレメントともいわれる）「火地風水」でひとつの宇宙が構成されているという哲学的思想が表現されているのです。

★儀式魔術　魔術の起源、古代エジプトにおいては魔術は宗教の一部で、儀式により執り行われた。エジプト人たちの1日は、その儀式にはじまり儀式に終わったといわれている。その伝統を受け継ぐイギリスの魔術結社ゴールデン・ドーン、そこから独自の団体を結成したアレイスター・クロウリーなどが日本でも人気を集めた（54ページ参照）。

★四根説と四大要素　紀元前5世紀中期に、ギリシアの哲学者エンペドクレス（紀元前492〜432

図6 カルロ・クリヴェッリ《カメリーノ大聖堂の多翼祭壇画》より〈ろうそくの聖母〉
(ミラノ・ブレラ美術館、1492年頃)
イエスと聖母マリアを表すバラとユリが花瓶にいけられている。

ている剣は、四大要素の風を象徴するもので、人間の思考、知性のシンボルでもあります。

　絵柄の上部と下部には、血気、情熱を象徴する赤いバラがあしらわれています。**バラ**はキリスト教のシンボリズムでは、血を流して殉死したイエスを表し、下方の母性、純潔を表す白い**ユリ**は聖母マリアの花とされています（図6）。この手入れの行き届いた庭園は、野の花（ワイルドフラワー）に対して、教養を与えられ整然とした人の意識を象徴するもので、この魔術師を育てた男女、すなわちよき両親の象徴でもあります。

　魔術師の頭上には無限大の記号∞（インフィニティ）が描かれています。これはマルセイユ版の魔術師の帽子をアレンジしたものでしょう。さらに、魔術師の腹部のベルトが「尻尾をかむヘビ」になっており、「絶え間のない循環、永遠」が強調されています。

　「自らの尻尾をかむヘビ」は古代エジプトで、「時の循環」「海」を表すシンボルでした。ギリシアでは、とぐろを巻くヘビが、尽きることのない人の進化を物語るシンボルとなり、「ウロボロス（尾を飲み込む、の意）」と呼ばれました。

頃）が提唱した、宇宙は4つの根本原理で構成されているという宇宙論。西洋占星術の四大要素「火地風水」に派生した。12星座は火の星座（牡羊座、獅子座、射手座）、地の星座（牡牛座、乙女座、山羊座）、風の星座（双子座、天秤座、水瓶座）、水の星座（蟹座、蠍座、魚座）から成る。

　四聖物のなかで、魔術師の手前に置かれ

# 2 女教皇

英語：The High Priestess, The Female Pope, The Popess
フランス語：La Papesse
イタリア語：La Papessa

## 男性優位社会における聖性

　第2のアルカナ「女教皇」の英文タイトルに使用されている「Priestess」は、聖職者や司祭を指す「Priest」の女性形ですので、「The High Priestess」は直訳すれば「高位の女司祭」となります。しかしアルカナ5「教皇」に対応させ、「女教皇」と和訳されるのが常です。

　王侯貴族の居住空間、いま古城としてその名残を伝える建物がヨーロッパ各地に遺っています。城内には必ずといっていいほど礼拝堂があり、宗教的な慣習に則って日々を営んでいた諸侯たちの姿が彷彿とされます。

　礼拝堂に仕える司祭は、読み書きに優れていることはもちろん、そこに集うあらゆる人々にもれなく聖書の内容が伝わるように、図像の力を活用することに長けていました。礼拝堂が絵画や彫像の数々で埋め尽くされているのはそのためです。

　司祭はまた、諸侯の事務作業にもたずさわり、政治に介入することもあり、聖職者としての力のみならず、城の存続にかかわる時勢を読み解く力、先見の明にも似た力を求められたことでしょう。

　それは、先に登場したアルカナ「魔術師」が示す「機知」とは異なる、洞察力ともいえる力です。静かながらも敏感で鋭い感受性、精妙な心の働きをも表すものです。

　このアルカナのポイントは、女性の聖職者が椅子に座って書物を手にしており、人間の聖なる部分と女性性との結びつきに意識がおよぶ点です。

　神に仕える司祭の特質が、伝統的に女性の領分とされてきたことは否めません。日本には巫女が存在しており、神を祀ることが政治的な手腕でもあった時代の古代邪馬台国の女王卑弥呼が知られています。三国志には、降霊術により指導者としての地位を築いた女性が登場しています。世界各地で、月経を迎える前の少女に特殊な霊力が備わっているという考え方が神話や民話に表されています。このカードには、女性に備わるといわれた神秘的な力、「シックス・センス」が描きだされているとされています。

　支配者のツールとして政治に大いに利用されてきた宗教は、聖と俗とをあわせもつもの。聖性のイメージは、血なまぐさい男性優位の社会的風潮のなかで自ずと女性と結びつけられます。

## 2 女教皇 ヴィスコンティ版
# キリスト教が定めた美徳

キャリー・イェール・パック
(イェール大学ベイネック図書館)

ベルガモ・パック

　キャリー・イェール・パックは、イタリアで多く見られるキリスト教画「授乳の聖母」の構図そのものです（図1）。「チャリティ／CHARITY」とタイトルがつけられており、これはキリスト教で説かれている愛、すなわちLOVEではなく、他者の心に寄り添う「慈愛、情け、慈善」を意味することば。人間の徳性のひとつ「愛徳」として、擬人像を通し世に伝えられている精神性を表しています。

　もともとイェール・パックには、キリスト教で説かれている神に対して向き合う際に求められる3つの徳性、すなわち三対神徳が描かれた札が入っており、その1枚がこの「愛徳」だと見なされています。

★三対神徳　キリスト教で神に対して向き合う際に求められる3つの徳性で、神からの贈り物とされている。愛徳のほかに、信徳（アルカナ「教皇」参照）、望徳（ぼうとく）（アルカナ「星」参照）があり、それぞれを表す図像、シンボルが下記のように定められている。

・愛徳（Caritas／Charity）　乞食への施し、子どもに授乳する母親
・信徳（Fides／Faith）　十字架、聖書、十戒の板、巻物、鳩
・望徳（Spes／Hope）　両手を合わせて視線を上部へ向ける、王冠、神の手

図1　ロベルト・カンピン《聖母子》(フランクフルト・シュテーデル美術研究所、1428年頃)

さらにキリスト教では、これら神学的美徳としての「三対神徳」に、人間としての基本的な4つの徳「四枢要徳」(117ページ参照)を合わせた七美徳を提唱し、それらの美徳の擬人像という美術作品を多く輩出しています。

★七美徳　愛徳(Charity)、信徳 (Faith)、望徳 (Hope)、賢明 (Prudence)、堅忍 (Fortitude)、正義(Justice)、節制(Temperance)。中世期には、これらの美徳の擬人化した絵画や彫刻が多く生み出されている。(70〜71ページ参照)

これらの徳性については、4世紀のアンブロシウス司教、6世紀のグレゴリウス教皇が、「節制」をキリスト教の要としたことが伝えられています。11〜13世紀に建てられたフランスのパリ、アミアン、シャルトルにそれぞれ建設されたノートルダム大聖堂にはいずれにも、美徳がそれらと相反する悪徳と戦うというテーマで彫像が表現されています(図2)。

中世後期に盛んになった聖母崇拝の名残で、イタリアでは「サンタ・マリア(聖マリア)」の名のつく教会が非常に目につきます。フランス語の「ノートルダム／Notre-Dame」とは、「我らの貴婦人(Our Lady)」、こちらも聖母マリアを指すことばです。

1396年に初代ミラノ公ジャンガレアゾ・ヴィスコンティがミラノにほど近いパヴィアに建造した寺院も同じ流れを汲むものと推察でき、ジャンガレアゾが目指したヨーロッパ中で「もっとも美しい」寺院に、彼が一種特別な信仰を寄せる聖者の遺品を集めたことが伝えられています。1500年代になってようやく完成したパヴィア修道院は、ロンバルディア・ゴシック建築の最高傑作と謳われるまでになり、現在では文化的遺産として、またヴィスコンティ・スフォル

図2　ノートルダム・ド・ストラスブール大聖堂の壁面に彫刻された〈徳の勝利〉（1275年頃）

ツァ一族が永眠する場として公開されています。

　ミラノの観光地にそびえ立つ巨大なドゥオモ（大聖堂）は、やはりジャンガレアゾの命で「大きさ、華麗さにおいてすべてのキリスト教会に勝る」ものとして1386年から建造がはじまりました。天高く見上げるばかりの聖堂の中も外も、キリスト教の聖人像や徳性を表す擬人像でひしめきあっています。

　キャリー・イェール・パックでは、毛皮の縁取りつきの絢爛なローブを羽織った女性が、右手に大きなトーチランプか香炉をもち、左手で抱いている赤子に乳を飲ませています。中世期は、まだ医療技術や衛生環境が不十分なことから乳児の死亡率が非常に高く、出産時に母子ともに命を落とすケースなども多かったため、上流階級の女性は赤子を乳母に預けるのが一般的でした。日本でも春日局など、国政にかかわり権勢を振るった乳母の存在が知られています。

　絵札の女性の足元には、冠とローブを身につけた王らしき男が倒れています。この王は、慈善に打ち負かされた悪徳の擬人像なのです。

　これより後に作製されたとされているベルガモ・パックでは、質素な印象の修道女が描かれています。白いずきんの上に三層の教皇冠（アルカナ「教皇」参照）をつけ、

## 2 女教皇

左手には青紫色の聖典、右手には、十字架の飾りがついた細い長い笏（しゃく）★をもっており、「女教皇」と呼ばれています。

> ★笏　権威や位階を示して権威者がもつ棒。笏杖（しゃくじょう）、セプター／scepterとも呼ばれる。そもそもは魔術的なシンボルで、治療をしたり、精霊を呼び出す儀式に使用され魔術棒／マジカル・ワンドがその原型。時代が下ると王権の象徴として王笏が用いられるようになった。

ヴィスコンティ版の研究家、ガートルード・モークレィ（1905～1998）は1966年の著作において、この女性がヴィスコンティ一族のひとりで、原始キリスト教会派ウミリアタ・オーダーの女教祖であるマンフレーダ（1280年前後、生没年不明）であると提唱しています。

マンフレッダとも称されるこの女性は、実際には一族ではなく、ミラノから数マイル北にあるビアッソーノという都市に住む貴族出身の尼僧でした。12世紀のミラノで、イエス・キリストが女性であることを主張する女教祖ウィルヘミーナによってウィルヘルム派が立ち上げられると、マンフレッダは信徒となり熱心に活動に参加し、やがては異端審問で処刑となったウィルヘミーナの後を継ぎます。そして1290年頃、ヴィスコンティ家当主マテオ・ヴィスコンティが同会に入信し、彼らは近しい存在となったのです。マテオは、祈りやまじないを含め、身を守るためのどんなこともいといませんでしたし、また敵対する教皇派＝キリスト教会への反発という意味もあったことでしょう。

1320年、マテオの代でヴィスコンティ一族は、すでに異端審問で処刑されていたマンフレッダをかばおうとしたことと、教皇に対して魔術を実行した嫌疑で異端審問にかけられています。一族は庇護を求めて時の皇帝に膨大な金品を贈り、手を組める諸侯たちと力で応戦しました。歴史家はあくまでこれを、皇帝派であったヴィスコンティ一族に対する教皇派の政治的弾圧と見なしています。しかしながら、初代ヴィスコンティ家当主オットーネの母親、その姉妹である伯母は、当時複数立ち上がっていた異端派の信徒として知られる存在で、1100年代後期より開始された教皇庁による異端審問所の監視の目が張り付いていたことも事実で、「なにを信仰するか」がまったく問題とされなかったわけではないはずです。

清貧を説くウィルヘルム派の女教祖としての「女教皇」、質素な身なりで描かれている所以（ゆえん）がうかがい知れます。

ベルガモ・パックの「女教皇」が誰であるかについてはさらに諸説があり、女性が手にしている笏の十字架は「マルタ十字」だと主張し、それに関連する人物であることを示唆する研究家もいます。

マルタ十字は、聖ヨハネ騎士団（正式名称：エルサレム洗礼者聖ヨハネ病院騎士修道会）のシンボルで、軸に向かって幅がせま

くなる細長い花びらをかたどったものです(図3)。ほかにミツバの葉や鐘をかたどって表されることもあります。

　聖ヨハネ騎士修道会のメンバーは近世においてマルタ島を領有するマルタ騎士団となり、首都バレッタにある病院で働いたことから「ホスピタル騎士団」とも呼ばれるようになります。騎士として入団する際には、女性を断つなど禁欲の誓いを立てなければなりませんでした。今日でもローマを拠点に存続しています。

図3　マルタ十字

# 美徳の擬人像

《堅忍》

《節制》　　　　　　　　《信徳》　　　　　　　　《愛徳》

《望徳》　　　　　　　　《正義》　　　　　　　　《賢慮》

**《美徳の擬人像》シリーズ**
（フィレンツェ・ウフィツィ・ギャラリー、1469～70年）

キリスト教の七美徳を女性像で表した作品。

礼拝堂に飾る祭壇画として、1469年に商人組合の依頼を受けアントニオ・デル・ポッライウォーロの工房が作製、シリーズ中の6点を主にポッライウォーロと弟のピエロが手がけ、最後の1点《堅忍》はボッティチェリに引き継がれた。祭壇画はのちにウフィツィ・ギャラリーに移された。

## 2 女教皇 マルセイユ版
### 子どもに真理を教える存在

ノブレ版
(1650年頃)

ヴィーヴル版
(1650年頃)

ドダル版
(1701年頃)

コンバー版
(1760年頃)

カモワン版
(1861年)

各女教皇のかぶり物に特徴が出ています。

ノブレ版ではかぶり物はティアラとされ、何重かという言及はありませんが、見たところ二重冠です。ティアラといえばプリンセスや花嫁の付帯物である一方、キリスト教においては教皇がかぶる**三重冠**（95ページ参照）の呼称でもあり、司祭、司牧、教導の三権の象徴とされています。しかし、ノブレ版のメイカーは、どのアルカナにおいてもアイテムにダブルミーニングを含ませる手法を用いていないため、ここに「教皇ティアラ」の意味を読みとる必要はないでしょう。

ヴィーヴル版では、三重冠が頭一つ分もの高さがあるのが印象的です。ドダル版とコンバー版は、ノブレ版に見られる二重冠の伝統を受け継いでいるようです。

カモワン版では、女教皇の三重冠は、赤道と天の黄道と白道の三つ組みか、活動宮、柔軟宮、不動宮の三つ組みを表すものとされています。

女性もののティアラをつけたこの高貴な人物は、祖母の擬人像だとノブレ版では語られています。ヴィスコンティ版の項で、中世期の上流社会では赤子を育てるのは乳母の役目であったと記しましたが、庶民の間では祖母の出番でした。愛情深く子を見守り、滋養を与えるのが母親の役割で、他方、厳しいしつけをほどこすのが祖母の役割だったのです。祖母は、社会の規範、細かいしきたりを、まだ理屈がわからない幼児に徹底的に習慣づけます。その膝には、特定の教義にとらわれず、私たちが幼少期に理解すべき人間の本質と宇宙の真理についての法の書を広げています。

女教皇の背後には、一様に彼女を覆うほど大きなヴェールがあり、絵札の上半分を占めています。ヴェールやマントなど、身体を覆うための衣服は「隠すこと、隠秘、神秘性」また「庇護」を象徴します。

多く女教皇の顔色が白くなっています。ノブレ版では、「白」は中世ギルドの伝統に由来する彫刻家の親方メートル・ジャックの涙を表す色だとされています。涙は、感情の飽和、悟り、周囲の世界とつながるためのより高い意識を示します。カモワン版では、白い肌は日の光に当たったことがない箱入り娘の象徴であり、女性の純潔と月の諸力に結びつけられます。

ドダル版の女教皇の顔は白くありません。さらに、ノブレ、コンバー、カモワン版では、胸元に2、3の十字の刺繍がほどこされた肩衣のような布が交差していますが、ドダル版では交差しないタイプの肩衣に、十字がひとつしか見られず、このアルカナのオリジナリティが示されています。

## 2 女教皇 ウェイト版
# イシスやマリアにも通じる女性の神秘性

　ここに描かれているのは、アーサー・E・ウェイトがつくり上げた架空の尼僧です。冠は、エジプトの女神イシス（図4）かハトホルの頭飾りと同様で、円形の部分は「太陽」、両サイドの2本の角は牝牛の角で象った「三日月」とされるものです。

　先史時代より、牛・牡牛は農耕の道具、運送手段、食用肉として、人々の生活に密着しながら、神のごとく崇められた生き物でした。古代シュメールにおいて、図像における「神」は、角がある冠をかぶった姿で描かれ、エジプト人により多くの神々が創造されました。日本においても、牛や鹿が神聖視され、角飾りをつけた兜で武装する習慣がありました。

　この「女教皇」のポーズは非常に特徴があり、そもそもは、女神イシスが彼女の子どもホルスを抱いている彫像「聖母子像」に由来するもののようでもあり（図4）、キリスト教画でお馴染みのイエスを抱くマリアの彫像にも重なるものがあります。女教皇の胸元に見られる十字架、処女性、無罪を象徴する白い修道服など、一見してキリスト教的なモティーフを感じさせる絵札でもあります。

　絵札の左右にある、それぞれJ、Bのアルファベットが記された白と黒の柱にも存在感があります。Jは「ヤキン／Jahkin」、Bは「ボアズ／Boas」の頭文字で、それぞれ神の慈悲と神の峻厳を表しています。旧約聖書のなかで、イスラエル王国のソロモン王が築いた神殿の支柱もそのように呼ばれていました。

2　女教皇

図4 《ホルスを抱くイシス像》
(トリノ・エジプト博物館、紀元前8〜4世紀)

図5　ムリーリョ《無原罪の御宿り》(マドリッド・プラド美術館、1660〜1665年頃)

　白と黒の2本の柱は、「生と死」「陰陽」「男と女」など、2つの相反する対立物の象徴、**対立原理**でもあります。旧約聖書においては「光と闇」、つまり宇宙を構成する二大要素は、決して分断された異なる2つのものではなく、表裏となって一体と化すものであることが伝えられています。この二極の要素が、たがいに寸分たがわず等しい力で釣り合いがとれている状態が、「女教皇」のかたわらにそびえ立つ2本の支柱によって表現されているのです。

　女教皇の衣装のすそのあたりには三日月が描かれており、これもキリスト教画における聖母マリアの伝統的なスタイルです（図5）。月は、各地で女性性、母性と結びつけられていました。また、月が潮の満ち欠けをつかさどることから、水、海洋、流動性といったキーワードも「女性性」に属するものとなります。

　女教皇が手にする巻物は、カバラの律法書トーラー／TORAです。これがキリスト教の経典のもととなり、旧約聖書「創世記」以降の5つの書（モーセ五書）として再現しています。

　背後には垂れ幕が見え、ザクロが描かれています。ザクロは、栄養価の高い果実が乳児を育てるミルクに匹敵することから、女性の象徴とされてきました。その赤い実が乳房に見立てられてきたといういわれもあります。

　古いタロットの女教皇よりも、若く美しい女性に描きだされたウェイト版ですが、この札のみならず、一連の大アルカナを通して、「女性性」の重要性を訴えかけるべく作製されたのがウェイト版であることを感じていただけることでしょう。ことにこのアルカナは、女性の神秘性が凝縮された絵札なのです。

# 3 女帝

英語：The Empress
フランス語：L'Imperatrice
イタリア語：L'Imperatrice

## 母なる女神の偉大さ

　第3のアルカナ「女帝」は、大地や海にたとえられる女性の諸力の象徴です。ことに母親の偉大さを伝える札となっています。子を産み、育む女性という存在あっての人類史であり、ギリシア神話の最初の神ガイア、古事記の天照大神など、神々の産みの母である最高神が存在しています。多産と豊穣のシンボルとして、女性器を象った土偶や「ヴィーナスの誕生」などの西洋絵画に私たちも触れる機会があります。

　そういう古代の文化とは裏腹に、古今東西で武力闘争が主体化するなかで男尊女卑の風潮が強まり、自由と平等による世界平和が望まれる今日にいたっても払拭しきれていないのが現状です。中世期において女性の地位は、明確に男性より下まわるものと定められていました。

　しかしながら、女性が男性に屈服し、奴隷になることはありませんでした。つまるところ、男性も含め誰もがみな、女性から生まれているという事実から逃れられないのではないでしょうか。自分を産み落とした母を、子を産んでくれる妻を、虐げ蔑むことなどできないものでしょう。そこには同時に「愛」があります。男性は女性を、女性は男性を愛してきたがゆえに、たがいに優劣を越え、支え合ってきたのです。いつの世も、貴族も庶民も変わらず、愛によって幸せを感じてきたのです。

　タイトル「女帝／Empress」は、一帝国の女性支配者を示す場合と、皇帝の后である皇后を示す場合とがあります。またこのアルカナは、「地母神／dea madre」という異名も当初より持ち合わせています。

　絵札の中心に、一国の女帝が王座にどっしりと構えているのがこのアルカナの特徴です。正面を向き、豪華な出で立ちで威風堂々とした風貌から彼女の権威が伝わってきます。

　先の子どもの乳母を象徴した女教皇に、子を産む母を象徴する女帝が続きます。「三つ子の魂百まで」という慣用句があるように、ひとりの人間がどこでどう生まれ育ったのか、幼少期の体験というものが、その人の生涯の決め手となるほど重要です。そこにその人の原点があり、なにごとも原点あっての延長線であるというのが、タロットをはじめとする占術の根本原理でもあります。

## 3 女帝　ヴィスコンティ版
## 盾を構えて乱世を生き抜く

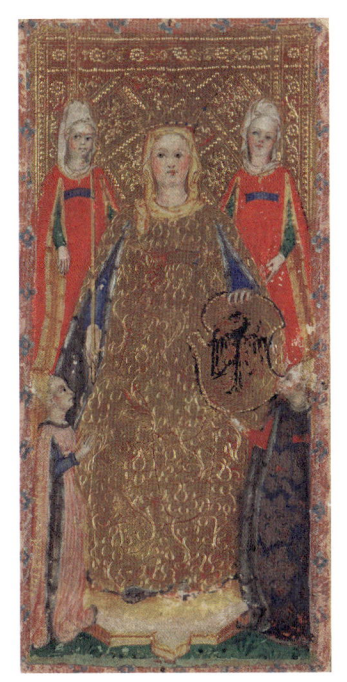

キャリー・イェール・パック
（イエール大学ベイネック図書館）

ベルガモ・パック

　アルカナ「女帝」には、優美な女性が鎮座したさまが描かれ、女帝がもつ盾には、ヴィスコンティ・スフォルツァ家の紋章である黒ワシが描かれ美しく装飾されています。

　盾には、そこに君主あるいは自分の氏族を表すシンボル、家紋を入れることが重要でした。貴族の馬上槍試合において、各一族から出馬している騎士を見分けるために家紋の入った旗を用いましたが、これが「紋章」の起源とされています。

　ワシを紋章として掲げた王侯貴族はほかにも存在し、中世ヨーロッパ社会では各地で好んで用いられた力や権利のシンボルでした。当時の神聖ローマ帝国（ドイツ）の皇帝ヴェンツル（1361〜1419）の紋章でもあり、近しい関係にあったヴィスコンティ一族もヴェンツルによってワシの紋章をさずけられているため、このアルカナは、一族の権力をことさらに強調するものとなっています。

　キャリー・イェール・パックでは、周囲に4人の侍女が付き添っている姿が、より一層女性の身分の高さを伝える構図となっています。絵札の背景にはほかのアルカナにも見られるヴィスコンティ家の「太陽の紋章」が金箔で描きだされています。

　ベルガモ・パックでは、女王のローブの表面にくり返し使われている交差する3つ

77

図1　ヴィスコンティ・スフォルツァ家の紋章
キャリー・イェール・パック復刻版の付属ブックレットより

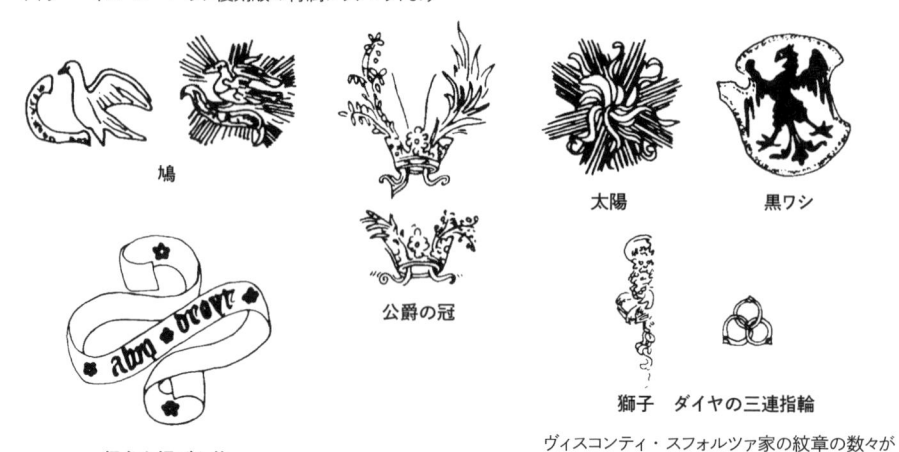

鳩　　　　　　　　　　　　　　　　　　　太陽　　黒ワシ

公爵の冠

獅子　ダイヤの三連指輪

信条を掲げた旗

ヴィスコンティ・スフォルツァ家の紋章の数々が
このアルカナを含め全編通して各所に見られる。

の輪が確認でき、これはスフォルツァ家の紋章、ダイヤの指輪です（図1）。その下方に月桂樹で飾られた王冠が見え、これはヴィスコンティ家の紋章で、すなわちヴィスコンティ家とスフォルツァ家の結合を示しています。

　女帝が盾をもち、また手袋をはめてもいるところから、なんらかの宮廷競技に参加している姿であるようにも推察できます。また当時、契約の譲渡の際に実際に手袋を渡す風習があったことに由来するのでしょうか。
　盾と槍といえば、騎士の付帯物（アトリビュート）でもあります。13世紀頃から中世ヨーロッパの貴族社会では武芸競技会が盛んに行われるようになり、なかでも人気の種目は、馬上槍試合。これは、槍と盾のみをもって馬に乗った騎士が一対一で、相手を落馬させるまで戦うというもので、よ

りさかのぼると、古代のケルト民族（58ページ参照）には、ほかの部族と争う際に、たがいの隊長同士で一騎打ちを行う慣習がありました。

　本来は戦士や騎士の持ち物である盾、それを携えた女帝は、政治にかかわり武芸をたしなむたくましい存在。乱世を生きた女王、后、姫、彼女たちには、男性とはまた違った戦いがあったのです。日本の文化においても、天下を統一した武将よりも、その男性を育てた母や妻のほうに焦点が当たることがあるものです。

　この絵札は、ヴィスコンティ家の特定の女性を表した札というより、女性の権威の擬人像といったところでしょう。中世ヨーロッパに実在した女王や王妃は庶民たちにとって「カリスマ」であり、その動向は常に人々に注視されていたのです。

# 3 女帝 マルセイユ版
## あらゆる意味で「豊かな」女性への崇拝

ノブレ版
（1650年頃）

ヴィーヴル版
（1650年頃）

ドダル版
（1701年頃）

マドニエ版
（1709年）

コンバー版
（1760年頃）

カモワン版
（1861年）

マルセイユ版のなかでは比較的絵柄の一貫性が高く、一様に正面を向いた女帝が描かれています。付帯物である王笏と盾の持ち方を見ると、やはりヴィーヴル版は反転しています。

　手にしている盾に描かれているのはみなワシの紋章です。

　ワシは錬金術（35ページ参照）において知性の象徴とされ、地を這うものとともに描かれます（図4）。ここではこの女帝が教養豊かであることの暗示となります。

　間接的に人を動かし、国政に関与する手腕は、武力に対する「知力」に相当するでしょう。

　ノブレ版の女帝はどっしりと椅子に構え、身体も顔もまっすぐ正面を向いており、手にしている盾は黄色、描かれているのは黒ワシの紋章です。

　ヴィーヴル版以外、羽の先が上向きになっています。現在のドイツの国章（図2）がまさに羽が上向きの黒ワシであり、その母体であった神聖ローマ帝国の名残を感じさせます。宝珠がついた長い王笏も神聖ローマ帝国の皇帝のシンボルでした。

　一様に女帝は青みがかったドレスに赤い上着をまとい、頭には二層からなる冠という出で立ちです。キリスト教画の聖母マリアの服によく見られる配色です（図3）。

　ドダル、コンバー版では、背後の王座の背もたれも青で、翼を背にした「女神」さながらです。

　カモワン版では女帝の顔がやや傾いて、目線が右側に注がれていることに重きが置かれています。

　この女帝は一家の母親に等しい存在、女主人の象徴です。アルカナ「女教皇」に暗示される乳母の手を離れた少年少女に対して、いよいよ母親の出る幕です。母親のもっとも重要な役割は、子どもと適度な距離を置き、どっしりと構えて安住の空間をつくり出すことです。

　フランス語では現金を「リキッド（液体）」といいます。日本でも「潤い」とは、経済的な豊かさを表す際にも用いられますが、母親・母性というものが古来海、水、液体を入れる杯などによって象徴的に表されてきたことと重なる点も重要です。財布のひもを握り、経済管理をする母親は、いかにして家庭を潤わせるか、ひいては国が潤うかという哲学を、子どもに学ばせる存在です。

**図2　現在のドイツの国章**

図3 《ベルヴェデーレの聖母（牧場の聖母）》
(ウィーン美術史美術館、1506年)

**図4 鎖でつながれているワシとカエル**
マイヤー『象徴』(1617年)より。空を飛ぶものと地を這うものが拮抗しながら大作業を行う=精神と肉体との結合の象徴図。ワシは錬金術上、「空気」「揮発化」「作業中に使用された酸」を意味する。錬金術における四元素「空、火、土、水」は、それぞれ「ワシ、竜もしくはサラマンダー、獅子もしくは雄牛、魚もしくは鯨」に相当する。

## 3 女帝 ウェイト版
## 愛とエロスの象徴

　ウェイト版に描かれているのは一国家の女帝ではなく、「天の女王」。大自然のなかにゆったりと構え、かすかに笑みを浮かべているようです。

　12の星が散りばめられた冠は黄道十二宮を示し、12星座の産みの親が彼女であることを伝えています。彼女が宇宙の偉大なる母であることの象徴です。

　また、12の星がついた冠はキリスト教における聖母マリアのアトリビュートでもあります（図5）。特にマリア崇拝の会派に、このタイプのマリア像や絵画が多く見られます。ウェイト版では先のアルカナ「女教皇」と並んでこの「女帝」も一種聖母マリアの異形なのです。

　原書によれば、前面にはトウモロコシ畑が広がっているとのこと。そうなると、この女帝は相当巨大な存在ということになります。トウモロコシや麦穂などの穀物は、古くから多産、大地の神、母神と結びつけて考えられてきました。このアルカナは、母なる大地、母なる海として表象された女性原理そのものなのです。子種を宇宙の大地に植えつける女性の力がダイナミックに描きだされています。

　女帝は、手にした王笏を頭上に掲げており、王位、王の権力と男根の象徴である王笏を、軽く持ち上げ操っているかのようにも見えます。単独で存在しているのではな

く、庭園でくり広げられる乗馬や馬上ダーツの試合でも観戦しているところなのではないでしょうか。たとえば、皇帝や騎士など男性陣が競技するさまを、観戦に熱くなって手にしている王笏を振り上げているところであるとも考えられます。

女帝は果実が描かれた衣服を身につけ、その実用性を全身で表現しています。アルカナ「女教皇」において女性の神秘性を見てきた私たちは、ここで女性の機能性を見ることになります。

女帝は悠然として王座に腰かけ、おおらかな面持ちです。その足元には、愛とエロスの象徴、西洋占星学における金星の惑星記号が刻まれた盾が置かれています。

愛の星とされる金星の惑星記号が入った盾をもつ「女帝」は、「愛の戦士」という側面をもつ存在ともいえます。槍は攻撃性、盾は防御する力、受ける力であり、女性の諸力の最たる部分でもあります。

あらゆる愛の総称として、ウェイト版の「女帝」を見ることができます。たとえば、愛には「エロス／eros」という形がありま

図5 フランシスコ・パチェーコ《詩人ミゲール・シッドのいる無原罪の御宿り》（セビーリャ大聖堂、1617年頃）

す。ギリシア神話に登場する神の名にちなんだもので、性愛に基づく男女の愛情を表したもの。しかしこれは仏教では煩悩のひとつと説かれているもので、ときに人を堕落させるものでもあるのです。仏教で尊ばれているのはこの愛ではなく、「慈悲、慈愛の精神」です。他方、キリスト教における精神的な美徳としての愛は「アガペー／agape」と呼ばれ、罪深い人間に対する神の愛、人間どうしの兄弟愛など、自己犠牲的・非打算的な精神性を表します。

さまざまな愛のエネルギーを構図、色彩、シンボル、記号をもって1枚のアルカナに美しく象徴させたウェイトの巧みさがうかがえます。

# 4 皇帝

英語：The Emperor
フランス語：L'Empereur
イタリア語：L'Imperadore, L'Imperatore

## 男社会における武力

　第4のアルカナ「皇帝」は、先の「女帝」に対応する男性原理の象徴です。

　人類史を主導してきたのは男性だという印象はぬぐえません。天下を治め、国を統一した支配者の象徴絵図、それがアルカナ「皇帝」なのです。

　ヨーロッパでは、1～2世紀頃に地中海を取り巻く広大なローマ帝国が築かれ、ローマ人が支配力を強めていました。しかしローマ帝国はゲルマン民族の侵入を期に勢力を弱め、4～5世紀には東西に分裂、8世紀には完全に解体します。衰退した皇帝権に取って代わって、キリスト教会の司教が勢力を強めていくなか、各国の王も王権を振るいだします。隣接し合った国家間では紛争が絶えず、権力者たちにとって支配領域というものが常に一大事でした。

　混沌とするヨーロッパ社会では、争いを平定する絶対的な権力者が求められるようになります。やがてドイツ、オーストリア、チェコ、イタリアの一部など複数のカトリック系都市国家によって「神聖ローマ帝国（事実上のドイツ王国）」が結成され、複数の王のなかの王として「皇帝」が立てられました。ところが、フランス、イギリスなど周辺諸国の王たちからは優位性を認められず、神のみが絶対的支配者であると主張するキリスト教会とも対立を深めていきました。やがて神聖ローマ帝国の皇帝を支持する「皇帝派」とキリスト教会を支持する「教皇派」の2派のまさつがヨーロッパの都市国家間で、また国の内部でも見られるようになっていきます。

　アルカナ「女帝」でも触れたように、王や女王は民衆にとっての崇拝すべきスターであり、皇帝もまたしかりです。かつての日本の天皇がそうであったように、人間を超越した特殊な力と使命を担うがゆえに玉座を与えられた存在だと人々は認識していたのです。対してキリスト教会は、譲ることのできないカリスマ、神の存在をより強く人々の意識に植えつけようと、巨大な聖堂、絢爛なキリスト絵画や彫像を次々に生み出すにいたります。

　最終的に勝敗を決めるために用いられたのは軍事力であり、王権、帝権、教皇権の争奪戦で血塗られた中世史となりました。そんな男社会の武力闘争を物語るアルカナ、それが「皇帝」です。

## 4 皇帝

　1725年にフィレンツェで製造されたエッチングのミンキアーテ・タロットは、十二宮や美徳の札が加えられた97枚のゲーム用タロットで、イタリア、フランスで爆発的な人気を呼んだものです。標準的なタロットの「女教皇」の代わりに「大公」（王の下、公爵の上に位置する階級）が加えられ、皇帝は「西の皇帝」「東の皇帝」の2枚、合計3枚の支配者の札があるものとなっています（図1）。

　総じてこのアルカナは、支配者が王座に腰かけ、左右の手に王笏、宝珠を手にしているというシンプルな構図です。

★**宝珠**　世界を表す球体に十字架がついたもので、それをもつ者が世界を手中に収めていることを示す。時の権力者やキリスト教的なシンボルでもあり、その上に立った女神像などの彫像も見られる。

　王笏は、「女教皇」でも触れたようにもともと魔術的なシンボルでしたが、これはまた男根の象徴でもあり、指揮権や正義をも表します。王笏と宝珠をそろってもつことは、男性性と女性性の結合をも意味し、無限の創造力を担うことの象徴でもありました。

**図1　ミンキアーテ・タロット**

2「大公 IL GRANDUCA」　　3「西の皇帝 L'IMPETATORE」　　4「東の皇帝 L'IMPETATRICE」

1725年初版のミンキアーテ・タロットの復刻版。ミンキアーテとはゲームの名前。この版は「ミンキアーテ・エトルリア（エトルリア人のミンキアーテ・タロット）」とも呼ばれている。2〜4はすべて男性。

85

## 4 皇帝　ヴィスコンティ版
## 初代ミラノ公の肖像か

**キャリー・イェール・パック**
（イェール大学ベイネック図書館）

**ベルガモ・パック**
（アカデミア・カッラーラ）

　キャリー・イェール・パックの「皇帝」は、黒いカタジロワシが描かれた大きな帽子が印象的です。多角形の台の上に据えられた王座に腰かけ、左右の足を交差させており、周辺には若い小姓★たちが取り巻きのように描かれています。

★**小姓**　貴族の男子は7歳程度で大きな屋敷に奉公に出され、武芸や乗馬を学び、14歳程度で騎士見習いとなる。その後、叙勲（じょくん）式を経て21歳程度で騎士になった。**騎士見習い**になるまでの幼い少年は小姓と呼ばれ、貴婦人につかえたり、食卓で給仕を務めたりもした。

　ベルガモ・パックでは、皇帝が左手に十字架のついた宝珠をもっています。特に神聖ローマ帝国の皇帝は、宝珠の十字より下の部分を手袋をした左手でもつことで、あくまでも神の下に位置する「世俗の王」であることを示していました。その一方で、キリスト教会の教皇は地上の最高権力者と同等の立場にいることを強調し、右手で王笏をもつのが典型的でした。

　すその長いローブには、「女帝」でも見られたように、スフォルツァ家の紋章である3つの交差するダイヤの指輪が描かれています。そして帽子に、同じく黒ワシが描かれています。アルカナ「女帝」でも触れたように、黒ワシは、初代ミラノ公ジャンガレアゾ・ヴィスコンティが、神聖ローマ帝国皇帝から授かった紋章です。

もともとのイタリア王国は、その中部と北部が神聖ローマ帝国領となっており、神聖ローマ皇帝が支配権を兼任していました。一都市であったミラノは領主ベルナボ・ヴィスコンティによって力をつけつつありましたが、ベルナボは重税で市民を苦しめる悪政等で酷評される人物でした。

1385年にベルナボを失脚させたのが、甥のジャンガレアゾ・ヴィスコンティでした。隙をついた突然のクーデターでベルナボを投獄し財産を没収すると、評議会を開催し、公明正大にミラノの支配権を得たのです。この一件にミラノ市民が狂喜したことが伝えられています。

ジャンガレアゾは「イタリアの王となるべき救世主」と詩人に謳われ、それまで不安定だった司法と行政組織を徹底して整備した、イタリア史に名を残す政治家でした。先代のオットーネやマテオが神聖ローマ帝国の皇帝代官の地位を目指したのに対して、ミラノを一国家として自立させるべく、当時カール4世の後を継いだばかりの皇帝ヴェンツルに莫大な費用を支払い、ミラノ公国設立の許可を得たのです。

1385年9月、ジャンガレアゾの公国叙任式典は盛大に執り行われ、このとき黒いカタジロワシの紋章が授けられました（図2）。ミラノは一国家として自立し、以降、豊かで安定した時代が続きました。

キャリー・イェール・パック、ベルガモ・パックともに神聖ローマ帝国の皇帝に対する配慮か王冠は描かれておらず、宝珠を手にする絵柄にとどめられ、身につけている装束についても、当時の一般的な諸侯並のものです。現実的に身分をわきまえて描かれた一族の肖像画のようです。

**図2 《サンタンブロジオの祈禱書》**
（ミラノ・サンタンブロジオ教会図書館、1395年頃）
1385年9月5日、ミラノのサンタンブロジオ広場での戴冠式で、ジャンガレアゾが皇帝特使よりミラノ公国の公爵と認められた。舞踏会と馬上槍試合も開催された一大イベントが記録されている。

4 皇帝

# 4 皇帝　マルセイユ版
## 足を組む地上の絶対君主

ノブレ版
（1650年頃）

ヴィーヴル版
（1650年頃）

ドダル版
（1701年頃）

マドニエ版
（1709年）

コンバー版
（1760年頃）

カモワン版
（1861年）

「皇帝」は、王座に腰かけた横向きの姿で描かれています。カモワン版では左向き、ノブレ版では右向きと、当初より向きには一貫性がなかったようです。反転させた版木を使用したと考えられているヴィーヴル版の向きが、ここではほかの版と一致しています。

ヴィーヴル版以外、帽子の後ろの縁に折り返しがある王冠を着用し、なかでもノブレ版では前のひさしも反り返っており、これは14〜15世紀のフランスでは最新のモードとして知られていました。

どの皇帝も足を組むポーズをとっています。カモワン版では、この足組が西洋占星術の木星の惑星記号、また木星の惑星番号である4を形成しているとされ、占星術で拡大と発展をつかさどる吉星、木星の諸力と結びつけられています。物質的な恵みをもたらす絶対神と地上の絶対君主を重ね合わせているのです。

ノブレ版では、皇帝が右手よりも神聖とされる左手「栄光の手」で王笏をもっていること、また持ち方が女帝のそれとは異なっていることが重要とされています。若者の社会への旅立ちをより自律的、支配的に象徴しているとされています。

みな宝珠がついた長い王笏をもち、もう一方の手を腰のベルトにあてています。王笏は、ローマ帝国時代のフランスのスタイルのもののようで、当時は統治者が身分を示す棒を手にもつ習慣があったことに由来し、権力者たちはさまざまな材質でつくられた笏杖を付帯していました。ノブレ、カモワン版に描かれている、笏の十字架部分に装飾がついたタイプは、古代ローマ皇帝の王笏に似せてつくらせたというサン・ドニ大修道院に展示されている実際の王笏に酷似しています。

足元にはワシの紋章が入った盾が見られ、色は黄色か黒です。先のアルカナ「女帝」のワシの翼が上昇する形をしているのに対して、こちらは下降する形をしていることから、異なるエンブレムをもつ「女帝」と「皇帝」は別の一族であるという指摘がカモワン版ではなされています。ワシは足元に下降してきて翼を休めているかのようです。皇帝の安定性、不動性、確実性の象徴だといえるでしょう。

ドダル版に見られる数値「4」は、中世ギルドの彫刻家ジャック・メルメの親方としての番号だとされています。

国家の最小単位が家庭であるとすれば、一国を治める皇帝は、一家の父親に符合します。中世ヨーロッパの父親の役割とは、まず家族を守ること。そして、騎士道の精神に則り、腕力、武力を正しく使用し、弱いものを守るべく、社会に貢献することでした。力の乱用・悪用はご法度であり、「守り、治める力」に皇帝の存在意義が見出され、その延長に、軍事的な力や制度があったのです。

## 4 皇帝 ウェイト版
## 孤高の世俗の王

　ウェイト版の「皇帝」では、4（IIII）を表すローマ数字が現代表記（IV）に修正されています。絵柄は北方ルネッサンスの巨匠、デューラーが描いた《シャルルマーニュ大帝》の肖像画になぞらえて描かれたかのようです（図3）。シャルルマーニュは、ドイツ語読みでカール大帝としても知られている当時のフランク王国の国王で、9世紀には西ローマ帝国の皇帝に即位し、のちに誕生した神聖ローマ帝国の鼻祖ともいえる存在です。

　構図は似ていますが、皇帝が手にしている宝珠から十字は消えており、王笏は、エジプト伝来の輪つき十字架（アンク）を彷彿とさせるものとなっています。身なりも中世の王侯貴族というより、古代の戦士に近い出で立ちで、石造りの玉座、ごつごつとした岩肌が見える背景からは、完全に中世期の「宮廷」のイメージが払拭されています。

　そんななかで、赤い装束がひときわ目につきます。赤は血の色、戦闘神の色であり、情熱、熱気、闘争を象徴します。その下に甲冑（かっちゅう）を身につけているこの皇帝は、まさに現職の戦士で、生死をかけた戦陣にあって指揮官として兵士を率い、采配（さいはい）を振るっているところなのでしょう。

　彼が手にしているアンク十字は、女性原理と男性原理の結合であるとか、絶対的権威、あるいはそれに相当する役職を示すも

のだといわれます。また、履き物の結び目や魔術儀式で使用されるひもの結び目を描いたものがはじまりだという説もあり、議論の対象となっています。縦長の楕円形にひもの結び目がついたようなリボン型の石碑として紹介されていることが多いようです。

アンク十字の頭部の円形は、エジプトの太陽神ラーまたはギリシアのヘリオス（213ページ図1参照）を示し、日輪（太陽の意）の象形文字でもあります。のちにキリスト教のシンボルに採用され、イエスを世界の光として表すためのものに移行していきます。

玉座の牡羊の頭飾りは、ギリシア十二神の主神ゼウスのアトリビュートです。地上に降りる際に、ゼウスが金色の牡羊と化すエピソードが知られています。天空をつかさどる雷神、万能の神ゼウスは、西洋占星術上の木星をつかさどる神でもありました。ローマ神話では最高神ジュピターとなり神々の長として絶対的な力を振るい、好色で多情な存在でもありました。

また、古代シュメールでは、羊はその多産性と、食用肉から衣類まで幅広く活用できる有用性から慎重に扱われた神聖動物でした。エジプトでは牡羊、もしくは牡山羊が、エジプトの主神オシリスの魂として崇拝されていました。

背景には無機質な岩山だけが目立ち、凛として居座る皇帝は孤高の存在として際だっています。横に並ぶ者がいない集団におけるトップ、権力者は、史実でもフィクションでも孤独な存在として描かれがちです。

山は聖地であり、神との接点を象徴するもの。地上から生え出ているように存在する石とともに、古代人により崇拝の対象とされたものです。皇帝の背後にそびえ立つ岩山は、神の峻厳、人間が与えられる試練の象徴です。

図3　デューラー《シャルルマーニュ大帝》
(ニュルンベルク・ゲルマン国立博物館、1511〜13年)

# 5 ローマ教皇、法王、司祭長

英語：The Hierophant, The Pope
フランス語：Le Pape
イタリア語：Il Papa

## 最高権力者である神の代理人

　第5のアルカナは「教皇」です。すでにタイトルが定着していたタロットにはPopeもしくはPapaなどと表記されており、これらはローマ・カトリック教会の最高権力者「ローマ教皇」を指し示すことばです。日本では「ローマ法王」とされることが多く、このアルカナも「法王」と呼ばれがちですが、本書では公式名称である「教皇」で統一しています。

　ローマ・カトリック教会は世界最大のキリスト教会派で、ローマ教皇は全カトリック教会を統括する役割を担っています。イエスの第一使徒ペテロ★の後継者として、教皇位は紀元400年代から続いています。

> ★ペテロ　イエスの側近で、殉教したイエスの福音と復活の証を世に伝え、キリスト教が世界宗教にまで発展した契機を担っている。ペテロがイエスから託されたことば「私はあなたに天の国の鍵を授けよう」のなかの「鍵」が複数形であるところから、キリスト教画では金と銀の2本の鍵がペテロのアトリビュートとされている。

　紀元392年に、ローマ帝国で国教と定められたキリスト教ですが、帝国が東西に分裂すると、東のコンスタンティノープルを中心とする正教会と西のローマを中心とするカトリック教会に二分していきます。

　5世紀にローマの司教が、すべてのキリスト教会を統括する最高権威者であることを主張。「父親」の呼称を用いて、「我こそがパパ（Papa）である」と自称し、信徒のみならずローマ人全体の主導者と化す勢いとなりました。

　1054年に東西の教会は正式に分断。宗教改革以降、1600年代に新たな秩序を導入した西のカトリック教会は「ローマ・カトリック教会」を正式名称とし、現在は266代目ローマ教皇フランシスコが就任しています。

　このアルカナは男性の聖職者を表す札で、アルカナ「女教皇」の男性版ともいえます。数多く存在する教会長のなかの長「パパなるローマ教皇」が、権威ある社会の導き手の象徴として描かれています。

　しかしながら時代の流れのなかで一時期、教会の命によりタロットの絵札にこのローマ教皇を描くことが禁じられたことがありました。タロットのつくり手としても、権威主義や堕落の象徴と化したローマ教皇（図1、2）の図柄を取り入れることがはばから

れ、代替となるシンボルや異なる宗教的指導者を採用した独自のタロットを多く生み出しています（42ページ参照）。

　図柄の一貫性においては不安定なアルカナですが、現在のスタンダードとされるタロットでは、男性の聖職者、神父、司祭が描かれるのが常です。立派な出で立ちで笏杖をもち、祭壇の前で信者と向き合う姿が特徴的で、社会的秩序を保つ者、徳の高い指導者、伝統を遵守するよき父親を象徴するものとされています。

左）図1　《教皇の衣をまとった悪魔》（プラハ国立美術館）
右）図2　ウェイト版「悪魔」
獣のような爪が法衣から見え隠れしており、まさに羊の皮をかぶった狼さながら。セクシュアリティの象徴でもある果実を捧げ誘惑する周囲の女性にも教皇の堕落について一端の責任があろう。ウェイト版のアルカナ「悪魔」を彷彿とする構図は偶然ではないのかもしれない。

## 5 ローマ教皇、法王、司祭長 ヴィスコンティ版
# 信仰心の擬人化

キャリー・イェール・パック
(イェール大学ベイネック図書館)

ベルガモ・パック

　キャリー・イェール・パックでは、この札のタイトルは「信徳／FAITH」となっています。アルカナ「女教皇」でも触れた、キリスト教で提唱されている「七美徳」のひとつです。信心、信仰すること、信仰心を抱き続けることも人間の徳性から発する行動であることが説かれ、キリスト教画において「信徳」が擬人化される際には、十字架、聖書、十戒の板、巻物、鳩などがアトリビュートとなります。

　絵柄には、身長ほどもある十字の笏杖をもつ女性が描かれています。優美なヘッドドレスとローブを身につけた姿は神々しく、人さし指を立て指導者らしき風貌です。

　彼女の足元には王冠をかぶった男性がひれ伏しており、信徳という美徳に悪徳が打ち負かされていることが象徴されています。王冠をシンボルとする王や皇帝を配下に置かんとする聖職者の立ち位置が際だつ絵札です。

　ベルガモ・パックでは、白髪、あごひげの老人が前かがみで王座に腰かけており、「女教皇」に見られたものと同じような台に乗っています。アルカナ2と5が対の関係

**図3　ファン・エイク《ゲントの祭壇画》**
（部分／ゲント・聖バーフ大聖堂、1432年）
人さし指と中指を立てているが、この人物がイエスなのか父なる神なのか、論点となっている。

★**三重冠および三重十字**　キリスト教において教皇がかぶる三層からなる冠で、司祭、司牧、教導の三権を象徴するもの、ティアラとも呼ばれる。同様に3つの横木が連なる三重の十字架は、三重十字もしくは教皇十字と呼ばれ、どちらもローマ教皇が行列を成す際に付帯される。

人物の着物や背景に見られる放射線に囲まれた太陽の文様は、ヴィスコンティ一族の紋章のひとつです。もともとこのアルカナにはタイトルがありませんでしたが、描かれている人物はアルカナ2の上に立つ存在なのでしょうか。

1200年代になると、キリスト教会は政治権力をもつ王侯貴族と癒着し、贈収賄が蔓延しました。さらには陰謀劇や暗殺事件さえも勃発し、国政に害悪をおよぼすものとして教会に批判の目が向けられるようになります。フィレンツェの領主メディチ家などは教会によって洗脳された節もあり、まるで浄財のごとく大聖堂建設に多額な財を投じています。

ヴィスコンティ一族はキリスト教会と手を結ぶことはありませんでした。一族の多くが教皇派と対立する皇帝派であったこともあるでしょう。初代ミラノ公ジャンガレアゾが築いたミラノのドゥオモ（大聖堂）は、純粋にミラノ市民が一族に寄せる期待から生じた寄金と労働力で完成されたことが伝えられています。

5　ローマ教皇、法王、司祭長

か同格であることが見てとれます。
　右手の人さし指と中指を立てている姿は、西洋絵画にも見られる聖職者の典型的なポーズで、魔よけや除霊の際に用いる手信号です（図3）。

　左手にもつ笏杖が、聖ヨハネ騎士修道会のシンボルであるマルタ十字の飾りがついているものだと指摘する研究家がいるのも、アルカナ「女教皇」と同様です。
　**三重冠**をかぶりローブを羽織る姿は、女教皇と比較すると絢爛です。

95

## 5 ローマ教皇、法王、司祭長 マルセイユ版
### 堕落した教会を暗に批判

ノブレ版
(1650年頃)

ドダル版
(1701年頃)

マドニエ版
(1709年)

コンバー版
(1760年頃)

カモワン版
(1861年)

「教皇」は、神殿の2本の柱を背景にして描かれ、左手には三重十字★(95ページ参照)か大きな装飾がほどこされた笏杖をもち、右手の人さし指と中指をそろえ、宗教的な指導者であることを示しています。高さのある三重冠も、ヴィスコンティ版と同様のデザインです。

多く白い手袋の甲の部分に、聖ヨハネ騎士団のシンボル、マルタ十字(70ページ参

照）が見られます。なかには不明瞭なものもありますが、ほとんどのデッキで見られる点は注目すべきでしょう。

　ローマ教皇「PAPE」に聖ヨハネ騎士団の最高権力者を重ね合わせた宗教的支配者、それがマルセイユ版「教皇」なのです。

　ローマ教皇といえば、中世ヨーロッパの封建制度の頂点であり、乱世の元凶です。教会が堕落するなか、貧しい暮らしを強いられる庶民、また王侯貴族のなかからも真の魂の救済者が求められ、キリスト教の本道から派生し、異なる教義を唱える異端派へと多くの人が駆り立てられた時代背景も見逃せません。聖ヨハネ騎士団は、俗におぼれることなく清貧を貫き通した数少ない修道会の一派であり、またローマ・カトリック教会に対する異端主義でもありました。

　教皇の身近に、下位の信者が２、３名、ひとまわり小さく描かれているのが典型的です。カモワン版では、この人数が見方によって４人にもなることが指摘されています。そして彼らは枢機卿であるといいます。

　たしかに古典系のエステンシ・タロットでは、教皇の両脇にカーディナル・レッドの法衣に身を包んだ枢機卿が見られます（図４）。マルセイユ版に見られる取り巻きのような人物は、神の啓示を頭部で受けるために頭髪をそり落とした僧侶たちのようにも見えます。

　ノブレ版では、このアルカナは先の皇帝が示した「父性」の別の側面であること、あ

## ５　ローマ教皇、法王、司祭長

**図４　エステンシ・タロット「教皇」**
（パリ・フランス国立図書館）
1400年代までは赤以外に紫、青、グレーの法衣の枢機卿も一般的だった。

るいは若い世代を道徳的に導く「祖父」に等しいものであることが語られています。人生に迷ったときに正しい道へといざなう心優しき羊飼いの象徴をここに見ることができるのです。

　教皇は多く、3つの横木が連なる三重十字を左手にもっています。ノブレ版とドダル版では異なる装飾が見られますが、どれも中世期に実在した教皇たちが公の場に出る際に付帯物としたものです（図5）。

　三重十字は、横木よりも縦木が長いラテン十字を豪華にしたものです。もともとのラテン十字は腕を広げた人間の姿に即したもので、その横木の数を増やし、下へいくほど長くして装飾的に変化をつけると三重十字となります。ノブレ版の先が曲がっている教皇十字は、その先を人々に向けて教説を唱えるためのもの。当時はほかに、曲がった部分にワシ、城などの装飾がほどこされたものもありました。

図5　1500年代のヨーロッパの聖職者たち
オーギュスト・ラシネ『服装史　中世編I』（マール社）より。1300年代以降、教皇たちが身につけるものに権威を象徴させるため、冠も杖もより長くなり、より目立つ装飾がほどこされていった。

## 5 ローマ教皇、法王、司祭長 ウェイト版
## 完璧な司祭者のよしあし

タイトルが「THE HIEROPHANT」であることから、ここに描かれているのがローマ教皇ではなく、その下にいて各地に点在する複数の教会長のひとりであることがうかがえます。通常、カトリック教会の長は司祭、もしくは司長と呼ばれます。

しかしながら、この司祭の出で立ちは現職のローマ教皇を思わせるもので、それを決定づけているのが足元に見られる鍵です。ペテロがイエスより授けられた天国の扉を開ける鍵は、ローマ教皇のシンボルの最たるものです。ヴァティカン市国の国旗にも鍵のシンボルが描かれています（図6）。

アルカナ「教皇」の足元に交差している鍵は、この高位の司祭が、それより下の階

**図6 ヴァティカン市国の国旗**
ローマに存在する世界最小の国家ヴァティカン市国は、ローマ教皇を国家元首とする教皇庁でもある。その国旗には、聖ペテロが授かった2本の「天国の鍵」が交差して描かれている。

級の者たちには許されない、神性への扉を開けることができることを暗示しています。

ここでは鍵が小さく描かれ、足元の床に置かれるという扱いです。「国旗の文様として描き、それを掲げる」というヴァティカン市国の扱い方とは対照的ですし、なによりも、ウェイト版に描かれているのは一般の司祭長なのです。この描き方からは成人以降、クリスチャンを返上している作者の複雑な心理がうかがい知れるところです。

伝統的なアルカナ同様、三重十字に三重冠、そして3つの十字を赤い法衣の胸元に配置しています。

赤い法衣やガウンは、ローマ教皇をはじめ教皇庁の重鎮のみに着ることが許されました。カトリック教会では、**赤**（厳密には深紅／カーディナル・レッド）は、十字架に磔（はりつけ）にされたイエスの血の色、イエスの受難を示す色であり、教会のバージンロードや垂れ幕などに赤い装飾が際だつのは、殉教したイエスの痛みを信者に思い起こさせるためなのです。

神殿の2本の柱は、ここから先が聖域であること、ここに描かれている人物が聖域をつかさどるに相応しい（ふさわ）者であることを表しています。ただし、柱が灰色であること、石造りであることは、「皇帝」の角張った台座、岩山と同様に、物質的側面・世俗の象徴です。ここは聖域とはいえ、俗世間の人の手によって建造された寺院・教会であること、「教皇」は聖者ではありますが生身の人間であり、現世に属するものであることがわかります。伝統的なアルカナ2と5は、宗教的指導者の女性と男性という2つのパターンを表すものでしたが、ウェイト版では「女教皇」と「教皇」に決定的で明白な格差がつけられており、宗教的指導者も色々であることが指摘されています。

頭髪を剃った僧侶2人に教えを説いている構図は、マルセイユ版を踏襲しているようですが、2人はそれぞれ赤いバラと白いユリの模様の法衣を着て描かれています。キリスト教においては、赤いバラはイエス、白いユリはマリアを示すシンボルです（64ページ参照）。イエスの崇高な理念とマリアの慈愛を理解し、教会で教えを乞う者ならば誰しもが教皇から恵みを授かることができるのです。

右手を上げて人さし指と中指とをそろえ立てるポーズは、古典系と同じです。この完璧なまでに立派に描きだされた教皇は、正統な教義の指導者として力ある存在なのです。偽善と独善におちいる危険性をはらむほどの権威の象徴なのです。

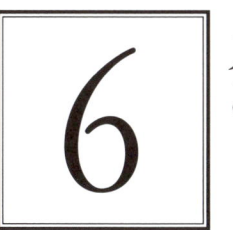

# 6 恋人、愛、結婚

英語：The Lovers, Love, Marriage
フランス語：L'Amoureux
イタリア語：L'Amore, GII Amanti, GiibInnamorati

## どんな身分でも楽しい恋愛ゲーム

これまでのアルカナは人を象徴する絵柄でしたが、この第6、次いで第7のアルカナは、誰にでもおこり得るような人生のとある出来事、ライフイベントを表す絵札だといえるでしょう。

第6のアルカナの現在のタイトルは、「恋人たち」「愛」などさまざまです。絵柄は、男女が手と手をとり合い、出会いや挙式の場面が彷彿とされるもの。恋や結婚は、古今東西を問わず誰にとっても人生の一大事。こと娯楽の少ない中世期にあっては、恋のさや当ては一種のレジャーでした。王侯貴族も庶民も恋の花を咲かせることに一生懸命な時代だったのです。

中世庶民の娯楽といえば、サイコロ遊び、闘鶏、賭け事などでした。そして、手品師や軽業師が登場する祭りや市などの年中行事に熱狂し、飲酒におぼれ、性に奔放であったといわれています。上流階級では、チェス、狩猟、球技、観劇、ダンスなどの遊びが一般的で、かくれんぼが大人の間でも流行りました。楽器や歌を仕事にする吟遊詩人や道化師を雇う王侯貴族もいました。宮廷では貴婦人に愛をささげる「宮廷風恋愛」が大流行。騎士道のルールの下、「誰かの夫人」である既婚女性に愛をささげ献身しつつも、そのことを誰にも知られてはならないというゲームです。貴族たちは秘めたる想いを詩に託し、疑似恋愛の悦に入るのでした。肉体ではなく精神的に結ばれる関係性が理想とされ、いわゆる「プラトニック・ラブ」の物語が、これぞ騎士道の極みとトルバドールと呼ばれる吟遊詩人によって歌い継がれていきました。

当時は身分が高いほど、自由に結婚ができない時代でした。政略的な結婚が一般的でしたが、どんな経緯であれ一度結ばれた男女は、仲むつまじくたがいに支え合ったとのこと。庶民でも結婚には領主の許可が必要でした。いまとなっては当たり前の「自由恋愛」ですが、心のままに好きな異性と恋をし、結婚することが難しい時代があったのです。

アルカナには手をとり合う男女と、その頭上に目隠しをしたキューピッドが描かれるのが典型的です。微笑ましさと、そこからなにかがはじまるような期待感に心が明るくなる情景です。天界のいたずら者たち

が地上の男女にラブゲームを仕掛けているかのようで、当事者にとっては、望むも望まぬもない、運命の一瞬です（図1）。

　キューピッドは、ギリシア神話に登場する愛の神。女神アフロディーテの息子で、愛の矢を放つエロース（Eros）が原形と考えられます。エロースは恋心を発生させる黄金の矢と恋をはねつける鉛（なまり）の矢をもち、これをいたずらに放つ存在です。ローマではアモール（Amor）、またはクピド（Cupido）と呼ばれ、英語読みのキューピッドがいまでは一般的な呼称となっています。西洋絵画では、いたずら＝盲目的な行為のシンボルとして、目隠しをした姿で描かれることが多くあります。

　よく似た存在に「天使／Angel」がありますが、こちらはキリスト教的な発想から生まれたものです。聖書に登場する神の御使いで、神と人間との橋渡しを役割としており、旧約聖書には熾天使（してんし）セラフィム、智天使（ちてんし）ケルビムが、新約聖書にはミカエル、ラファエルなどの大天使が登場します。日本では、キューピッドもエンジェルも同一視され、人気のキャラクターと化しています。

**図1　エステンシ・タロット**
（パリ・フランス国立図書館）

舞踏会を楽しむカップルたちが描かれ、上方にはキューピッドが2人、青い雲の上に乗って矢を射る姿が、まるでゲームに興じているかのよう。

102

## 6 恋人、愛、結婚 ヴィスコンティ版
## 愛の営みの象徴となった庭園

キャリー・イェール・パック
（イェール大学ベイネック図書館）

ベルガモ・パック

　キャリー・イェール・パックでは、大きなパラソルの下で男女が手をつなぎ見つめ合うシーンが描かれています。パラソルに見られる大蛇の紋章はヴィスコンティ家の紋章、赤に白の十字は妻サボイ家のものとされており、1428年の第3代ミラノ公爵フィリッポ・マリア・ヴィスコンティの2度目の結婚を記念して作製されたものとする説が有力です。

　男女2人の間にはテン、イタチ科の小動物が見えます。テンは、捕獲された際に仕掛けにはさまれた身体の一部を犠牲にしてでも逃げ出すという、一種高潔さを感じさせるエピソードがあることから、象徴学的に純潔・清純を表す生き物とされています

（図2）。まさに「純愛」が描き出された絵札だといえるでしょう。

　あるいは、これは忠誠を象徴する犬、当時貴族たちの間で人気の犬種だったイタリアン・グレーハウンドだという研究家もいます。いずれにしても、先妻ベアトリーチェを、不貞を理由に処刑したフィリッポ・マリアのイメージアップを図る意図があって描かれたようです。

　ベルガモ・パックでは、見つめ合う男女2人と、その上方に目隠しをしたキューピッドがいて、いまにも矢を射ようとしています。推定1442〜1447年に作製されたとされるこちらのデッキは、フィリッポ・マリ

図2　レオナルド・ダ・ヴィンチ《白テンを抱く貴婦人》（クラクフ・チャルトリスキ美術館、1490年頃）
ヴィスコンティ一族のルドヴィゴ・イル・モーロが愛人を描かせたもの。白テンがなにを暗示しているかが論点に。

図3　写本『薔薇物語』の挿絵より壁のある庭
（ロンドン・大英図書館、1400年頃）

アの娘ビアンカとその婿フランチェスコ・スフォルツアの2人のために描かれたものであるという説が有力です（25ページ参照）。ヴィスコンティ家の傭兵隊長だったフランチェスコが、彼より身分の高いビアンカに婿入りしたため、女性のほうが大きく描かれている可能性があります。

どちらの札も、舞台になっているのは美しい庭園です。当時の城には必ず薬草園や果樹園が併設されていて、収穫できたもので客人をもてなす際に、女城主である貴婦人の才覚が問われました。夫が城を管理する一方、婦人は荘園を管理し、料理の献立から客の世話まで一切を取り仕切っていました。

いまでいうガーデニングも定番のレジャーで、庭師によって整えられた王侯貴族たちの庭園は、散策を楽しむ場所でもあり、男女が出会い、「宮廷風恋愛」を育む象徴的な場所でもありました。王侯貴族たちの情事＝エロスと密接に結びつく場所だったのです。

ヨーロッパ文化は森から生まれたといわれるほど、深緑の木々や色とりどりの花、果樹が実る庭園は古くから人々の意識のなかで、なくてはならないものでした。そこでくり広げられる「結実＝果実」は、人間の愛の営みの象徴です。

当時の宮廷風恋愛を描いた傑作といわれる『薔薇物語』には、噴水がわき出る美しい庭園で、若い騎士と貴婦人のカップルたちが快い時間を過ごしている挿絵が見られ、これこそが中世の楽園、エデンの園の再来といった情景。戦乱のなかで生み出された理想郷だったのでしょう（図3）。

# 6 恋人、愛、結婚　マルセイユ版
## どちらを選ぶか、命がけの恋

ノブレ版
(1650年頃)

ヴィーヴル版
(1650年頃)

ドダル版
(1701年頃)

バーデル版
(1751年頃)

コンバー版
(1760年頃)

カモワン版
(1861年)

2人の女性の間にひとりの男性がたたずむという構図が一貫しています。ヴィーヴル版のみ、男性の向きがほかの版と異なっており、男性が顔を向けているほうの人物は性別が不明瞭で男性のようにも見えます。このアルカナはもともと「結婚」を示す札で、神父が新郎と新婦を祝福している構図だという説もあります。このアルカナの伝統的な邦題は「求愛、求婚者」でした。

　ノブレ、ドダル、バーデル、コンバーすべての版で、男性は左側の月桂冠をかぶった女性に顔を向けています。そして胴体は正面を向き、中立の立場を表しているかのようです。これは、男性の頭、すなわち理性と身体の反応とが別であることを暗示しています。

　カモワン版では特に、男性をはさんでたたずむ左右の女性が対照的です。向かって右側の女性は、長い髪をカールしているか花飾りをしていて、愛らしさが強調されているようです。左側の女性には華はありませんがしっかりした印象で、それは中世の知識人のシンボルである月桂樹で飾った帽子のせいかもしれません（図4）。
　そのはざまで男性はどちらを選ぼうかと迷っているようにも見えます。

　札の上方に描かれたエロースは、目隠しをしている者としていない者とがいます。カモワン版では、ドクロのシンボルがエロースの背後に描かれており、エロース（＝愛）とタナトス（＝死）が表裏一体であることが示されています。愛と死が表裏一体であ

図4　ルカ・シニョレッリによるローマの詩人オビッド（紀元前43〜紀元後17年）の肖像（フレスコ／オルヴィエート・サン・ブリツィオ礼拝堂、1500年頃）
月桂樹は詩人の象徴とされる。

ること、愛が命がけのものであることの象徴でもあるでしょう。

　ノブレ版では、描かれているのはキリスト教の高位の智天使ケルビムとされます。ケルビムの弓矢が人の心を開き、恋がはじまるという、人が青春期に体験する初恋のパッションがこのアルカナには描かれているのです。その激しい情熱は、しばしば人が生涯にわたって影響を受けるほどの強いエネルギーです。

　どこの誰を愛し結ばれるのかという選択で、運命は分かれていきます。恋のときめき、ロマンス、情事は理性で逆らえるものではありませんが、感情のままに愛に生きるか、将来を見据えた選択を下すか、そんな要素をはらんだアルカナなのです。

## 6 恋人、愛、結婚 ウェイト版
## 愛に理屈はいらない

**THE LOVERS.**

　ウェイトは、旧約聖書のアダムとエバをモティーフにこのアルカナを作製しました。ここに描かれているのは、まだ罪を背負う前のアダムとエバで、神が創造した「かくあるべき」人、邪心のない愛に満ちた無垢な存在です。このときまだ人は知恵をもち合わせておらず、羞恥心さえも抱くことはありませんでした。

　アダムとエバは、創世記において神が創造した最初の人間です。はじめに男性のアダムを、その肋骨からエバなる女性をつくり、神は2人に楽園を与え、楽園にある2本の樹、「知恵の樹」と「生命の樹」を守らせ、さらに2人を智天使ケルビムに監視させました。

　絵柄の上半分ほどに、赤い翼を広げた大きな天使が雲に乗った姿で見られます。キリスト教画において、彩色された天使の翼は珍しいものではなく、西洋絵画においては赤、青、緑に染められた天使、また胴体がなく顔に翼がついたスタイルの天使などもよく見うけられます（図5）。高位の天使ほど鮮やかな翼をもち、人間離れして描かれているようです（図6）。

　裸体は、人のありのままの姿、本性や本音の象徴です。王侯貴族も庶民も裸になればみないっしょ、人は人であるという象徴でもあるでしょう。

　平和な楽園で、いっしょにいるのが心地よい男女が、愛し愛される喜びを分かち合

図5　ジョヴァンニ・ベリーニ《聖母の戴冠（ペザーロ祭壇画）》（部分／ペザーロ市立美術館、1475年頃）中央上方には、赤い顔だけの天使に囲まれた鳩が見える

　う、そんな情景が描かれているのです。私たち現代人のデートといえば、着飾ってショッピングを楽しみに街へくり出すイメージを抱きがちですが、それとはまったく正反対に、自然のなかで飾ることなくのびのびと愛を満喫する、そんな絵柄です。

　もっとシンプルに男女の「愛」というものを見つめよう、愛に理屈は不要だと、アルカナ全面に表現されています。

　裸の女性が天使を見上げている姿は、心理学的に理性的、客観的であるとされる男性性よりも、感情的、主観的とされる女性性を重んじるべきであることの象徴です。

　向かって左、エバの背後にあるのが善悪を知る知恵の樹、向かって右にあるのが永遠の命をつかさどる生命の樹です。神は、アダムとエバに「死んでしまうからその木の実をとって食べてはいけない」と命じていました。しかし、知恵の樹に絡みつくヘビがそれを否定し、「その実を食べると目が開け、神のように善悪を知ることができる」とエバに教えるのです。

　それを聞いたエバが知恵の実を食べ、アダムにも勧めて2人とも実を口にしてしまったことから神の怒りに触れ、彼らは楽園を追放されてしまいました（図7）。

　神に背いたことにより原罪を背負った最

図6 フラ・アンジェリコ《フィエーゾレの祭壇画》（部分／フィエーゾレ・サン・ドミニコ教会、1424年）
羽の1枚1枚まで丁寧に珠玉のように彩られている。

初の人間たちは、額に汗して働く存在、苦しみ、子を産み育てる存在になり、エバに知恵をつけたヘビもすべての獣のなかでもっとも呪われる存在、サタンの化身であると神により定められました。

絵柄の男女の間、遠景には山が見えます。アルカナ「皇帝」でも触れたように、山は古来聖なる場所、神の住まいとされてきました。人と神を結ぶ接点が山だったのです。アダムとエバが原罪を犯すその前は、エデンの園、楽園には神との接点があったのです。

図7 マザッチオ《楽園追放》（フレスコ／フィレンツェ・カルミネ大聖堂ブランカッチ礼拝堂、1425～27年）

6 恋人、愛、結婚

# 7 戦車

英語：The Chariot
フランス語：Le Chariot
イタリア語：Il Carro

## 優美な乗り物、あるいは時代を変えた武器

　第7のアルカナは、「勝利」というライフイベントを表す絵札です。このアルカナの大きな特徴は、馬車とそれを御す人が描かれているところです。

　馬車は、人類史においてエポックメイキングともいえる発明でした。古代メソポタミアではすでに、牛車あるいはロバの2頭立ての乗り物が発見されており、車輪は板と削られた石でできた不恰好なものでしたが、貴族の乗り物として愛用されていたことがわかっています。

　馬に引かせる馬車は、騎馬民族ヒッタイト人の功績です。ここから、「シャリオット／Chariot」と呼ばれる二輪戦車が広く使われるようになり、人が移動するための乗り物として普及していきます。方向転換が容易で小まわりの効くこの乗り物は、古代社会の最強の武器でもあり、馬術に優れた者が地上を制するといわれたほど。アルカナ「魔術師」で触れたケルト人も騎馬民族として有名です。彼らは、馬を操ることができないほかの民族を圧倒し、古代社会の前線に台頭していったのです。ギリシア時代には、スポーツ競技として二輪戦車のレースが盛んになりました。

　1400年代中頃のタロット風デッキ、マンテーニャのタロット（32〜33ページ参照）のなかに、この「戦車」を彷彿とさせる火星の諸力を表す札が存在します。

　馬車等の乗り物とそれを操る若者が、アルカナ「戦車」の典型です。

図1　マンテーニャのタロット
A.45 火星／Marte
「活力、熱心さと積極性を維持する」と示唆されている。

## 7 戦車　ヴィスコンティ版
## 馬車に乗った政略結婚のキーマン

キャリー・イェール・パック
(イェール大学ベイネック図書館)

ベルガモ・パック

　キャリー・イェール・パックでは、天蓋つきの馬車と2頭の白馬が際だっており、この当時のステイタスシンボルとしては最高級といえるものでしょう。

　中世において馬車は、上流階級の最高級車。人気の馬車は「キャブ」といい、屋根なしタイプでいまのオープンカーのようなもの。馬車にも序列があって、紋章つきのキャブが一番格が高いとみなされ、荷馬車のような使役用の馬車は「ワゴン」と呼ばれました。

　ベルガモ・パックに描かれているのは、当時女性に人気があったといわれるキャブです。翼を広げた2頭の白馬が青々とした緑の大地を駆け抜けていくさまが描かれています。

　ギリシア・ローマ神話においては、英雄の象徴である太陽神の乗り物として白馬、もしくはペガサスが引く戦車が登場します。ペガサスは異次元間の移動を可能にする架空の聖獣です。エジプトの女神アスタルテにこの原型を見出すこともできます。アス

図2　ドメニコ・ヴェネツィアーノ
聖母をビアンカ・マリア・ヴィスコンティ
に似せて描いた聖母子画
(フィレンツェ・ハーバード大学イタリア・ルネッサンス研究センター、1435～37年)

当時の貴族たちは、聖書の挿絵に見られるイエスやマリアに似せて自分自身の肖像画を描かせた。アルカナ「女教皇」で解説した「授乳の聖母」さながら。

タルテは女神のなかでも性愛と多産をつかさどり、空飛ぶ聖獣を乗りまわす神として知られていました。

　絵札に描かれたいずれの女性も、フィリッポ・マリア・ヴィスコンティの娘ビアンカ（図2）か、妻のベアトリーチェ、もしくは後妻のサボイ・マリアであると推定されています。

　ミラノで最初に馬車を作製させたのが、まだ公爵になる前のジャンガレアゾ・ヴィスコンティでした。彼の最初の結婚は、フランスのヴィルテュ公爵の娘イザベラ・ヴァロアとの間で取り交わされ、式典では華やかな4頭立ての馬車によるパレードが催されたとのこと。これを機に馬車はフランスに伝えられ、シャルル7世の妃へも寄贈された記録が残っています。

　そして間もなくイザベラ・ヴァロアが病死すると、当時のミラノ領主だったベルナボが自分の娘カテリーナとジャンガレアゾとの結婚を取り決めてしまったのです。ベルナボにとってこの甥っ子が牽制すべき存在であったことの表れですが、その5年後には、ジャンガレアゾはベルナボから君主の座を奪い、独裁と重税に耐えかねていたミラノ市民の英雄と化します。ジャンガレアゾがミラノ公爵に即位した際の公国叙任式典では、やはり華々しい騎馬行進が行われ、ミラノは熱狂の渦に包まれました。ただひとり、カテリーナという女性の心情がおもんぱかられる一件です。

　いずれのパックも、花嫁の輿入れを象徴して描いたもののようです。数々の政略結婚を果たしてきたヴィスコンティ一族の女性、またそこに嫁いだ女性は、そのときたしかに一族の鍵を握る存在だったのです。

# 7 戦車 マルセイユ版
## 2頭の馬に乗る若者

ノブレ版
(1650年頃)

ヴィーヴル版
(1650年頃)

ドダル版
(1701年頃)

マドニエ版
(1709年)

バーデル版
(1751年頃)

カモワン版
(1861年)

　マルセイユ版では戦車の前面にカードメイカーのイニシアルがほどこされています。こうした試みは1600年代〜1700年代中期にかけて盛んになった模様です。

　絵柄は、戦地からもどってきた勝利者の凱旋パレードの光景だといわれています。

2頭の馬が真正面から描かれているため、馬の後ろ足部分が確認できず、まるで頭は2つで、胴体はひとつになっているかのようにも見えます。

ヴィーヴル版では、馬の頭がまるで人の顔のようですが、これは人頭獅子、スフィンクスで、当時センセーションを巻き起こした構図でもあります。紀元2世紀のローマに、2頭の獅子に引かせた月の女神の乗り物が登場しており、ここから発想にいたったのかもしれません（図3）。

カモワン版の馬は青色で、どこか馬らしからぬ色彩です。ノブレ版では、2頭の馬が異なる色になっており、そのスタイルは復刻バーデル版に見られるように現代に引き継がれています。2頭はそれぞれ左と右に分かれて向かっていくようにも見え、顔を向き合わせてはいないものが多いですが、ドダル版ではアイコンタクトをとっているように見えます。

それぞれ反対向きに戦車を引いているように見えますが、これは御者の意識の2つの側面、すなわち自意識と無意識が一致していないことを反映しています。

マルセイユ版では、若い男性である御者の甲冑の肩の部分が半月に象られています。
アルカナ「女教皇」でも触れたように、「月」は女性性の象徴です。感情の起伏が激しく、気まぐれで涙もろい、そんな御者の内なる表情を示しています。

**図3　女神キュベレーの彫像**（ニューヨーク・メトロポリタン美術館、2世紀後半）
紀元2世紀のローマに、2頭の獅子に引かせた月の女神の乗り物が登場している。女神キュベレーは、古代ギリシアの、アルテミス以前の古い月の女神。恋人アッティスの浮気に激怒し、アッティスを狂わせ去勢させるなど過激な存在で、キュベレー崇拝は一大勢力と化した密儀宗教のひとつ。

## 7 戦車 ウェイト版
## 強靭な肉体と理知的な頭

　絵柄には、天蓋つき馬車に乗り、いざ出陣とばかりに前途を見据えた青年の姿が描かれています。戦車というより戦闘機といった、頑丈そうな石造りの戦車を御す若者は、意気揚々と真っ直ぐに前途を、未来を見つめているかのようです。

　アルカナ「皇帝」の石造りの玉座と同様、石は下界、俗世間、物質社会の象徴です。背景の黄色い色彩、天蓋に散りばめられた星模様が鮮やかで対照的です。

　若者の背後には、彼を送り出した生家が見えます。この後待ち受けているであろう戦いとは、彼の自立への挑戦なのかもしれません。現実世界から飛び立ち、夢や夢想を追うことの象徴でもあるでしょう。

　若者の鎧の肩当ては三日月を象ったものになっています。

　鎧の胸当てには、白い四角形が見えます。これは古代ユダヤの高僧が祭服につける飾り物に似ており、このなかに「ウリムとトンミム／Urim and Thummim」と呼ばれるものが入っています。

　当時の祭司はみな、ウリム（Urim 光、優越性）とトンミム（Thummim 完全性、完成）という神の意を問うための2つの石を「裁きの胸当て」のなかに入れていました（図4）。現在でもイスラエルの寺院では、主に子どもたちの幸せについて司祭が啓示を受ける際に使用されています。

**図4　17世紀オランダの銅版画より胸当てをつけた司祭**
胸当ての12のポケットには、12種類の石が2個ずつ、合計24個入っている。

戦車を引く2頭のスフィンクスは、エジプト伝来の架空の聖獣、守護神です。クフ王のピラミッドの前に奉られているものが有名です。百獣の王である獅子は崇められ、王家の紋章にも取り入れられました。

頭は人だが身体は獣というスフィンクスは、強靱な肉体をもちながらも、その振る舞いは理性的、理知的な人間のものという、古代人の人間としての理想像です。そしてまた、崇高な人の理念が、人の本能的な欲望に根ざしていることの象徴でもあります。

白いスフィンクスが人間の高い理念ならば、欲望が欲望のままで人間らしさを欠いた状態が、黒いスフィンクスの暗示するところ。生きるための本能的なエネルギーを暴走させず上手にハンドリングできるようになって、はじめて自らの人生における挑戦を果たせるのです。

そのような状態で理想に向かってなにものも恐れず羽ばたいてゆく初々しさ、勢い、瞬発力を象徴するのがこの「戦車」なのです。

戦車の前方に手でまわすひねりゴマかヒモを巻いてまわす投げゴマの絵柄が見られます。この戦車の一過性の動力を暗示するもので、女性的な御者のきまぐれで、車輪はいつ何時はたと萎えてしまうかもしれないのです。

コマの上部にあるのは、古代エジプトの王室のシンボルである翼がついた太陽「有翼円盤」です。ギリシア・ローマでも胸飾りなどの装飾品として人気を博しました。

# 8 正義

英語：Justice
フランス語：La Justice
イタリア語：La Giustizia

## 善の象徴である天秤をもつ

　伝統的な第8のアルカナは通称「正義」。2枚のライフイベントを表す絵札を経て、西洋思想の土台となる美徳の擬人像にもどってきました。アルカナ「女教皇」で触れた、人間の基本的な4つの徳性**四枢要徳**のひとつ、正義という美徳がこのアルカナに表象されています。

★**四枢要徳と伝統的なアルカナの対応**

正義（Justice）…アルカナ8「正義」
賢慮（Prudence）…アルカナ9「隠者」
堅忍（Fortitude）…アルカナ11「力」
節制（Temperance）…アルカナ14「節制」

「四枢要徳／Cardinal Virtues」のCardinal（カーディナル）とは、ラテン語のcardo（軸節）が語源の「軸、支点」を意味することば。これら4つの美徳が、人間にとってまず第一に重要なものであり、ほかのあらゆる美徳の土台とされている。三美徳とは異なり、生まれながらにして誰もに備わっていて実行できるものだと説かれる。

　古来「正義」の擬人像は、天秤をもつ姿で描き表されてきました。
　エジプトでは、古王国時代（紀元前2686〜紀元前2181年頃）にはじまり、中王国時代を経て新王朝時代（紀元前1567〜紀元前1085年）に一定の形となった埋葬についての書物『**死者の書**』に見られる〈魂の裁量〉の挿し絵に、人の魂を量り、善悪を判断する道具として天秤が登場しています（図1）。

　西洋各国の法廷、裁判所では、天秤を手にした女神像、通称「Lady Justice」の像や絵が存在感を放っています。日本でも最高裁判所には**正義の女神テミス**の像が置かれ、弁護士記章などにみられる弁護士のシンボルには天秤が採用されています（図2）。

★**正義の女神テミス**　テミス／Themisとは、法、秩序という意味をもつギリシア語。ギリシア神話の創世神であるウラヌスとガイアの娘で、巨人族でもっとも力のある神だと畏れられた。右手に剣、左手に天秤をもつ姿で描かれ、公正、掟、裁量をつかさどり、人類に知恵を授け、予言の術をアポロンに伝授した。大神ゼウスのかたわらで相談役を務め、寵愛された。テミスとゼウスとの間にできた女神アストレイア／Astraiaも、天秤をもった姿で描かれ、占星学上、天秤宮の守護神とされている。ローマでは、ユスティティア／Jūstitia（図3）と呼ばれ、これが英語の「正義／Justice」の語源とされる。

　天秤は公正のシンボルです。物事の善悪について、判断を下す人によって結果がまちまちにならないように、誰がなにを計量しても同じ結果が出るべきであるという、その公正さを象徴するものとして、天秤の図

**図1 『死者の書』**(フネフェルのパピルス)より〈魂の裁量〉(ロンドン・大英博物館、紀元前1275年頃)

死者は主神オシリス(椅子に座っている)の前で、魂の儀式を通過することになる。裁量には、死をつかさどる**アヌビス神**(犬の頭をしている)がもつ天秤が使用され、片方の受け皿には死者の心臓が、もう一方の受け皿には正義の女神マートのシンボル、法と真実の象徴である鳥の羽が1枚乗せられ、2つの受け皿が釣り合うかどうかが試される。

エジプト学者E・A・ウォーリス・バッジによれば、「私は罪を委託していません」「私は暴力を振るっていません」「私は盗みをしていません」等42の「無罪の宣言」が死者に課され、その宣言ごとに天秤が動くかどうか試されると考えられる。

終始天秤が釣り合っている者は、死者の楽園で暮らすことを認定される。そうでなければ悪しき行いをした証となり、その心臓が放り出されるのを待ち受けている冥界の守り神アムムト(ワニのような頭をしている)に食い尽くされてしまうという、**エジプト人の死生観**が描きだされた図柄である。

『死者の書』には、人間の死について、肉体は朽ちても魂は永遠に生き続けるという来世信仰について、そして、死者を復活させる儀式、呪文などが多種多様な形で記されている。

**図2　スイス・ベルン旧市街の噴水に立つテミス像**
「正義の女神」の彫像や絵画は、目隠しをしているものもある。目に入るもの、己の知覚に惑わされることなく、法に従い公正な判断を下すことを暗示している。

**図3　ラファエロ《正義》**（ヴァティカン宮殿／1508〜11年）
ローマ神話の女神ユスティティアを描いている。

柄は世界で採用されているのです。

　なにが善で、なにが正しいのかと問われれば、「偏らずに釣り合い、平等であること」、天秤がその均衡でもって決定することだとアルカナは告げています。

　エステンシ・タロットの「正義」には、右手に矛先を天頂に向けた剣を、左手に天秤をもつ女性が台座に座った姿で描かれています。この後のアルカナ「力」「節制」と三連画のように関連をもたせた構図になっているのが特徴です（図4）。

　なぜ四枢要徳のうち「隠者」が連続画からはずされたのか──当時「徳」についての主張は、する側の立場と目的により多分に恣意的で、「ご都合」があったと見られます。

　剣は、棒、剣、杯、護符の四種の神器として知られる魔術用具のひとつで、重要なシンボルであると「魔術師」の項でお伝えしました。四大要素「火地風水」（63ページ参照）のなかの「風」に対応し、人間の知恵、理性、知性、そこから派生して言語、情報、人間の技術と応用力を象徴するものとされます。

　天秤も剣も、人間特有の「文化、文明」の象徴なのです。

**図4 エステンシ・タロット**
(パリ・フランス国立図書館)

「正義」  　　　　　　　　「力」  　　　　　　　　「節制」

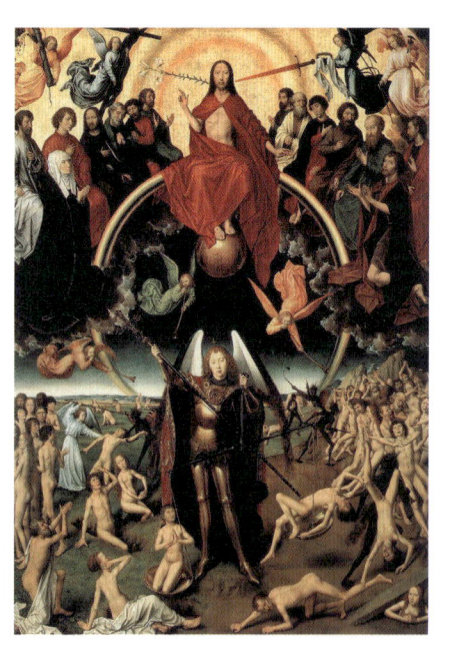

**図5 メムリンク《最後の審判》**
(部分／グダニスク・ポモルスキ美術館、1473年以前)

キリスト教画では、剣と天秤は大天使ミカエルのアトリビュート。ミカエルは旧約聖書の黙示録において、闇の勢力を裁き、サタンを退治する役割を担う、別称「裁きの天使」「光の天使」。

## 8 正義 ヴィスコンティ版
## 公爵を祝福する幸福の女神

キャリー・イェール・パック

ベルガモ・パック
(アカデミア・カッラーラ)

　キャリー・イェール・パックに描かれている女性は、当時ガーメットと呼ばれた豪華な羽織ものをまとい、赤と青の布地がキリスト教的な配色で神々しくもあります。青いローブは、キリスト教における聖母マリアのアトリビュートです。

　手にしている天秤は、一方の皿が金、もう片方の皿が銀でできているように見えます。鋭い切っ先の長い剣を片手に台座に堂々と構えた姿は、威厳に満ちています。

　ベルガモ・パックでは、青く美しいローブをまとった女性が、左手に天秤を、右手には両刃の剣をもつ姿で描かれています。先の「戦車」をはじめ、ほかのいくつかの絵札と同じ人物のようにも見えます。一説によれば、ミラノ公フィリッポ・マリア・ヴィスコンティの娘、ビアンカの内面的な徳性を描こうとしたものであるとのこと。権威や強さばかりではなく、平等の精神の持ち主であることをアピールするのが、一種ヴィスコンティ一族らしさといえるでしょう。

　背景には緑豊かな庭園、ゴシックアーチ、

そしてその上方には白馬に乗った剣の騎士が描かれています。これが婿養子である彼女のナイト、フランチェスコ・スフォルツァなのかもしれません。

イタリアはミラノの市街地に位置するスフォルツァ城からそう遠くない、花の都として知られるフィレンツェでは、当時の領主メディチ家が勢力を増していました。彼らの経済的支援を背景に、大聖堂、鐘楼等の彫刻装飾が次々に生み出され、フィレンツェにおいて、ルネッサンスの新時代がはじまったとされています。フランチェスコ・スフォルツァと親交が深かったメディチ家のコジモ1世は、芸術家のパトロンとして比類のない功績を果たしており、古典文学の研究、私的アカデミーの創設などにも巨額の富を投じています。

そして、彼とその氏族のコレクションの展示場「ウフィツィ・ギャラリー」がその集大成といえるでしょう。

そこにアルカナ「女教皇」で紹介した7枚の**《美徳の擬人像》シリーズ**（70〜71ページ参照）が展示されています。《正義》は、ヴィスコンティ版アルカナ8が描かれた時代も場所も非常に近いところで生み出されているのです。

ミラノ第4代公爵となったフランチェスコ・スフォルツァは、それまでの公爵たちの傍若無人ともいえるやり方とは異なる治世で知られています。アルカナの意味を借りれば、「人知をもって公正に民を制する」ことを目指したといえます。そしてミラノの市民は、傭兵隊長から公爵へと出世したフランチェスコ・スフォルツァを、その人柄とともに「幸運の女神の寵児」として敬愛したのでした。

《美徳の擬人像》シリーズより
ポッライウォーロ《正義》
（フィレンツェ・ウフィツィ・ギャラリー、1469〜70年）

## 8 正義　マルセイユ版
## いんちきでも正義

ノブレ版
(1650年頃)

ドダル版
(1701年頃)

マドニエ版
(1709年)

バーデル版
(1751年頃)

カモワン版
(1861年)

「正義」に描かれている女性は、多く制裁を下す司法官だと語られています。いずれも画面の中央でまっすぐに背と首を伸ばし、こちらを直視しています。背後には、ドレスのリボンとも椅子の背もたれともとれるような神殿の垂れ幕調のものが見られます。

# 8 正義 ウェイト版
## 聖なる力で裁く法の番人

持ち物については、剣が垂直に立てられているのに対して、天秤の皿は水平に釣り合ってはおらず、向かって右側の皿が微妙に下がっています。

ノブレ版では、「正義である彼女がいんちきをしている」と解説されており、左のひじで天秤の一方を押し下げていると明言されています。正しいか正しくないかを評価する過程に容易に不正が入り込める状態にあって、正義が公正に宣告されることがあり得るのだろうかと指摘がなされています。

カモワン版では、描かれているのは人間ではなく天界の存在であり、さらにこの天使は天秤をもってはいないとされています。天秤は宙に浮いており、この釣り合いは、天使の真意が左右するものなのです。

そもそも、マルセイユ版が成立した頃の中世社会において、人を裁く権限をもつ君主や教会がなにをどう裁くかにおいて「正義」など見出だせはしなかったことでしょう。

ここでは社会的な正誤ではなく、人間がその成長過程で「なにを断罪すべきか」が重要とされます。断固として聖剣を振り下ろす存在、それが正義の女神なのです。

ウェイト版では第11のアルカナ

ウェイト版の初版は1909年、イギリスのライダー社より刊行されました。ちょうどロンドンのオールド・ベイリーにある中央刑事裁判所が創設された時期にあたります（図6）。この絵札は、同所の建物の頂上に設置された「正義の女神」に似た像が、A・E・ウェイトの発想で再現されたかのようでもあります。

アルカナの背景には2本の対になった門柱が見られます。これはアルカナ「教皇」に描かれていた門柱同様、「結界」「聖なる領域への入り口」を示すものです。石造りとその色である灰色は、世俗、現世、現実社会の象徴です。「教皇」がよき羊飼い、社会の導き手であるのに対して、アルカナ「正義」は法の番人、裁判官に相当します。その名のとおり、法律に則って裁決を下す、最高決定権を有する法律家です。法に従い、情け容赦なく人を裁き、刑罰を与えることが役割なのです。

伝統的なアルカナ同様、正義をつかさどる神や天使のアトリビュートである剣を右手に、天秤を左手にしている構図において、淡い青色の剣が、赤い垂れ幕や灰色の支柱、司法官の赤い法衣の色のなかで人目を引きます。

青は神性、霊性、地上から遠く離れたはるか彼方に存在する天界、高みなる領域を示す色であり、ここでは剣が振り下ろされることに、人智を越えた聖なる緒力の作用があることをうかがわせます。すなわち、主観や感情の混じることのない司法官の裁量とは、聖なるものの導きがあってこそだということです。

その矛先は真っ直ぐ垂直に上方に向けられており、天秤は完全に水平に保たれ均衡がとれているさまが特徴的です。

絵札の直線的な構図からも、これこそが法の番人に求められるものだというメッセージが伝わってきます。ウェイトいわく正義とは、「神、それに類似するものの存在を信じ、もっとも高く尊いものへの献身について考えることができる人が発想する美徳」であり、ロースクールで学び得るものではないのです。

8 正義

図6　イギリス・ロンドンの中央刑事裁判所の屋根にある正義の女神像

# 9 隠者、時の翁

英語：The Hermit, Father Time
フランス語：L'Ermite, L'Ermita
イタリア語：La Giustizia, Il Vecchio, L'E remita

## 俗世を生きる知恵

　第9のアルカナは「隠者」です。先のアルカナ「正義」で触れた四枢要徳のひとつ「賢慮／Prudence」が描かれたのがこのアルカナだという伝統的な考え方がありますが、それらの寓意画とこのアルカナとでは図像的に異なるものがあります。

　キリスト教画の「賢慮」は、聖書および書物、棒に巻きついた蛇、鏡、2面あるいは3面の顔、コンパス、ふるい、棺(ひつぎ)、お金がこぼれ落ちる袋などにより表現されてきました。ポッライウォーロが描いた七美徳のうち、「賢慮」の擬人像は鏡と蛇をもつ女性の姿で描かれています（71ページ参照）。また、タロット風デッキとしてしられるマンテーニャのタロットの「賢慮／Prudenza」には、後頭部にもうひとつ顔面をもった女性が描かれています（図1）。

　タロットにおいては、この賢慮という徳性がまた別の表現方法で描きだされ、「Hermit／宗教的隠遁者(いんとん)」なる絵札が確立されています。ここに、タロットの象徴体系の独自性を見ることができます。キリスト教画や錬金術図版を借用しながら22枚のセットが成り立っているかのような誤解を受けることがありますが、これはいかなる教義

図1　マンテーニャのタロット
B.35 賢慮／Prudenza

賢慮とは、手堅く賢明な思慮のこと。情勢を把握し、適切な判断と処理ができること、危険を回避できる機知などを指すことばで、訳語が「慎重」の場合も。マンテーニャ・タロットでは、「秘密、沈黙はしばしば困難を免れる」と示唆され、陰で動き、表で人を欺くことなども暗示されている。

**図2　エステンシ・タロット**
(パリ・フランス国立図書館)

エステンシ・タロット「月」には、コンパスをもった占星術師という、また別の賢者が描かれています。新約聖書においては、イエスの生誕に際して3人の占星術師が東方より現れ、「東方の三賢者」と呼ばれました。マントを羽織った姿を横から描く構図が似ています。

「隠者」　　「月」

や思想からも独立したセットなのです。タロットとしてのオリジナルの絵札があることを注視しながら、一連の大アルカナがなにを意図して成立したものなのか、今後も全容を解明していきたいところです。

このアルカナ、通称「隠者」に描かれている人物は解脱(げだつ)を目指し、俗世を後にした修行僧です。人里離れた山奥でひっそりと暮らすといった隠遁生活を営む老人が描かれるのが常です。物乞いか浮浪者かという絵札もありますが、マントを羽織った老人がその手に杖、そして、砂時計かランプをもっているのが典型的で、主体となるのは必ずといっていいほど年季を感じさせる「翁(おきな)、老人」です。

知性を象徴する本や書物をアトリビュートとするアルカナに「女教皇」があります。神学者のことばを借りれば、アルカナ「女教皇」が象徴するものは、神に向き合う際に求められるもの、神からの贈り物、聖性である一方で、「隠者」は、わたしたちに生まれながらにして内在しているもの、俗世を生き抜く知恵を象徴しているのです。

## 9 隠者、時の翁　ヴィスコンティ版
## 時の流れを痛感させる砂時計

キャリー・イェール・パック

ベルガモ・パック

　2つのパックどちらの隠者も右手に砂時計を乗せています。砂時計は、刻々と流れ落ち使い果たされてゆく生命、運命、老いの象徴です。下に落ちて溜まった砂は、人間のある種の蓄積をもまた象徴します。時間の経過とともに命が奪われてゆくのを感じる世代は、生きていることに頓着しない世代には感じられないものを感じ、できないことを可能にする蓄積があるのです。

　キャリー・イェール・パックでは、隠者の風貌はやや華やかな印象です。金色の飾り模様がついたふくらみのある帽子は、ターバンを巻いているような、中世イタリアやフランスで流行った、頭巾を巻き上げてかぶるスタイルのようです。豊かにすそが長く伸びたローブなど、ゆとりを感じさせる老人が、洒落た印象の大きな砂時計をもち歩いています。

　どこかエキゾチックで、新約聖書に登場する東方の三賢者を彷彿とします（図3）。イエスの生誕に際して東方より現れた3人の天文学者は、青年、壮年、そして老人の賢者でした。東方の異国の信徒が、イエスが生まれたイスラエルへ出向き、その生誕を祝った、という偉大なる教祖誕生のエピソード

図3　ジェンティーレ・ダ・ファブリアーノ《東方三賢者の礼拝》(部分／フィレンツェ・ウィフィツィ・ギャラリー、1423年)

に由来するアルカナだという可能性はなきにしもあらずです。

　マイケル・ダメットが著作のなかで、ヴィスコンティ版のこの絵札は「時の翁」すなわち時間の擬人像であり、マルセイユ版が成立する際に新たに「隠者」というアルカナが創造されてしまったと主張し、この札を「運命の輪」と「吊るされた男」の間で紹介しています。現在出まわっているタロットの隠者の札番号が10〜12と不安定なのはこのためでしょう（図5）。

　生まれつき身体が弱かったせいもあるでしょう、ベルガモ・パックの老人は、「星まわりと盲目的な必然を信じ、どんな神頼みも怠らない人物」だった第3代ミラノ公フィリッポ・マリア・ヴィスコンティの老年の姿を象徴的に描いたものなのかもしれません。緑豊かな庭園のなか、たとえば公爵や貴族が宮廷から抜け出し、お忍びでミサや集会にでも向かおうとしているかのようにも見えます。

　彼はミラノ公爵に即位するも、身の安全を案じるあまりほとんど城内に閉じこもり、市街地に出ていくことは何年かに一度でした。散策ができる美しい庭園や闘技場を備えた城郭で、彼は多くの時を過ごし、祈りの時間もふんだんにもちました。おそらく先祖のマテオ・ヴィスコンティがキリスト教の異端派であったことや、マリアというミドル・ネームから察するに、聖母マリアに傾倒したのでしょう。そんなフィリッポは1447年、およそ57歳で最期の床にあって、宗教上の理由から瀉血（しゃけつ）（病気やケガに際して患部を切開し、滞留している血液や膿を排出させるという医療行為）をこばみ、寿命を縮めたと伝えられています。

# 9 隠者、時の翁　マルセイユ版
## 知恵の明かりを灯す修道士

ノブレ版
（1650年頃）

ヴィーヴル版
（1650年頃）

ドダル版
（1701年頃）

カモワン版
（1861年）

マルセイユ版ではひげを生やした隠者が、頭巾のついた外套、マントに身を包み、たたずんでいます。マントは、中世の**修道会と修道士**のシンボルの最たるものであり、隠者は一見して修道士そのものです（図4）。

> ★**修道会と修道士**　6世紀の聖ベネディクトゥスにより、主に仕える者のための学校として修道院が設立され、以降ヨーロッパ各地に広がる。そこに集い寝食をともにしながら働き、祈りをささげる信徒たちは修道士と呼ばれた。10〜12世紀になると各会派が成立し、それぞれ黒や白をはじめとする独自の色彩のマントを身につけるようになり、あえて古びたマントがシンボルにされたりもした。全財産を投げ打ち修道士となる者がいたり、物乞いをしながら布教活動をするなど、修道会は物議をかもす組織だった。

ちなみに、黒地に白いマルタ十字がついたマントは聖ヨハネ修道会のものですが、アルカナ「女教皇」「教皇」に見られたマルタ十字がここでは見られません。一連のセットすべてが聖ヨハネ騎士団に由来するものではないようです。

アルカナ「女教皇」で述べたように、マントなどの身体を覆うための衣服は「隠すこと、隠秘、神秘性」また「庇護」の象徴です。隠者はマントを羽織ってはいますが、頭巾ははずしています。彼が身を隠す必要のない場所にいることがわかります。修道会の一室で同士たちとともにいるのかもしれません。

マントの色は概して青系です。ノブレ版の**「青」**は、ギルドの親方メートル・ジャックの伝統に由来し、人が肉体や心へ受けた打撃の色。無意識にしまいこんだもの、私たちが葬り去り、忘れてしまったものすべてを表わす色です。そして、絵柄にほど

**図4　フラ・アンジェリコ《聖母戴冠》**（部分／フィレンツェ・サン・マルコ美術館、1438〜1440年）
簡素で厳しい修道生活で、暖をとり健康が維持できるよう、防寒用の頭巾がついたマントをチュニックの上からかぶるのが修道士の基本のスタイルだった。

# 9 隠者、時の翁 ウェイト版
# 創造と破壊の力をもつ老賢者

こされているハッチング（陰影線）は、彼の無意識が荒れて膨満していることの表れです。

また、ノブレ版の隠者の左手には小指がなく、フランスの民間伝承の「両耳を小指でふさぐことで内なる世界に入る」ことができません。ゆえに、年を重ねながらもいまだ彼は神の領域にはおよばぬ存在なのです。

カモワン版では、左手が空色になっており、半身が霊化していると語られています。

隠者が手にしているのは多くランタンです。ランタンの炎、光は、ひらめき、叡智、賢慮の象徴です。ヴィーヴル版では、反対側の手にもつ杖に炎が灯されているようです。「火を熾す」という行為、たとえば祈りに際してローソクに火を灯すことなどは、宗教的な象徴行為でもあり、隠者の修道士的な側面をうかがわせるものです。

札番号について、ヴィーヴル版のみⅪ＝11ですが、このローマ数字が反転するとⅨ＝9になることが指摘されています。

ウェイト版では、中世の修道士とはまた異なる印象の老賢者が描かれています。絵札の背景色のくすんだブルーグレー、灰色とも薄水色ともとれる色は、一種曖昧な世界を、天と地の境界にある目には見えない世界を、一般社会においては特殊な領域ととられがちなオカルト（隠秘、44ページ参照）の世界を表しているかのようです。その保護色になっている、かかとまで隠れるような長い灰色のマントに包まれて、うつむき加減の隠者が横向きで描かれています。横顔の反対側の見えない部分、すなわち隠された事柄があることを暗示する構図です。

マントは「庇護」の象徴でもあります。隠者は、手にしているランタンの光が、不適切な人物に感知されないよう身を守るためにマントを羽織っているという、史上最強の隠されるべき賢者をウェイトは描きだしました。

背丈ほどもある長く、光を放つ杖がひときわ目立っています。古来、杖は権威、指揮・指導力を象徴するものでした。旧約聖書に登場するモーゼ、ギリシア神話の知をつかさどるヘルメス神のアトリビュートが杖であり、知恵者を象徴するアイテムでもあります。

「賢者に杖」というイメージは、神話や童話に登場する「魔法使い」によく見られます。主人公を見守る導き手として登場し、主人公が危機に直面したときに現れ、手にしている杖を一振りするというシーンのなんと多いことでしょう。

そんな知恵や魔法の使い手であるキーパーソンは往々にして、白髪でひげを生やした老人であったり魔法使いのお婆さんであったり、すでに他界している先祖だったりするものです。すなわち長い修行期間を通過し、卓越した技を身につけた人間として、「老人」のイメージが万人の心に響くのです。

そして、老賢者や魔法使いの登場とは、当

**図5　現代の創作的なタロット**
初期キリスト教美術にみられる「賢慮」のアトリビュート（このカードではヘビ）を取り入れて、ウェイト版の「隠者」をアレンジしている。ただし札番号はX（10）。

**図6** ヘルメス・トリスメギストス像（1605年刊行の"De Divinatione et Magicis Praestigiis" by Jean-Jacques Boissardより）

事者の無意識に内在する知恵がひらめくことを象徴したものだともされます。ユングが提唱したアーキタイプ（元型）のひとつ「老賢者／Old Wise Man」だとも考えられます。

ランタンの光が六芒星（ヘキサグラム）、正三角形と逆三角形が重なった図形になっています。古代ギリシアの幾何学的思想においては、頂点が上を向いた正三角形は、神の力、天地創造を果たし、この世に存在するあらゆる生き物を生み出した創造のエネルギーを示すものであり、頂点が下を向いた正三角形は、これを破壊する力、すなわち神の峻厳を示すものです。六芒星は、その2つの力を兼ね備える記号で、ユダヤ、のちのイスラエル国家の象徴となったダビデの星、ソロモン王の紋章、魔術儀式に採用される魔法陣としてのヘキサグラム等、人はまばゆいばかりのエネルギーを見出してきたものです。

近年のタロットの「隠者」は、このウェイト版から着想を得て、オカルト（44ページ参照）の熟達者を示して描かれることが多いようです（図5）。

ギリシアの新プラトン派の学者が、「ヘルメス・トリスメギストス／Hermes Trismegistus」、すなわち「ヘルメスよりも3倍賢く偉大なる者」というオカルトの鼻祖をつくり上げています（図6）。この架空の神格化された存在をタロットの「隠者」にみるタロット研究家もいます。

# 10 運命の輪

英語：The Weel of Fortune
フランス語：La Roue de Fortune
イタリア語：La Ruota, Rota di Fortuna, Ruota della Fortuna, La Fortuna

## 運命を物語る車輪と球体、連鎖のシンボル

　第10のアルカナに描かれているのは、「運命の輪をまわす者」。「車輪」というシンボルによって、私たちがどこから来てどこへ行くのかという生きとし生けるものの命運を訴えかける絵札です。

　古来人は、自らの力のおよばない大いなる存在を感じ、その者の手によって人生が左右されているという世界観を抱いてきました。創世主や絶対神、そして配下にいる諸々の神々のなかに、人間の一生を掌握するという特別な「運命の神」の存在が世界のいたる所で見出されてきました。

　エジプト神話には人間の生死をつかさどるシャイ、ギリシア神話には運命をつかさどる女神モイラが登場しています。

　モイラはのちに3人の女神へと分化し、運命の糸をつむぐクロートー、その糸の長さを測るラケシス、最期にその糸をハサミで断ち切るアトロポスという三姉妹として、「モイライ（運命の女神たち）」と呼ばれるようになります。一者の神に依るものではない運命、その数奇にして複雑な本質が描きだされています。フランチェスコ・サルヴィアーティが描いた3人の女神は、女神たちがどれももう若くはなく、質素な身なりで描かれており、運命の糸をつむぎながら年を経て老いさらばえていく人間の定めが象徴されている点も印象的です（図1）。

　日本にも「運命の赤い糸で結ばれている」などの表現があります。「連鎖、めぐり合わせ」を象徴する車輪や糸は、世界各地に見られる古いシンボルです。

　ローマ神話には運命の女神「フォルトゥ

図1　フランチェスコ・サルヴィアーティ《運命の三女神》（フィレンツェ・パラティーナ美術館、1550年）

**図2 ジョヴァンニ・ベリーニ《好機》**
(ヴェネツィア・アカデミア・ギャラリー、16世紀初頭)

**図3 ドイツの写本『カルミナ・ブラーナ』に見られる「運命の輪」**
(ミュンヘン・バイエルン州立図書館、1230年頃)
複数の修道僧らによる歌集のなかにある、神聖ローマ帝国とカトリック教会を風刺したと見られる作品。

ナ/Fortuna」がおり、運勢・財産を表す「フォーチュン/Fortune」の語源とされています。運命を操るための舵を携え、流転する運命を象徴する球体に乗る姿で描かれるのが常です。幸運の逃げやすさを象徴する羽根の生えた靴を履き、幸福が満ちることのないことを象徴する底の抜けた壺をもっています（図2）。

タロット発祥期のヨーロッパは、まさに激動の時代でした。国境が不安定なイタリア、フランス、イギリス、ドイツ等の国々で乱立する複数の皇帝と教皇たちがもたらす戦乱のなかで、支配権の移り変わりに誰もが翻弄されたのです。この頃に描かれた「運命の輪」の寓意画が多数残されており、乱世を物語る貴重な資料とされています（図3）。

寓意画のなかで「運命の輪」は、古くは大地母神のアトリビュートでした。対照的に、回転する輪にしがみついているのは多く男性で、王侯貴族たちの姿が目立ちます。騒乱をもたらすばかりの男性支配者の世にあって、社会に平和と安定をもたらす対極的な力が求められたのでしょう（図5）。

## 10 運命の輪　ヴィスコンティ版
## 支配する者とされる者の流転

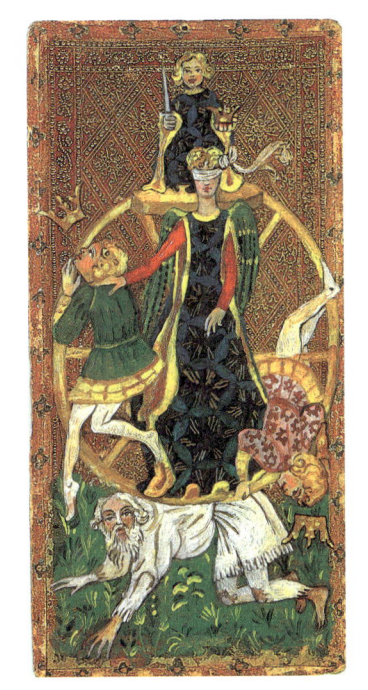

キャリー・イェール・パック

ベルガモ・パック

　2つのパックとも、金箔の運命の輪と、その中央に輪をまわす有翼の女神が描かれています。輪の頂上には、王冠と剣を手にした別の神が存在し、左右には、その輪とともに上昇する人と下降する人が対照的に描かれています。二者ともにチュニックをまとい、貴族の装いをしています。ひとりの頭からは冠がはずれ落ちているようです。

　一番下でこの輪を支えているのが、質素な印象の老人であるところも興味深く、両手両膝をついて背中で輪を支える姿が描かれています。白いあごひげ、擦り切れた無地の着物とストッキングは、落ちぶれた者の象徴のようです。ギリシア神話に登場するアトラスを思い起こさせる節もあります（図4）。

　運命の輪の中央に大きく描かれた女神は目隠しをしており、これがギリシア神話のキューピッドと同様の象徴であれば、やみくもで気まぐれな輪のまわし手ということ

にもなり、また、正義の女神の目隠しと同様であれば、感情の入り込む余地のない冷静な采配と解釈することができます。いずれにしても、人間の都合にかかわらず、運命の輪は回転しています。

ベルガモ・パックの輪の上の台座にいる女神の耳がロバのように描かれています。

ロバは重荷を背負う動物、貧民の象徴です。そこから派生して、謙虚、愚鈍、頑固、淫乱という意味をもちます。

各人物の口元には、吹き流しのようにスカーフかリボンがはためき、上部の女神のそばには「Rengo（私は統治する）」と記されています。回転する輪の左の上昇する人には「Regnabo（私が統治するでしょう）」と記された吹き流しが、右側の下降する人には「Regnavi（私が統治した）」と記された吹き流しがその口元に見られます。最下部の老人の顔付近にたなびく吹き流しには「Sum sine rengo（私は統治しない）」と記されています。絵画に文書を加えるという美術的な技法が当世風です。

すべてが移り変わり一定しないループを感じさせる絵柄で、支配する者とされる者の流転する運命をここに見ることができます。たとえ頂点に到達し支配権を獲得しても、次の瞬間にはもう権利を奪われ、過去の人となる君主たちの命運を。

ミラノの専制君主として名をあげたヴィスコンティ一族ですが、血なまぐさい権力闘争と政略結婚をはじめ、「蝮(まむし)」「残虐王」といった不名誉な異名をとる独裁ぶりなどから、終始波紋を呼んでいたことでしょう。婿養子として迎え入れられたフランチェスコ・スフォルツァは、事実上ヴィスコンティ一族を失脚させ、それまでは要塞としてミラノの中央部にそびえたっていたヴィスコンティ家の城を壊し、新たに居住地としてスフォルツァ城を再建、これを拠点とし

**図4　ウィリアム・カニンガム**
**《黄道12宮と十天からなる天球図を背負う人》**
（木版画、1559年）

イギリスの医師で占星術師、また木版画職人でもあったウィリアム・カニンガム（1531頃〜1586）による。ギリシア神話の巨人族のひとり、**アトラス**を原型とするものと推察される。アトラスは、絶対神ゼウスとの戦いに敗れ、双肩で天界を支えまわし続けるという運命を担った。英語の地図帖（atlas）の語源でもある。

て平和な治世に努めました。

とはいえ、周辺のフランス、フィレンツェ、ヴェネチア諸国との摩擦は常時勃発していました。ミラノはスフォルツァの息子たちの代でフランス軍に侵略されますが、いまをときめく「時の人」が、明日は転落し「過去の人」になるというめまぐるしい変化を冷めた目で描いたこのアルカナは、どんなに富や名声を手にしようとも、なにひとつ永遠に続くものはないことを、抵抗できない命運があることを訴えかける札なのです。

**図5　ジョン・リドゲートの写本『トロイの書』に見られる「運命の輪」**
(ロンドン・大英博物館、1460年頃)

ヴィスコンティ版「運命の輪」は、ちょうどこの頃刊行されたジョン・リドゲートの『トロイの書』の挿絵によく似ている。

## 10 運命の輪 マルセイユ版
### 拷問道具としての輪

ノブレ版
(1650年頃)

ドダル版
(1701年頃)

マドニエ版
(1709年)

コンバー版
(1760年頃)

カモワン版
(1861年)

　マルセイユ版に描かれている「運命の輪」は、木製で2本の足がついており、安定した様子でどっしりと立っています。
　ノブレ版では、この輪は運命の輪であって幸運の輪ではないと警鐘を鳴らしています。ここに描かれた輪は、中世期に使用された拷問の道具なのです。裁判において有罪を宣告された人間が輪に縛りつけられ、

鉄の棒でその手足を砕かれたというもの。**中世の魔女裁判**（158ページ参照）などでは、なんの罪もない一般人が魔女の嫌疑をかけられ、このような拷問道具により実際に命を落としたという話もあります。

このことから、このアルカナは社会的制裁の暗示とされます。紆余曲折する人生のなかで、自らの生き方や考え方が社会に沿うものかどうかを、私たちは折りに触れ問われることになるでしょう。そしてしばしば痛い目に遭うことにより、社会との関係性を見直す必要性に目覚めます。ときには、完全に社会が間違っている可能性もあり、そういう波に伸るか反るかで二分する運命の暗示なのです。

カモワン版では、この運命の輪が大海原に浮かんでいるという設定になっており、たしかに描かれているのが地面ではなく、波打つような曲線になっています。

クランクをまわしている2匹の動物について、輪を上昇する犬と下降するサルは、それぞれ性急さと堕落という人間に内在する2つの悪徳の象徴だと語られています。

運命の輪の回転にはまってしまったとき、私たち人間はどこか動物的に振る舞ってしまった過去を顧（かえり）みます。犬の足は爪が長く伸び、爬虫類のようでもあり、サルのほうは尻尾を高く上げており、いずれも理性ある人間とは隔たりのある動物性が強調されています。時間の経過による生き物の進化、なにものも逆らうことはできない定め、栄枯盛衰、輪廻の概念すらもうかがえる絵柄です。

犬やサルは、エジプトの砂漠の守り神セト、冥府の番人アヌビス、ゾロアスター教のアーリマン、キリスト教の堕天使ルシファー等、古くから神話で悪神と結びつけられており、大きくアップダウンする人生の波が象徴されています。

アーリマンは、ゾロアスター教の最高善の神アフラ・マズダと対照的な存在で、絶対悪の象徴です。実体はなく、ヘビやトカゲなどの爬虫類の姿でこの世に出現するもとされています。**ルシファー**は、旧約聖書「イザヤ書」で、その傲慢さゆえに天から落とされた明けの明星（Lucifer）にたとえられているバビロニアの王です。後世において堕天使、悪魔につかえる者の代名詞となりました。

どのマルセイユ版にも、輪の頂上には冠を戴いた有翼のスフィンクスが描かれています。裁きの象徴である剣をもつこの生き物は、輪の上昇と下降についての裁量を下す権限を手にしています。有翼のスフィンクスは、輪廻から解放されるチャンスの象徴でもあります。

## 10 運命の輪　ウェイト版
## 四獣の力の均衡が輪を回転させる

　ウェイト版では、輪を回転させる大地母神や天使は見られません。絵札の四隅に有翼の**四聖獣**が描かれているさまから、キリスト教画をもとにデザインが考案されたことがうかがえます（17〜18ページ参照）。絵柄における四聖獣の位置は厳密ではありませんが、通常は上方にワシと天使、下方に牡牛と獅子とされ、それぞれ四福音史家のマルコ、マタイ、ルカ、ヨハネを表すものとされています。

　これら四聖獣は、象徴学上もっとも重要な、シュメール・エジプト伝来の神聖動物、神の化身であり、また神にささげられた生き物です。ギリシア哲学では、宇宙を構成する**四大要素**「火地風水」（63〜64ページ参照）と結びつけられ、のちに西洋占星術上の四不動星座、牡牛座、獅子座、蠍座、水瓶座を表すものへと派生していきます。

　ウェイト版では、右上方に水の要素としてワシ、左上方に風の要素として人、右下方に火の要素として獅子、左下方に地の要素として牡牛が配置されています。これらが力の均衡を保ち、運命の輪の回転をつかさどっていることが伝わってきます。神というより、四大要素の諸力という目には見えないエネルギー、その影響力が重要なのです。

キリスト教画や聖書の写本に描かれる四聖獣は、みなイエスの四方を取り巻き、イエスと同様に巻物（聖書）をもって描かれるのが常です。ウェイトがここに描きだしているのは決してキリスト教画ではありませんので、四聖獣がもつ経典には、このアルカナを見ている私たちひとりひとりの心の経典を投影させてもよいのではないでしょうか。

輪に記された文字をご覧ください。「輪」を意味するラテン語ROTA、その4文字の間に「神名」を表す4つのヘブライ文字、ヨッド、ヘー、ヴァヴ、ヘーの4字が配置されています。神の力という、なにものにも抗し難い宇宙のサイクルそのものを表しています。

"The Key to the Tarot"のなかで、ウェイトは「ROTAは、TAROの転写でもある」と述べ、アルカナ「女教皇」に見られる巻物「TORA」との関連を示唆しています（75ページ参照）。

輪の頂上にはエジプトの守護神スフィンクスが、輪廻を断ち切る剣をもった姿で描かれており、右側には、輪の回転に沿って上昇してゆく生き物、ギリシア神話のタイフォンが見られます。タイフォンは、ギガンデスと呼ばれる怪物の一種で、火を吹く魔物として恐れられていましたが、ゼウスによりアイトナ火山に生き埋めにされてしまった存在で、エジプトの悪神テュポンが原型です。テュポンは、ロバ、ツチブタ、カバ、ワニ、オカピ、魚などの姿で表され、砂漠の神として大地の色から「赤い神」とも呼ばれ、エジプトのすべての悪を象徴する神とされていました。

輪の左側には下降するヘビが描かれています。エジプトでは崇拝と嫌悪の象徴として、ヘビの頭をもつ神々が存在していますが、キリスト教では地を這いチリを食するヘビはサタン、反キリストの象徴です。

時代により姿形を変えながら存在している悪の象徴、その本質として描かれた2種類の生き物もただ「運命の輪」の回転によって、上昇し下降しているだけなのです。

「運命の輪」は、宙に浮いた円盤のような車輪になっています。円、輪は、太古の人々にとって、宙に浮かぶ天体と天体をつかさどる守護神の象徴であり、宇宙、運命そのものの暗示となります。

車輪の輻になぞらえて8本の放射線が描かれていますが、仏教で釈迦が説法の際に使用する「法輪（ほうりん）」が彷彿とされます。8本の輻が、仏陀の教えと悟りにいたる八正道を表し、輪廻、カルマとその苦しみから人を解脱（げだつ）させるための8通りの教義がそこに示されているのです。

# 10 運命の輪

# 11 力、堅忍

英語：Strength, Fortitude, Force
フランス語：La Force
イタリア語：La Forza, La Fortezza,

## 獅子と勇者にまつわる神話

　アルカナは2桁（けた）の数字のサイクルに入り、新たなはじまりの段階を迎え、ここで徳性を表象する絵札が再び登場します。先にお伝えした四枢要徳（しすうようとく）、もしくは七美徳のひとつ、「堅忍」を題材とした絵札が第11のアルカナです（アルカナ「女教皇」「正義」参照）。

　このアルカナのタイトルは、英語でStrengthかFortitudeと表記されるのが一般的です。Strengthは、耐える力、抵抗力、人に内在する力で外側に作用をおよぼす力を表すことばで、「精神力」と訳されています。Fortitudeは、苦痛や逆境に耐える力、忍耐力を表すものとされ、意志の強さ、不動の精神性に重きが置かれていることば。「堅忍」と訳されます。

　そのほかにも、心身の力、能力、権力などを表す「パワー／Power」、外圧などにより強いて発揮された力を表す「フォース／Force」などのタイトルがつけられているものもあります。

　中世美術には、多くの「堅忍」の擬人像を見出すことができ、大抵は女性の姿で描かれています。男性が肉体的な力を象徴する存在であるのに対して、内面的な力・精神力のシンボルに女性がよく採用されるのは理解しやすいところです。

　ボッティチェリの「堅忍」は、武装して鞭（むち）をもつ勇ましい風貌の女性が描かれ、表情と目線から、獣を調教しているのだと推察できます（70ページ参照）。レノルズの作品では女性の足元に獅子が見られます（図

図1　ジョシュア・レノルズ《堅忍》(部分／1779年)
擬人像の女性の足元にアトリビュートである獅子が見られる。

図2 エステンシ・タロット「力」
（パリ・フランス国立図書館）

図3 マンテーニャのタロット
B.36. 堅忍／FORTEZA
「エネルギー、迅速に断固として行動する」と示唆されている。絵柄には、獅子もコラムも見られる。

1）。荒ぶる獣をてなずけるほどの忍耐力、不屈の精神性の擬人像は、ほかの徳性より多く芸術作品として手がけられているようです。それだけ人の心に訴えかけるテーマなのでしょう。

「堅忍」の擬人像のなかには、壊れたコラム（神殿の支柱）がアトリビュートになっているものも目立ちます。これは旧約聖書に登場する勇者で、ライオンを素手で引き裂いた怪力で知られるサムソンに由来するのでしょう（図2、3）。

サムソンはイスラエル人で、ペリシテ人による支配を受ける立場でしたがそれに抵抗し、多くのペリシテ人をひとりで打ち負かしました。一方で、味方のイスラエル人も手を焼く荒くれ者でもありました。やがて知恵をつけたペリシテ人により力を封じられた際に、神の加護を得たサムソンは、自らが囚われていた建物の2本の支柱を倒し、建造物もろともその場にいたペリシテ人を道連れにする形で倒したのでした。

**図4　ポッライウォーロ《ヘラクレスとヒュドラ》**
（フィレンツェ・ウィフィツィ・ギャラリー、1475年頃）
9つの頭をもつ怪物ヒュドラは、この絵の依頼者であるメディチ家に対して「敗北する暴君」を表すといわれている。ヘラクレスは、秩序と正義を守るフィレンツェのシンボルでもあり、当時の政治と宗教という徳性の暗示でもあった。

昨今出まわっているマルセイユ系、ウェイト系のタロットでは、このアルカナにサムソンやヘラクレスなど「剛力男」が採用されているものもあります。どういう土台の上に作製され、なにを伝えようとしている絵札なのか、それぞれのタロットの個性を理解することが重要です。

同様に、ギリシア神話にも獅子を倒した勇者、ヘラクレスが登場します（図4）。ヘラクレスは絶対神ゼウスと愛人アルクメーネーの子で、生まれてすぐの赤ん坊の時分に素手で毒蛇を退治した超人でした。成長するにしたがい、ギリシアの神々から戦闘力や武術を学び、より強靱な存在と化します。そして、ネメア峡谷に住み人や家畜を襲うと恐れられていた鉄のような獅子を、3日間にわたり全身で締め上げ、息の根をとめてしまいます。

ヘラクレスはその獅子の皮をはいで生涯鎧（よろい）として身につけ、ネメアの獅子はゼウスにより天に上げられ、12星座のひとつ、獅子座として12星座に加えられたのでした。

イギリスの哲学者ジョン・ロック（1632～1704）は、「堅忍／Fortitudeとは、ほかの美徳を守り、支えるものである」という名言を残しています。

たしかに、徳性を謳えども、本能的な欲望に屈してしまうのが人の性というものです。ヨーロッパで法による統治が整いだす1800年代までは、既存の社会ルールなど支配者階級次第の代物。無法地帯も同然の社会生活において、ことさら人間性が求められたことがうかがえます。ここでの人間性とは、自己抑制という土台に立つべき社会性だともいえます。己に打ち勝つという美徳のなかの美徳、そんな内面的な力の表象がこのアルカナの正体なのです。

## 11 力、堅忍 ヴィスコンティ版
## ライオンで一族の優位性を示す

キャリー・イェール・パック
(イェール大学ベイネック図書館)

ベルガモ・パック

　キャリー・イェール・パックの絵札は、長い金髪が美しい女性と獅子（ライオン）が描かれ、金箔が映える優美な印象です。女性は獅子の背に腰を下ろし、両者の主従関係が強調された構図となっています。

　女性の表情は柔和で、大きく開いた獅子の口に手をあてているさまは戯れているかのようにも見えます。

　一転してベルガモ・パックでは、鎧姿の勇ましい男性がこん棒を振り上げる姿が描かれ、その足元には獅子が見られます。こん棒をふるう男性に対して、獅子が縮こまっているといわれてもいますが、一説によれば、男性と獅子は同一方向を見つめて同じ表情をしていることが指摘され、ともに戦闘体制であると伝えられています。獅子が前足をつき体勢を低くしている様子は、獲物に襲いかかろうとしているか、威嚇するときの動物のパターンです。

　たしかにベルガモ・パックが作製された1450年前後、第3代ミラノ公亡き後のミラ

図5　レオナルド・ダ・ヴィンチ《受胎告知》
(フィレンツェ・ウフィツィ・ギャラリー、1472〜1475年頃)
聖母マリアの書見台の足に獅子のシンボルが使用されている。西洋社会は獅子をモティーフとした紋章、エンブレム、インテリア装飾に満ち溢れている。

ノの治政は不安定で、敵対する周辺諸国との攻防にも四苦八苦していました。そんななかでヴィスコンティ一族を相手に、跡目相続争いに孤軍奮闘した娘婿のフランチェスコ・スフォルツァの姿だともいわれているのです。

　1400年代末期のヨーロッパでは、王侯貴族たちの間で、庭園に動物園を完備するのがステイタスで、ヴィスコンティ一族は世界中から珍しい動物を収集していました。当時は君主同士が友好の証に動物を贈る社交辞令もあり、また、野獣を使って闘犬のような趣味に興じる貴族も多く、そういった催し物は民衆にとっても娯楽のひとつでした。なかでもライオンは、イタリア中部の洞窟に多く生息しており、各地で紋章として盛んに取り入れられます。雌が子どもをたくさん産むと所有者とその都市国家が繁栄する兆し、ライオン同士が争うのは不吉な予兆と見なされました。

　最強の肉食動物で百獣の王である獅子に、力において人間は敵いません。古代エジプトではすでに人は獅子を神のごとく崇め、聖なる生き物として、墓や重要な建造物の前にその像を建て、その力の恩恵にあずかろうとしてきました（図5）。光を浴びて金色に輝くたてがみは太陽とも結びつけられ、世界各国で王権のシンボルともされてきました。

　動物を主題にした古代の美術品が実に豊富ですが、そのなかでもっとも取り上げられた生き物のひとつが獅子でしょう。古代人は、人間には不可能な動作や物理的な力を神のように崇め奉り、「強さ」を求めたのです。

## 11 力、堅忍 マルセイユ版
### 本能をコントロールする力

ノブレ版
（1650年頃）

ドダル版
（1701年頃）

マドニエ版
（1709年）

コンパー版
（1760年頃）

カモワン版
（1861年）

ドダル版のF.P.LE TRANGEとは、「海外用」を意味する捺印証書で、このタロットパックが輸出向けのものであったことの印。この復刻版ではたまたま「力」に見られるが、ほかの版では別の絵札に捺印がある。

このアルカナに描かれているのは必ず女性で、右手で獅子の上あごを持ち上げ、左手で下あごを押さえつけおり、剛力女が獅子の口をこじ開けているかのようです。

　ノブレ版では、女性はエレガントな存在とされつつ、野獣のように闘うことができる者として描かれています。ここでは野獣は本能の象徴であり、社会で成功を収めるために、己の本能をどのように強みとして利用するかが重要となります。

　ドダル版では、女性が大胆にも獅子にまたがっているように見えます。その女性の顔色が白く、「白」はノブレ版同様、ギルドの親方メートル・ジャックの涙を表す色とされ、力強さとまた憂いをも感じさせる図像となっています。

　カモワン版に描かれているのは年若い少女で、大きな帽子のつばが表と裏を逆転させながらメビウスの輪になっていることが伝えられています。意識と無意識を交互にコントロールすることが、獅子を懐柔すること、すなわち奇跡を起こす真の力なのです。

　マルセイユ版発祥時期に流行していた錬金術の図像においても、獅子は重要なシンボルでした。金を生成する大作業の第一過程で取り組む第一資料を表すものとされ、その獅子との戦いを避けて通っても、また悪しきものとして糾弾しても、大作業を完成させることは不可能なのです。獅子のように荒ぶる動物的な要素を自分の内なる伴侶と認めたときに、人は創造性を発揮できるものだと説かれています（図6）。

**図6　錬金術書『哲学者の薔薇園』（1550年刊行）より「太陽を食べる獅子」**
獅子は、意識を食い尽くす「無意識」の象徴。意識の抑えがきかない無意識は、人間の本能、影の側面でもある。

## 11 力、堅忍 ウェイト版
## 獣をも従わせる大地母神

ウェイト版では第8のアルカナ

　ウェイト版は、絵札よりも図柄の解説書"The Key to the Tarot（タロットへの鍵）"が先行したデッキであることは、第1章でお伝えしました。絵札に記されているタイトルは「精神力／Strength」ですが、"The Key to the Tarot（タロットへの鍵）"のなかでは、「Strength, or Fortitude」という題目で解説がなされています。

　「精神力／Strength」は、強さ一般を示すことばであるのに加え、人の能力、活力、精力、また攻撃に対する抵抗力などをも示し、「パワー／Power」「エネルギー／Energy」の類語でもあります。対して「堅忍／Fortitude」は「耐えること／Patience」の類語です。

　ウェイトのこのアルカナは、男性の力を描きだした西洋名画とは真逆の構図が用いられ、「勇者、自信、大胆な行為」などの象徴として扱われることを否定しています（図7）。この札は、そのようなものをはるかに上まわった人の精神的なステージの象徴、人のもっとも美しく高度な精神性の表象だからです。

　大柄な女性が柔和に微笑みながら獅子の

図7　ルカ・ジョルダーノ《サムソンとライオン》（マドリッド・プラド美術館、1695年頃）
すさまじい肉体的な力が描きだされており、アルカナ「力」と並べて鑑賞したい。

口を閉じている姿は、女性が野生の獅子を懐柔している姿、すなわち、自らの獣性を封じることに成功したことの暗示です。

ローマ・カトリック教会の四大聖人のひとり聖ヒエロニムスは、シリアの荒野という厳しい環境下で孤独に耐えながら禁欲的な修道生活を送っていました。あるとき、足にトゲを刺し苦しむ1頭の獅子と出会い、トゲを抜きとってあげたところ、その獅子は自ら獣性を封じ、ヒエロニムスの伴侶と化したのです。以来生涯にわたって、彼らは平和で穏やかな生活を送りました（図8）。

絵札の女性が身にまとう白装束は、彼女の汚れなさ、無垢で純潔な内面を示すものです。獅子を「懐柔」しているというと、その裏に企てや邪心があるようにも感じられますが、なんの企みも邪心もないままに、そこに獅子が存在していたがゆえに、彼女はその獰猛さに取り組む機会を得て、結果として彼女は大いなる存在となったのです。

遠方に、人と神との接点である山が、天空の色を用いて示されています。山ははるか遠くに描かれ、この女性の努力が実を結ぶまでに、長い道のりが必要であることを暗示しています。

女性は、獅子の口に手をあてています。動物の口先（口吻(こうふん)）は急所にあたり、通常触れることは許されません。ここに女性の手がかけられているさまを見れば、完全に女性が獅子を制していることがわかります。獅子も、尻尾を後ろ足の間にはさみ、服従の姿勢をとっています。

そして、女性と獅子とを結ぶ花のリースは愛と平和の象徴。たがいを尊重する精神の表れでもあります。自ら認めたボスに敬意を表する獅子と、獣であろうと敬い大切に扱おうとする人とは、尊厳の意識によって結ばれています。ここで人はムチもなにも手にする必要はなく、確実に獅子を導くのみです。

生き物の本能、そして本質を理解し、野

獣との共存を可能にした女性が、霊長類の真のボスとしてここには描きだされているのです。

　荒ぶる獅子は、ときに私たちがもてあましがちな、身近な尊大な人間であり、また別のときには私たち自身に内在する獣性と見なすこともできます。
「獣性」にはもともとなんら問題はなく、地上においていかに導かれるかが課題であるだけなのです。

　この女性をヒトであると解釈するには、獅子と比較してあまりにも大柄です。たくましくもピュアな大地母神、グレートマザーが描かれているとも解釈できます。アルカナ「女教皇」「女帝」とはまた別に、女性の諸力を伝える一幕です。

「魔術師」にも見られた無限大を表す記号∞（インフィニティ）から、アルカナ1番と8番が同質のものであることがわかります。知恵ある人間の創造性にはじまり、己の獣性を克服する不屈の精神力で完成する人間の本質というものを、一連のアルカナが物語っています。

11 力、堅忍

**図8　ニッコロ・コラントーニオ《聖ヒエロニムスと獅子》**（ナポリ・カポディモンテ美術館、1450年頃）
ここでは獅子は、獣性を克服した人間性の象徴とされる。

153

# 12 吊るされた男

英語：The Hanged Man
フランス語：Le Pendu
イタリア語：L'Appeso, L'Impiccato, Il Penduto, Il Traditore

## キリストの受難を暗示

　タイトルどおり、木に吊るされた男性が描かれているアルカナです。これまで、人間の徳性やライフイベントを表象する絵札を紹介してきましたが、そのどちらにもあてはまるような、またそうでないような要素を含み、見る者に心痛を呼び起こすような絵柄とあいまって意味深長なアルカナとなっています。

　ひとつの考え方として、この札は人生における試練を通過するいわゆる「受難」というライフイベントだととらえることができます。

　受難とはキリスト教の教義において、救世主イエスの殉教を表すことばです。新約聖書のなかで、側近である12人の弟子のひとり、ユダによって銀貨30枚で身柄を売り渡されたイエスが磔(はりつけ)の刑に処されて命を落

**図1　ロヒール・ファン・デル・ウェイデン《ミラフローレンス祭壇画》**
(ベルリン国立美術館絵画館、1435〜1445年頃)
純白の着物でイエスを産み、赤い着物で殉死したイエスを抱き、復活したイエスを迎える際には青い着物を身につけているマリア。ウェイデンは、マリアの着物の色で3種の聖性を見事に描き表している。

**図2　ロヒール・ファン・デル・ウェイデン《七つの秘蹟の祭壇画》**
(部分／アントウェルペン王立美術館、1445〜50年頃)
ローマ時代より重罪人の処刑道具には、縦横の長さが等しい2本線を交差させただけのギリシア十字が使用されていた。キリスト教のシンボルである横木よりも縦の軸木が長いラテン十字は手を広げて処されるイエスの全身像に由来したもの。

としたという言い伝えが、ルカ、マルコ、マタイ、ヨハネの4人の福音書家によって記されています。四福音書により多少の違いがありますが、大筋は次のとおりです。

「神を冒瀆する者」としてユダヤ教の法廷で極刑を言い渡されたイエスは、鞭で打たれ嘲笑された挙句に、処刑場まで十字架を背負って歩かされ、その十字架に手足を打ちつけられて半日さらされた後に命尽きます。その夕方に聖母マリアや弟子たちにより埋葬されますが、3日後に墓石からイエスの遺体がなくなっており、彼がよみがえって永遠の存在になったことが暗示され、その後イエスの御霊が各地でさまざまな奇跡を見せるにいたります(図1、2)。

一般的に「受難」といえば、耐え難い苦痛、試練を表すことばとされています。先のアルカナ「力、堅忍」とは異なる、「忍耐」に焦点があたるもうひとつの精神力が求められるところです。アルカナ「女教皇」で述べた美徳と悪徳の彫像のなかにも、「忍耐」という美徳の彫像があります。ことばで説明するのが難しいところですが、忍耐の類語の「耐えること／Patience」が描き

だされた絵札が、このアルカナなのです。イエスは全人類の罪を背負って殉教したと考えられているため、「自己犠牲」とも結びつけられています。

多く吊るし上げになっているような人物が描かれ、殉教者を思わせる敬虔さが漂っていたり、刑罰を受けているにしてもどこか罪作りな因果を感じさせるイメージが見受けられるのが常です。

図3 ヴィーヴル版、バッカス・タロットはともに北方ヨーロッパ起源とカテゴライズされることがあるマルセイユ系タロット。両者はこの札を含め、典型的なマルセイユ版と大きく異なっている部分が酷似している。

ヴィーヴル版については、すべての札の下方に押されている検閲のスタンプがこの札のみ上部に見られることから制作ミスだという指摘もあった。たんなる裏切り者としてのユダではなく、自殺という末路をたどることになったユダを暗示している可能性などはないだろうか。

ヴィーヴル版 　　　　　　バッカス・タロット

図4 《ユダの自殺》
（4連象牙板部分／ロンドン・大英博物館、420年頃）
銀貨30枚でイエスを裏切ったユダは、後悔の念からユダヤ教の祭司に銀貨を返そうとするが拒否され、その帰り道にイチジクの木で首を吊って自殺する。

　なかには印刷上のミスと思われるような、頭が上方にあるカードもあります（図3）。ローマ数字は上下が反転しておらず、作者の意図的なデザインだということでおおむね研究者たちは一致しています。

　エステンシ・タロットの「吊るされた男」では、片足を木に縛られながら、両手で袋を手放さないようしっかり握っている姿で描かれています（30ページ参照）。現在出まわっている復刻版では「犠牲、愛他主義」の象徴とされ、自分を犠牲にしても他人の利益を図ろうとする姿勢が示されているものとされていますが、もともとの原版では銀貨30枚でイエスを売り渡したユダの象徴なのかもしれません（図4）。

# 12 吊るされた男　ヴィスコンティ版
## 異端信仰の断罪

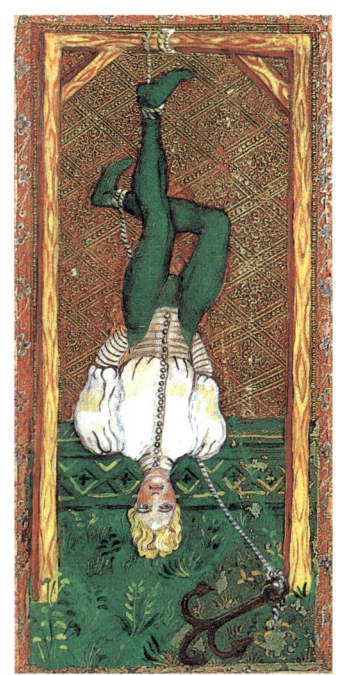

キャリー・イェール・パック

ベルガモ・パック

　キャリー・イェール・パックには、木製の絞首刑台で左足の足首を吊るされている若い男性が描かれています。当初より、磔になったイエスであるとか、イエスを裏切ったユダを題材にして描かれたものとする研究家もいます。

　男性は緑のタイツ姿で、ボタンダウンの白いブラウスを着ています。バルーンスリーブから身分の高さがうかがえ、生活に困って罪を犯した社会的弱者のようではありません。表情がいたって冷静にも見えますが、頭部と地面との差がもうわずかという位置にあって、泣き叫ぶというより蒼白しているか、あきらめの様相を呈しているともいえるでしょう。

　これは中世期に罪人に対して実行された拷問のスタイルで、特にイタリアでは罪人、裏切り者は、片足で吊るされるのが習わしでした。さらには右足には碇（いかり）（200ページ参照）が見られます。片足だけに重りが結び

**図5　拷問道具**
バンベルク刑事裁判令の木版画より
（マインツ、1508年）。

も触れた身体をまわして痛めつける道具、イェール・パックに見られるような股裂き道具などが頻繁に使用されていました（図5）。

ヴィスコンティ一族のなかには、実際にキリスト教の教義に反する異端信仰に傾倒する者が複数いたため（67ページ参照）、彼らにとってこのアルカナは特別な意味をもつものになっていたかもしれません。

12世紀頃から、イタリアでは対立するローマ教皇と神聖ローマ皇帝、どちらを支持するかで都市や貴族たちが割れていました。1300年代初頭、ヴィスコンティ家は皇帝派として力を増しており、教皇派に対してミラノを中心に同盟を集結させる構えをとっていました。しかし1320年2月、まだミラノが公国として独立する前のヴィスコンティ家2代目当主マテオとその息子たちが、悪魔を呼び寄せ教皇に呪いをかけた、修道女といかがわしい行為にいたった、などいわれもない罪状により、アヴィニョン教皇下の宗教裁判においてはげしく糾弾されてしまいます。マテオは軍事力をもってこれを征しますが、争いが続き貧窮生活に辟易していたミラノ市民たちからは支持を失い、皮肉にも当主として世代交代を迎える機会をつくってしまったのです。1322年、マテオが72歳でこの世を去った年の出来事でした。

また時代が下り、第3代ミラノ公となっ

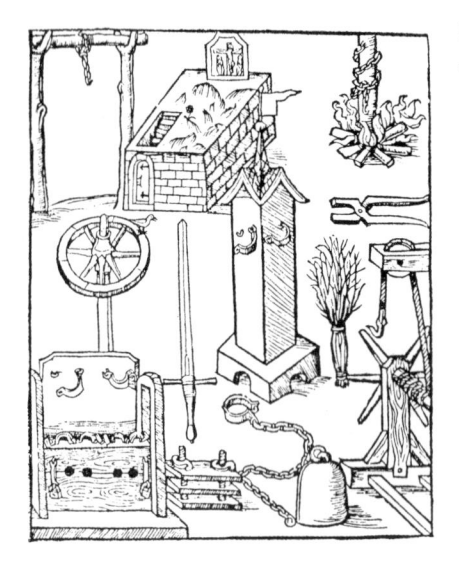

つけられ、股が裂けるほどの苦痛が与えられるという、見るに痛々しい絵柄となっています。

中世ヨーロッパの拷問といえば、**魔女裁判**が横行した事実が思い出されます。キリスト教が各地で認められ権力をもつようになると、古くからあるギリシア・ローマの宗教、ケルトの土着の信仰などは異教として禁じられ、1400～1700年代は激しい迫害のピークでした。女性も男性も魔女であるという嫌疑だけでなく、妖術、魔術、錬金術、占いを行ったという容疑で異端審問所に拘束され、容疑者は拷問道具によって苦しめられ死にいたるか、自白により処刑されるかという最悪の断罪の仕方で、数十万人が命を落としました。

拷問には火責め、水責め、むち打ち、逆さ吊りのほかに、アルカナ「運命の輪」で

たフィリッポ・マリア・ヴィスコンティについても、その追悼式で近親者より「霊魂不滅の存在」として讃えられ、それがキリスト教の教義にそぐわぬ死者の奉り方であるとして教会よりはげしく非難されたことが伝えられています。

ベルガモ・パックの絵柄はイェール・パックとほぼ同じですが、男性の足に錠が見られず、片足のみで宙吊りにされている様子で、このスタイルでも当時の罪人が拷問にかけられることがあったようです。

この片足だけが自由な状態で宙吊りにされている絵柄が、のちのアルカナ12の絵柄にさまざまな影響を与えている点が興味深いところです。

## 12 吊るされた男 マルセイユ版
### 高みにのぼるための通過儀礼

ノブレ版
(1650年頃)

ドダル版
(1701年頃)

マドニエ版
(1709年)

コンバー版
(1760年頃)

カモワン版
(1861年)

マルセイユ版では、絞首刑台で吊るされている男性が描かれ、みな左足の後ろで右足を折り曲げて「十字」を形成しているように見えます。

カモワン版では、この十字はアルカナ「皇帝」でも触れた西洋占星術上の木星に由来するもので、試練ではなく、幸福、喜び、寛容さ、恵みの象徴であるとしています。そして、衣服の10個のボタンに、それぞれ西洋占星術上の10惑星の記号が見られ、この男性が大宇宙を象徴していると語られています。エステンシ・タロットの「男性のポケットからこぼれ落ちてゆくコイン」から、10惑星との関連性を見出した可能性もうかがえます。

そもそもカモワン版では、男性が吊るされている木にひもの結び目が見当たらないことが指摘されています。彼は、吊るされているのではなく空中浮遊しながら瞑想し、異なる観点からのひらめきを待っているのです。

ノブレ版では、どんな屈強な男でさえ涙を流す内的浄化の段階、「脱構築」を通過している人間の図像とされています。これまで築き上げてきた自分自身を打壊し、完全に脱却しようとしています。成長し、これまでの自分とはまったく異なる存在になるための通過儀式なのです。

ヴィスコンティ版でも男性の髪が地面に触れそうになっていましたが、そこから洞察を得たのでしょう、描かれている男性の髪が、根が土から養分を吸収するように、無意識からのメッセージを汲みとっているさまが描かれているとされています。

ノブレ版とドダル版では、男性の肩に白い羽が見られます。古来、神や天使が有翼の姿で描かれ、堕天使など邪悪な存在には虫の羽を用いるなど、画家は翼や羽を用いた表現方法に趣向を凝らしてきました。男性は苦境のなかで、俗世から一歩高みの領域に入るきっかけを得たのです。

男性の上着が碁盤の目のように赤と黄色で配色されているのも特徴的です。中世フランスでは、左右の色が異なる身ごろのデザインや左右の色が異なるタイツが流行していました（図6）。

**図6　16世紀のフランス人および外国人歩兵隊**
オーギュスト・ラシネ『服装史－中世編I』（マール社）より。左右で色が異なるデザインは中世ヨーロッパ全域で平服から軍服にまで見られる。特にイタリアの士官や小姓の間では片側が縞模様、もう一方が単色のストッキングが流行した。

## 12 吊るされた男 ウェイト版
### 十字架と生命の木

　ウェイトは、吊るされている男性の頭部に光輪(こうりん)を描きました。見る者が希望を感じられる構図です。

　頭部の光輪は、キリスト教画でニンブス（Nimubs）と呼ばれ、栄光と栄誉の印であり、自然的存在である人間に超越的な力を与えるものです。ギリシアの絶対神、太陽神に描かれてきたものに由来し、時を経て神への従順の印となり、天使や使徒、子羊にも描かれるようになります。

　物理的に耐え難い状況を強いられながら、吊るされた男の足は「卍(まんじ)」を形成しています。卍は十字架の一種で、起源が諸説ある難解なシンボルです。アンク十字（90～91ページ参照）が使用されていた地域やアフリカとシュメールの一部を除き、世界中でその使用が認められています。大宇宙と人間との関係性を表象したものであることはたしかで、回転する太陽、旋回する四季や四方向を表すものと考えられています。ヘブライ人の服従、あきらめのポーズとしても知られています。

　中世ヨーロッパの十字軍の騎士の墓石に、騎士が足を組み十字を象った彫像がほどこされていることなどにも関連がありそうです（図7）。

　吊るされた男は不滅の存在と化し、いま

図7　テンプル騎士団の墓の彫刻の絵

や完全に宇宙の一部となっています。たとえ肉体が朽ちようとも、彼の行為により芽吹く命があること、それがこの男性が吊るされている木に暗示されています。

　描かれている木はタウ十字と呼ばれるT字型の十字架で、ギリシア語の「神／Theos（セオス）」の頭文字を表したものです。タウ十字はカトリック教徒の杖に用いられ、モーゼのシンボルとされ、エジプト十字とも呼ばれています。

　ウェイトは、このタウ十字をキリスト教画に見られる生命の樹として描きだしました。木には緑濃い葉が茂り、生命の息吹が感じられます。

　13世紀の聖人ボナヴェントゥラのラテン語文献『生命の樹／Lignum Vitae』の普及により、「イエスの死後、彼の身体から流れ出る血により十字架の木が生命を与えられ芽吹いた」という神秘的な思想が広まり、イエスの磔刑に用いられる十字架に自然の樹木を描くキリスト教画が多く描かれるようになりました（図8）。

　このアルカナをたんに殉教の札だと言い切るのは誤りであるとウェイトは述べてい

図8　パチーノ・ディ・ボナグイーダ《生命の木》
（フィレンツェ・アカデミア美術館、1310年頃）
イエスの生涯を物語る挿絵の数々で構成された「生命の木」で磔になるイエスの図像。文字を読めない信徒たちが聖書を理解できるように作製された、教義を説くためのパネル。

ます。「描かれている人物の思慮深さ、行いの偉大さ、自己犠牲について論じても語るに尽くせず、空しさだけが残るかもしれない」のです。

　ウェイトは、吊るされた男の上着に青、タイツには赤を用いて、アルカナ「女教皇」に象徴された女性の精神性、深遠なる海や空と、「皇帝」に示された男性の血気、闘志、肉体の力を対照させています。いわば水と火のように打ち消し合うものをひとつの身体に兼ね備えている男性の葛藤はいかばかりのものでしょうか。

# 13 死に神

英語：Death
フランス語：La Mort
イタリア語：Il Morte, La Morte

## すべての人間にもたらされた死の恐怖

　第13のアルカナは、「死」の象徴絵図、通称「死に神」の札です。

　いまでこそ「13番の死に神」として馴染み深い札ですが、古典〜マルセイユ系のタロットにおいてはほかのアルカナと区別され、最後までタイトルが振り当てられていなかったといわれています。

　往々にして骸骨が描かれますが、そのモデルは、タロット発祥期のヨーロッパ文化に容易に見つけることができます。つまり、22枚の大アルカナのなかで、もっとも中世社会を象徴している絵札なのです。

　この時代の特徴として、ペストや天然痘など、疫病の流行を無視することはできません。あらゆる階層に「死」がもたらされ、その恐怖にヨーロッパ全土がおびやかされていた時代なのです（図1）。

　第1章でも触れた、1538年の**ハンス・ホルバインによる《死の舞踏》**の挿絵の数々は、死を題材にした貴重な美術資料です（31ページ参照）。作品のなかで、踊る骸骨が道化のように描かれ、なすすべもなく傍観するだけの人間を嘲笑しています。同時に権力者階級の人間を蔑む意図が伝わってくる図像です。この木版画を参考にしてつくられたウェイト系の現代タロットもあります（図2）。

　エステンシ・タロットではこのアルカナに**「馬上の死に神」**の図像が採用されています（図3）。馬にまたがり鎌を振りかざしている、こちらももうひとつの典型的なアルカナ13です。そして、この構図がアルカナ「太陽」に採用されていることが多い点も非常に興味深いとこ

**図1　ジャン・ル・ノワール《三人の生者と三人の死者》**
（写本『リュクサンブール詩篇』より、ニューヨーク・メトロポリタン美術館、1348〜49年）
現世的成功を得ても、いつかは死者となることのむなしさを物語る。フランスの吟遊詩人が語り伝えた。

ろです（図4）。何人も抵抗できない生と死が表裏一体であることのメッセージでもあるでしょう。

「死に神」は22枚の大アルカナの中間地点に位置していることから、「再生のための死」の象徴、ものごとの終焉、幕引き、別れといった一種のライフイベントを表す絵札として、今日のタロットでは明確な存在意義をもっています。

図2　メディーバル・スカピーニ・タロット「死に神」
画家ルイジ・スカピーニを採用した現代メイカーの創作タロット。絵札は中世期の人々の暮らしを物語る挿絵のよう。すべてのアルカナに金箔のイメージで色彩がほどこされ、「死に神」も美しく仕上げられている。

図3　エステンシ・タロット「死に神」

図4　ヴィーヴル版「太陽」
「馬上の死に神」と構図において似ている「馬上の童子」。ともに人には抵抗できない生と死がテーマになっている。敏速で有用な生き物として人の生活に密接だった馬は、精力、生殖力、生きる力のシンボルとされてきた。

## 13 死に神　ヴィスコンティ版
## 月の神の弓矢をもつミイラ

キャリー・イェール・パック
(イェール大学ベイネック図書館)

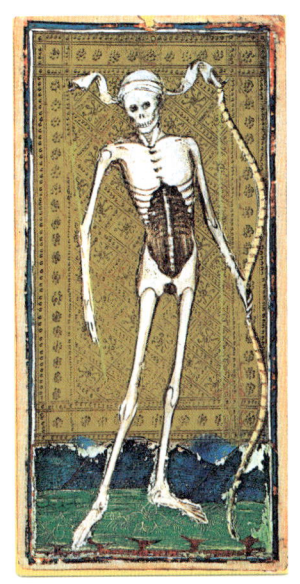

ベルガモ・パック

　キャリー・イェール・パックでは黒い馬に乗った骸骨が大きな鎌を手にしています。馬は「種馬」として解説されています。骸骨の等身大もあろうかという大鎌がやはり黒く染められ恐怖感をかもし出しています。そして馬の下にひしめいているのはキリスト教会の司祭や枢機卿たち。天罰が下り断罪されているとのこと。
　白いひも状のリボン（フィレット／fillet）をしているということは、この骸骨が生前は女性であったことの暗示かもしれません。

図5　リボン（フィレット／fillet）を身につけた女性
旺文社英和中辞典より。イラスト：四本文雄

165

ベルガモ・パックに描かれているのはミイラ化した死体です。腹部が腐敗し、胴体の背景が見えてしまっている状態です。

　古代ローマでは、「死」は着衣の女性像として表されました。のちに経帷子(死に装束)が添えられ、やがて「死体」はミイラで描き表されるようになり、切開されて内臓が取り除かれた腹部がそのシンボルでした(図6)。ときにミイラは、やせ細って肉片や内臓をひきずる死体でも描かれました。「骸骨により象徴される死」が登場したのは1500年代に入ってからでした。典型的な「死の擬人像」がここには描かれているのです。

　ベルガモ・パックに見られる白い細長いひもは経帷子の切れ端であるかもしれないと解説されています。たしかに、死を題材にした中世の美術作品に見られる骸骨の数々が、頭部や胴体に肉体とともに朽ちていったのであろう衣服の一部をはためかせています。

　一方で、このひもは骸骨がもともとしていた目隠しがはずれたものである可能性などもあげられています。

　この骸骨が左手にもつ弓矢は、ギリシア神話の月神**アルテミス**(207ページ、208ページ図4参照)のアトリビュートでもあります。命の生誕のシンボル太陽に対して、月神を死に神にたとえて描きだしたようです。

　ミラノでは時の支配者ベルナボ・ヴィスコンティ(在位1349〜1385)があらゆる感染症対策を講じたため、病による死亡率が目立って低かったことが伝えられています。皮肉にもベルナボを失脚させ、初代ミラノ公爵の地位に就いたジャンガレアゾは、1402年にペストにより突然の死を迎えています。強く美しいミラノ公国を築き上げたジャンガレアゾがまさに飛ぶ鳥を落とす勢いの絶頂期に、はやてのように死をもたらす黒馬をミラノ市民たちは見たのです。

　その後ミラノの治世は乱れ、未亡人となったジャンガレアゾの妻、カテリーナは摂政として政治に挑みますが、2代目公爵に即位していた妾腹のジョバンニ・マリアにより投獄・処刑され、間もなくジョバンニ

**図6　ハンス・メムリンク《地上のむなしさと神の救済の三連画》**(部分/ストラスブール美術館、1485年頃)
1400〜1600年代に「死」の象徴画が豊富に残されている。当初はミイラ化した死体が描かれ、徐々に骸骨で表されるようになる。

も反対勢力により暗殺されています。3代目公爵となったジョバンニの弟フィリッポ・マリアは、病から暗殺まで、あらゆる死に対する恐怖にさらされることになるのでした。

## 13 死に神 マルセイユ版
### 再生を祈るダンス

ノブレ版
(1656年頃)

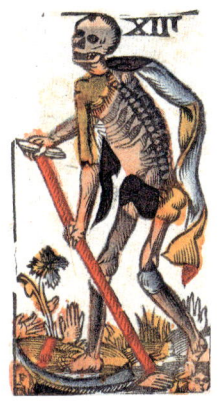

ヴィーヴル版
(1650年頃)

ドダル版
(1701年頃)

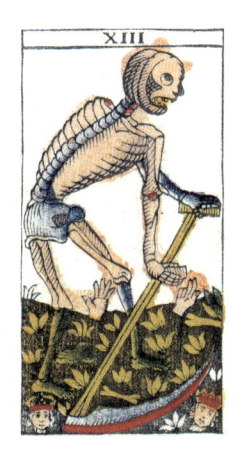

マドニエ版
(1709年)

カモワン版
(1861年)

多くのマルセイユ版でこのアルカナにはタイトルがなく、ローマ数字の13のみが振られています。前述したように現存する古典系タロットにはタイトルや番号は振られておらず、序列や名称は時代の流れとともに定まっていったものです。最後まで「名なし」と呼ばれたのがこのアルカナで、これに最初に「死／La Mort」なるタイトルを採用して作製されたのがノブレ版だといわれています。

「名なし」の由来として、古代ユダヤ教で口にすることがはばかられたという「名状し難き神の名ヤハウェ」が考えられます。このアルカナを単なる死の象徴ではなく、万物の生死をつかさどる神ととらえるがゆえに、「死に神」という呼称が受け入れられたのでしょう。

描かれている骸骨は、ヴィーヴル版では経帷子か生前していた髪飾りかという白い布きれを首に巻きつけ、ノブレ版とともに左向きです。

骸骨は鎌をもち、畑を耕しているように見えますが、これは中世期に描かれた「死の舞踏」を題材にしたものであり、ダンスをしている情景であるともいわれています。

自然主義者たちの間に伝わる一種のナチュラル・マジックで、鎌をもち、円を描くように回転しながら、あらゆる地上のものたちが再生するように祈願するダンスがあるのです。

「鎌をもった骸骨」はみな、白一色ではなく部分的に色味が変えられ、背骨周辺は青みがかった配色で、カモワン版では空色です。

ノブレ版では上半身の右側が**「空色」**になっており、無意識を表す**「青」**（131～132ページ参照）と区別して扱われています。彫刻家のギルドの象徴体系において、空色は海の色、母なる聖母マリアを表し、ジャック親方が彼自身を世界の一部だと理解した意識を表しています。

多くの絵柄で、死に神の足元の地面に人の顔や手が見られ、人間が鎌で刈られた様子です。王冠が乗った頭もあり、「王侯貴族であれ何者にも抗し難い死」を暗示するものとなっています。ノブレ版では、自らの内なる墓場の底から、過去の遺物を拾い集めている図像とされ、黒々とした大地はあらゆる人や物質からなる腐葉土を表しているのです。

## 13 死に神 ウェイト版
## 騎士道精神で命を召しとる

　ウェイト版では、古典系の「馬上の死に神」を採用しつつ、躍動感を抑えたテイストが特徴です。デューラーの《騎士と死と悪魔》を思わせる雰囲気が漂っています（図7）。

　馬は神話においては太陽神の乗り物、特に白馬は別格で、最高神の乗り物でした。ウェイト版では死をつかさどる神が、尊ぶべき存在として描かれているのです。
　また、馬は戦いに用いられた使役動物ですが、騎士にとってはかけがえのないパートナーでした。その力強さから、絵画の世界では、生命力の象徴として突っ走る姿が描かれることが常です。

　死に神は威風堂々と地上に白馬で乗りつけ、悠然と前進しています。私たちのある種の生本能を閉じるときがきたことを、自らの存在をもって表し示しています。
　また、死に神はデューラーが描いた騎士にも見られる甲冑を着ています。頭の先から足先まで彫刻がほどこされた華やかな鉄の甲冑は、中世の騎士がパレードの際に身につけたもの。戦いにおいて情け容赦は無用の行為でしょうが、礼節を重んじる騎士

**図7　アルブレヒト・デューラー《騎士と死と悪魔》**（銅版画／1513年頃）
刈り手として表現されている「死」は、通常剣や槍のほかにも、弓矢、鳥追いの道具、墓掘りの道具、大鎌、砂時計などをもつ。戦士の姿で表されるのは、聖書の写本で、黙示録に登場する「死」が剣をもつ騎士の姿で描き表されたことに由来する。

道精神をもまた垣間見ることができる図像です。

　古典系のタロットのアルカナ「馬上の死に神」同様、死に神は旗を手にしています。旗は、中世の騎士たちが氏族を表す家紋をほどこし、勢力をアピールする重要なものでした。

　このアルカナで死に神が手にしている旗には、聖母マリアのシンボルである「神秘の薔薇」が見られます。西洋においては五弁花（ごべんか）、すなわち、五枚の花びらからなる花が「完成した人間」の象徴とされ、つぼみの状態から外へ向かって花びらを広げてゆく姿が、人間の拡大と発展をイメージするものとされてきました。「五芒星（ごぼうせい）」と同等のシンボルでもあります。

すなわち死に神に、聖母の精神性を見出すことができます。死の裁量はまっさらな魂で行われるということ、命を召しとられる者に罪があって刑罰が下されるわけではないということです。産み手と刈り手は表裏一体なのです。

　遠景に描かれている2本の門柱は、アルカナ「女教皇」に見られた門柱同様、「生」と「死」という究極の対立原理の象徴です。2本の柱が形成する入り口は、生と死の境目なのです。

　そこに生命力の象徴である太陽が輝いています。日の出と日没はそろって1日を完成させるもの。過去を葬り去ることで、日の目を見ることが叶うのです。

　両手を合わせて懇願するかのような僧侶、完全に無抵抗の状態で首を差し出している少女がいるなか、すでに命を召しとられ地に伏した人の身体は、土壌を肥沃にするもの。新たな命を生み出すために、次世代のために、いまを生きる者たちの努めが象徴されているかのようです。

# 14 節制

英語：Temperance
フランス語：La Temperance
イタリア語：La Temperanza

## 欲望の火を打ち消す水

　生と死という節目のアルカナを経て、ここに登場するのは「節制」です。中世期に論じられた「四枢要徳」のひとつとして、すでにその擬人像をご覧いただきました（71ページ参照）。欲望の火を水で打ち消す図像、水の入った杯でワインを中和する図像などもあります。アトリビュートはひもで封じた剣、コンパス、砂時計など幅広く、多彩に表現されているのがこの徳性の特徴です。

　中世美術に見られる「節制」の擬人像は、多く右手の水差しから左手の杯に水を注ぐ女性の姿で描かれています。これは酒に水を注いでアルコールの度合いを薄めるという聖書の写本の挿絵に由来しています。ポッライウォーロやレノルズの作品（図1）とも多く一致が見られます。典型的なキリスト教画では、松明と水の入った小瓶をもつ者として描かれています。

　この徳性については、過去において2人の教皇がキリスト教における美の徳目のなかでもっとも重要であると定めた一方で、ほかの教皇の時代には重要視されず、徳目から省かれることもありました。

　美術的な節制のイメージは、「中和」「混合」「溶解」を暗示するものとなり、錬金術

**図1 ジョシュア・レノルズ《節制》**
（部分／1779年）

**図2** 金の精製に取り組む錬金術師たちがフラスコや壺とともに描かれている図版は非常に多く、壺は錬金術そのもののシンボルとなっている。

や魔術的な図版にも盛んに取り入れられました（図2）。「異なる2つの物質、混合、異化作用」というキーワードが派生し、時代とともにこのアルカナ14に結びつけられるようになりました。

英語の「テンペランス／temperance」といえば、直接「禁酒、禁煙」を指すことばでもありますが、語幹を同一とする「テンパー／temper」は「気質」を表すことばで、特に短気やかんしゃくもちの表現として用いられます。すなわち「節制」とは、自制すること、節度をわきまえ、度を越すことがないようにとどめる調整力を指します。ある程度までは許容され、完全に無にする必要はないところが難しいところです。なにごとにおいても適度なさじ加減ができるのが、上級者といえるでしょう。

中世ヨーロッパに発達した騎士道の精神においても「節制」という徳性は尊ばれています。求めないが手放さない愛、身体ではなく精神で結ばれるプラトニック・ラブという愛の形が見直され、王侯貴族の間では「宮廷風恋愛」（101ページ参照）が流行しています。人を愛する気持ちをあらわにすることなく、陰ながら尽くすといった献身愛の物語が吟遊詩人によって歌い継がれました。

エステンシ・タロットの「節制」は、「正義」「力」と3枚で一そろいになるような構図です（120ページ参照）。ミンキアーテ・タロットでも同様に、97枚中6〜8番までの3枚が連続して徳性を表す絵札になっています（図3）。

図3　ミンキアーテ・タロット

「節制」 　　　　　　　　「堅忍」 　　　　　　　　「正義」

## 14 節制 ヴィスコンティ版
## 人間の3つの性質を表す三美神のひとり

キャリー・イェール・パック

ベルガモ・パック

　キャリー・イェール・パックには、鮮やかな翼をもつ天使が描かれています。毛皮の縁取りがついた立派な長いガウンを引きずり、大小2つの杯を手にもっています。大きいほうの杯は人の頭ほどもあり、彫り物がほどこされ、重厚感があります。

　キリスト教会では、聖杯はキャリス、ゴブレットなどと呼ばれ、イエスの血の象徴であるワインを注いで儀式の際にまわし飲みしたり、小さな杯に分けて参列者に分配するのが習わしです。

　古い聖書の写本に見られる天使は、首から上の頭だけの姿に6枚、もしくは4枚の翼がついているような存在か、翼がない天使が多く、5世紀頃から有翼の天使像が登場しています。1200年代になると裸童型の天使、1400年代には女性型の天使が主流になりました。フラ・アンジェリコの《受胎告知》などが女性型として代表的です（図4）。

**図4　フラ・アンジェリコ《受胎告知》**
（フィレンツェ・サン・マルコ修道院、1438〜46年頃）

一方の水差しからもう一方へと中の液体を注いでいます。身につけている青いドレスには、8本の線を交差させた星形の刺繡がほどこされています。足元には、青々とした芝生が見られます。

似たようなドレス姿で描かれている女性が、アルカナ「星」と「月」に登場します（図5）。画家は意図的に、女性たちのドレスのすそと背景の山の峰の連なりを重ねて描いています。3枚を並べたときに連続性が見出せるよう意図的に描かれており、この時期に頻繁に取り上げられた題材「三美神」の影響を受けているようです（図6）。

ベルガモ・パックでは打って変わって人間の女性が、素朴で牧歌的な雰囲気で描かれています。女性は両手に水差しをもち、

**図5**　ベルガモ・パックに見られる三美神。左から「節制」「星」「月」。（「星」「月」はアカデミア・カッラーラ）

14 節制

図6
上）ボッティチェリ《春（ラ・プリマベーラ）》
（部分／フィレンツェ・ウフィツィ・ギャラリー、1482年頃）
右）コズメ・トゥーラとフランチェスコ・デル・コッサ《12か月の暦》のうち〈4月〉
（フェラーラ・市立ラピダリオ美術館、1469〜70年）

ボッティチェリ作品に見られるのは女性の3つの側面を表した「美」「愛」「貞節」の擬人像。3人の女性たちはどこか葛藤があるよう。身体の線や手足の動き、視線などから、彼女たちがたがいに相容れない要素をもっていること、人と人とが調和し一体化することの本質を物語っている。

三美神は、古代ギリシアの新プラトン主義における「流出」「転回」「帰還」という3つの根本原理を表すものとしても注目される。

ウェイト版では小アルカナ「杯の3」に採用されている。

## 14 節制 マルセイユ版
# 女性の肉体をもつ天使

ノブレ版
(1650年頃)

ヴィーヴル版
(1650年頃)

ドダル版
(1701年頃)

マドニエ版
(1709年)

コンバー版
(1760年頃)

カモワン版
(1861年)

背中に翼がついた大天使が、左右の手にもった水瓶から水瓶へと液体を移し替えているさまが描かれています。まるでアコーディオンでも奏でているかのようなポーズに一貫性が見られるなか、ヴィーヴル版の図像のみ異なった雰囲気で、冠をかぶった女王らしき人物が直立不動で立っています。左手にはギリシアの知恵の神ヘルメスのアトリビュートであるヘルメスの杖カドゥケウスをもち、右手では水瓶から水瓶へ水を注いでいます。

ノブレ版の天使の翼は複数の色で彩られており、ドレスや壺のディテールまでも彩色されているのが特徴的です。翼は神秘的な上昇が可能であることのシンボルだと伝えられています。人間が能力の限界を超え、潜在力を発揮すべく精進しはじめたところが描かれているのです。宇宙の導きがあったときにその力は目覚め、覚醒には、意識の泉と無意識の泉が力を合わせる必要があり、それが天使の2つの壺なのです。

多く天使が青と赤で半々に彩られたドレスを身にまとっているなかで、ドダル版では胸がはだけており、これは作家のオリジナルです。天使はもともとキリスト教起源の架空の存在で、精霊であり、性別のない存在とされていますが、この人間の女性の肉体をもった天使は、天界に住まう天使ではなく、地上界の人間が天使化した存在であることがうかがえます。

どの天使の額にも赤い花のようなものが見られ、一様に「第3の眼」として語られています。これは無意識の覚醒、霊的な視力の象徴です。通常の人間には知覚できない事柄を、この天使は感知できるのですが、それでも彼女はあくまでも乳房のある人間の女性です。つまり、一般人を超える力が、擬人化して描かれているのです。

さらにドダル版では、天使の右手の指が6本、左手の指が4本であることが重要とされ、実はほかのアルカナ（13～15）にも4本指、6本指の手が複数見られることが指摘されており、これについてはいまだ研究課題です。

カモワン版では、天使の大きな翼が鮮やかな空色に染まっているのが印象的で、コンバー版を明確に受け継いでいます。

## 14 節制 ウェイト版
## 自然の力によって起こせる「変化」

　ウェイト版では、白装束の天使が、異なる2種類の物質から第3の物質を生み出す作業に専心しています。あたかも錬金術作業に取り組んでいるかのようですが、描かれている場所は大自然です。この天使には、設備の整った実験室で材料を取りそろえる必要はないのです。あるがままの環境のなかで、自然の諸力、すなわち**四大要素**（火地風水、63～64ページ参照）を活用し、変化を起こすことに誉が与えられている図像です。絵札全体に、自然界にただよう力の穏やかな作用が描かれており、治癒力、癒しを象徴するアルカナだともいわれてきました。

　ウェイトは、この天使を男性でも女性でもない存在であると述べ、ひとつの要素に偏ることなく、中性的であることを強調しています。

　天使は大地に片足を、もう一方の足を泉に浸しています。四大要素の地と水の2つの諸力を兼ね備えていることの暗示です。アルカナ「女帝」で触れたように、地と水は、女性性がもたらす二大勢力です。

　天界に属する天使、そしてその翼は四大要素の風の属性で、風は人間の理知、文明の象徴です。天使の背後に見られる太陽は、四大要素の火の属性であり、これは男性の諸力、生命力、血気の象徴です。さらに、天使の胸には、錬金術における火の象徴、上向きの正三角形が描かれています（図7）。さ

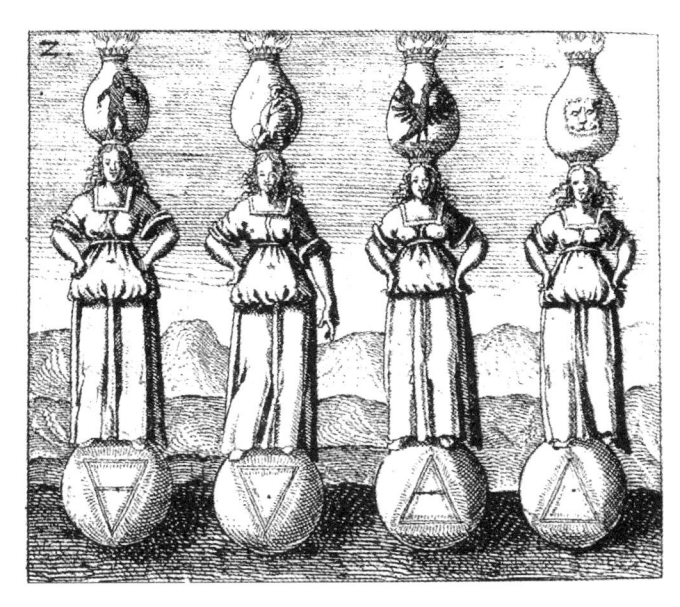

**図7**
**球体に乗る4人の大地母神**

ヨハン・ダニエル・ミュリウス
"Philosophia reformata
(改革された哲学)"（1622年）
より。シンボルが、三角形をモティーフにした錬金術記号で示されている。上向きの三角形は火、下向きの三角形は水、それらに棒線が入ったものが風と地を表している。

らにウェイトは、マルセイユ版に見られた額の赤い花を、太陽の惑星記号に変更しました。これもまた火の属性です。地上のありとあらゆるものが四大要素から変換できることを物語る札となっています。

　澄んだ泉のまわりには、風にそよぐアイリスが目につきます。アイリスは、王家や貴族の紋章にも使われる花で、ギリシア神話に登場する女神イリスの名と語源を同じくするもの。「イリス／iris」とは、虹を意味するギリシア語で、女神イリスは人々の仲裁をつかさどり、争いの後には空に虹の橋をかけ、気難しい女王神ヘラさえも押し黙らせるほどでした。

　天使の作業は、怒りや悲しみをなだめ、不幸を幸運の要素に変えようとすることです。天使の背後には光輪が見られ、アルカナ「吊された男」と同様に、この天使に超越的な力が与えられていることが見てとれますが、こちらの光の放射線はよりダイナミックです。

　遠景には2つの山が見え、山のふもとあたりと天使の白装束のすそが重なるあたりは、ベルガモ・パックに似せて描いたようでもあります。古代エジプト人は「夜明け」を表すために、2つの山の間に昇り立つ太陽を描きました。この天使の行為におよぶことができるのならば、どんな人にも夜明けは訪れるのです。

14 節制

# 15 悪魔

英語：The Devil
フランス語：Le Diable
イタリア語：Il Diavolo

## 人を地獄に突き落とすサタン

　これまでさまざまな美徳の擬人像をご覧いただいてきましたが、いよいよ悪徳の擬人像の登場かと思えば、このアルカナは地獄の大魔王の図です。まずは中世期に見られた「地獄絵図」をいくつかご覧ください（図1、2）。いずれもキリスト教画として描かれた作品です。

　悪魔は、「善」と対照的な領域に属する存在です（なにを善とするかが物議をかもすところですが）。多く魔物の姿で描き表されますが、キリスト教における悪魔とは、反キリストであるサタンを指し、キリスト（＝聖油を注がれし救世主）とは反対に、人を救うのではなく、地獄へ突き落す邪悪な存在とされています。すなわち、人に罪を犯させるよう善行から遠ざけ誘惑する者です。語源のヘブライ語satanは、たんに「敵対する者」を意味することばでした。

　「信じる者は、誰もが死後天国に召され、永遠の存在となる」というこの宗派の原理である教義は同時に「不信心者は地獄に落ちる」ことを説いており、帰依しない者が地獄に直結しているという教えを人々に知ら

**図1　ジオット《最後の審判》**
（部分／パドヴァ・スクロヴェーニ礼拝堂、1305年）
このように悪魔が地獄に落ちてきた人々を飲み込み排泄するという図像はよく描かれた。絵のなかに性器を切りとられている「好色坊主」がいるとのこと。

**図2　ハンス・メムリンク《地上のむなしさと神の救済の三連画》**
（部分／ストラスブール美術館、1485年頃）
「死の擬人像」（166ページ図6参照）「この世の美と虚栄」と並んで描かれた「地獄の悪魔」は、人間の胴体に野獣の頭、腹部に顔が見られ、猛禽（もうきん）類のような足で死者を地獄の口のなかに押し込んでいる。

しめるべく、教会や聖堂にはこういった地獄絵が多く飾られています。

キリスト教画に見られる地獄に落ちた人々は、おぞましい巨大な怪物の手の内にあって、次から次へと食い尽くされ、切り裂かれ、炎で焼き焦がされ、見るに痛々しい様相です。

このような地獄をどう表すか、中世の画家たちの才覚の現れるところでした。教義にそむくことがどれだけ恐ろしいことなのか、文字の読めない一般信者の深層心理に強烈に訴えかける図像が編み出され、エキセントリックな魔物が誕生した模様です。

このアルカナは、時代を追うごとに黒魔術の象徴と化した印象があります。自分や他者の幸福を願い、人に恵みをもたらす神や天使や精霊を召喚するのが白魔術なら、悪魔など邪悪な存在を召喚して、自分以外の人間に災いをもたらそうとするのが黒魔術です。好きな異性をその配偶者や恋人から奪いとったり、実力以上のものを手にしようとするなど、倫理に反するような願いをかなえるためのものでもあります。

黒魔術は、ヤギが生贄にされたり、ほとんど乱交パーティーの延長で行われるなど、下劣・俗悪なイメージがつきまといます。

フランスの魔術研究家エリファス・レヴィ（44ページ参照）が描いた反キリストの図像が黒魔術団体のシンボルとしてよく掲げられます（図3）。ギリシア神話の**牧神パン**をモデルにしたといわれています。

★**牧神パン**　ギリシア神話の森や野山をつかさどる神。毛むくじゃらで頭には山羊に似た2本の角がある半人半獣。パンの息子シレノスは、ディオニュソスに葡萄の秘密を教え、彼らは世の人々に葡萄栽培を教えて広めた。サテュロス（186ページ参照）と同一視されることがある。

特定の信仰をもたない人にとって、悪魔とは神同様に架空の存在です。目には見えない自然の力を表象したものであるとか、心のなかに住んでいる存在だというとらえ方もあるでしょう。昨今このアルカナは、誰にもある一抹の邪心、魔がさす瞬間を描きだした図像として取り扱われています。

**図3　レヴィによるバフォメットの銅版画**

## 15 悪魔 ヴィスコンティ版
## 「誘惑」の象徴としての悪魔

キャリー・イェール・パック

ベルガモ・パック

　ヴィスコンティ版の「悪魔」は、一連のセットから欠落している絵札で、復刻版が作製される際に、既存の標準的なタロットからヒントを得て描かれました。複数のメイカーから刊行されており、絵柄は各社のオリジナルになっています。

　キャリー・イェール・パックでは、アルカナ「女教皇」「教皇」にも見られた六角形の台の上の王座に悪魔がおり、地獄の司祭長といったところです。

　イスラエルが舞台となる初期キリスト教では、近隣の古代エジプトやペルシアに見られる、さまざまな生き物が合体した有翼の生き物が悪魔の図像に採用されていました。多くは複数の頭をもつ怪獣の図像で、これらが西洋に入って、人間の姿に獣の爪、尻尾、翼がつけられた図像に変化していきました。そして、その獣の下腹や臀部にさ

**図4　フーホ・ファン・デル・グース《原罪》**
(ウィーン美術史美術館、1470年)
キリスト教画で「誘惑」と題されたアダムとエバと禁断の果実の図像において、エバを誘惑するヘビがルネッサンスになると頭部に角を生やした牧神パンに変わり、中世になると悪魔が登場し、ヘビと呼応した形がとられるようになる。

らに人間や動物の顔が加えられたものがルネッサンス作品の特徴とされています（図2）。キャリー・イェール・パックのアルカナは、キリスト教の典型的な悪魔像だといえるでしょう。

このアルカナの悪魔には女性の乳房がついています。時代とともに、キリスト教画に描かれる半人半獣の図像には、上半身が人間の女性で描かれるものが目立ってきます（図4）。原罪を犯したのはあくまでもエバであり、そのエバが勧めたためアダムも罪に手を染めたという聖書の解釈（107ページ参照）から、そもそも女性は魔性というものが備わっている生き物だとして、教義においても男性の優位性が説かれることがあります。女性のシンボルによってエロティックなイメージをかもし出す効果もあるでしょう。

悪魔は右手に「５本の指を広げた手」の指示棒をもち、なにやら合図をしています。直接手を下さず、さまざまな手段で人を操作することを示しています。人工的で無機的な作り物の手は、冷酷無情な心の動きの表れ、悪魔特有な能力の象徴であるとも語られています。

悪魔の台座に、小さく描かれた男女がロープで結びつけられています。それぞれの頭には角が生え、うつろな目元で悪魔を見上げているさまが印象的です。向かって左側の男性は獣化しています。この復刻版が作製された1900年代後半にはすでに存在していたウェイト版の影響もありそうです。

ベルガモ・パックの悪魔は、ギリシア・ローマの神、ポセイドン、もしくはネプチューンの持ち物である三つ又の槍をもっています。海の支配者、水の擬人像でもあり、いつもは海底にいて姿を現しませんが、怒りに触れると大変な災難を起こすため、旅

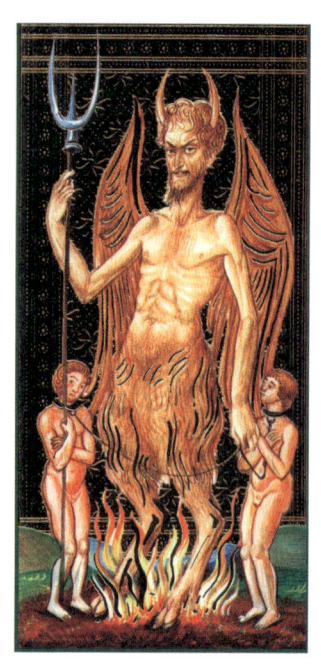

図5　スカラベオ社製の
ベルガモ・パック「悪魔」

図6　エステンシ・タロット「悪魔」

人たちは船旅に出る前にポセイドンに生贄をささげ、安全な旅の祈願をしました。

　ベルガモ・パックの別の復刻版では、キリスト教画の地獄の魔王のごとく、人間を食らう喰人鬼が描かれていましたが、最新版では、ポセイドンかネプチューンを思わせる絵柄にリニューアルされています（図5）。

　現存するエステンシ・タロット17枚のなかにも「悪魔」に相当するアルカナはありませんが、復刻版作製にあたって、ネプチューンのアトリビュートである三つ又の槍を抱えている「悪魔」が加えられ、魔力と官能性を表すものとして解説されています（図6）。

　ベルガモ・パックに見られる、ギリシア・ローマの神々、すなわちキリスト教にとって異教の神を崇拝する信仰は、中世期にはあらゆる階層の人々を魅了していました。キリスト教会が異教の信仰と完全に対立することは避け、その文化的な波を部分的に受け入れ、かつ利用するというスタンスをとったことが、この時期最高潮を迎えたルネッサンスというムーヴメントを導き出す鍵となったのでした。

## 15 悪魔 マルセイユ版
## 両性具有の堕天使ルシファー

ノブレ版
(1650年頃)

ヴィーヴル版
(1650年頃)

ドダル版
(1701年頃)

コンバー版
(1760年頃)

カモワン版
(1861年)

　ヴィーヴル版では、コウモリの羽がついた、口から火を噴く怪物が横向きで描かれていますが、ほかはすべてキリスト教画に見られる半人半獣をモティーフにしたような悪魔です。乳房と男根とを兼ね備えた両性具有の図像で、腹部に顔、膝に目がついた姿で正面を向いて描かれています。

　ノブレ版では、この悪魔がルシファー（141ページ参照）だと語られ、その語源が

ラテン語の「光をもたらす者、光を担う者」であることを指摘し、強烈な力をもつ存在である点が重要だと述べられています。

悪魔の下半身は動物的欲求、上半身は精神を宿し、どちらも動かす感情が両者の中心となる心臓のあたりに位置するものとして、その部分が赤く染められていることが指摘されています。中世ギルドの伝統において、「赤」は彫刻家の親方メートル・ジャックが流した血の色であり、タロットメイカーは私たちに自らの苦痛を喚起させるためにこの色を使いました。人間のすべての反応が過去の傷に由来しているのです。

そして、悪魔が台座から飛びたとうと立ち姿なのは、あらゆることの根源である性的なエネルギーの勢いを示唆したものだと述べられています。

悪魔の両脇にいるのは、2人のサテュロス★です（図7）。悪魔は彼らを完全に支配し、手を縛り上げています。彼らの衝動は沸き立つエネルギーと繋がっており、たんなる性衝動とは異なる力だと説かれています。

★サテュロス　ギリシア神話に登場する、ディオニュソスの近衛隊、または養育係ともいわれる森の精。半身半獣の姿でニンフたちと享楽的に戯れる西洋絵画が多数描かれている。ルネッサンス芸術では角とひずめが特徴。

カモワン版でもこの悪魔はキリスト教の堕天使ルシファーです。全身が空色で、悪魔がもつあらゆるものを焼き尽くす赤い松明(たい)と対照的です。

ドダル版では悪魔が舌を出しており、コンバー版にも受け継がれていますが、コミカルな印象を受けます。

図7　アルブレヒト・デューラー《サテュロスの家族》（版画／1505年）
バグパイプを吹いてニンフの赤ちゃんをあやしている。

## 15 悪魔 ウェイト版
# 山羊の頭の有角神

　ウェイト版「悪魔」は、黒く染まった四角い台座を止まり木にして、爪を立てて座り込んでいます。一説によれば、これは黒い金庫であるとのこと。金庫番の悪魔がこれを文字どおり鷲づかみにして飛びたとうとしているところなのかもしれません。

　マルセイユ版の流れをくんでおり、ここにもヤギの角をもった有角神が採用されています。ヨーロッパのみならず、古今東西の物語の世界で、子ヤギ、白ヤギが善、黒ヤギが悪のシンボルにもなっています（194ページ図7参照）。

　古代オリエントにおける文明開化の源は、有用性の高い羊とヤギを中心とする遊牧にあるともいえます。ヤギの乳はチーズやバターの原材料として、また毛皮は日常生活に欠かせない皮袋として必需品であり、神への生贄に相応しいものとされ、やがてイスラエルにおいて「ヤギ崇拝」が発祥します。ギリシアでは、牡ヤギは牡羊と並び権力者の象徴と化していましたが、白い羊毛が神々しい牡羊とイエスが結びつけられると、黒いヤギには反キリストの象徴が見出されたのでした。

　この絵札はアルカナ「教皇」と対照的です（図8）。教皇が人差し指と中指をそろえて立て、薬指と小指を折り曲げていたのに対し、悪魔は薬指と小指をそろえて立てています。

　教皇は、霊魂肉（body、mind、spirit）の

図8 「教皇」、「恋人たち」と並べると、天国への入り口、地獄への入り口、地上の楽園の三連画ができます。

三世界をつかさどる人物でしたが、悪魔は完全に肉体、物質にのみに生きている存在であることがわかります。

悪魔の頭上には、逆五芒星（ぎゃくごぼうせい）が見られます。五芒星は一種調和の象徴で、四大要素、火地風水とそれらをつかさどる第五元素の一体化を表す図形であり、アルカナ「死に神」で触れた五弁花、五体を有した人間と同等のシンボルです。それが逆さになったものとはすなわち、落ちた人間、四大をつかさどる精霊ではなく邪悪な存在を喚起する不純な力を示します。

悪魔の両脇に立つ裸の男女はともに角と尻尾が生え、悪魔と同化していることがわかります。邪悪な存在と手を結びがちで、肉体的・物質的に満たされることと引き換えに、首に鎖をつながれることをいとわない側面が人間にはあるのです。

向かって右側の男性の尻尾には、悪魔の松明が着火しています。この男性が単なる生命力としての火ではなく、野獣的な欲望、勢いある業火によって人間の想像を超えた振る舞いに出ることがうかがえます。

向かって左の女性の尻尾は、ぶどうの房として描かれています。ぶどうは、古代エジプトにおいて栽培がはじまっており、南イタリアからプロバンスへと伝わりながらヨーロッパの経済発展の原動力となりました。ぶどうは富と豊穣、そこからつくられるワインは、人を酔わせるもの、誘惑の象徴です。

このアルカナと次なるアルカナ「塔」の2枚のみ、黒一面の背景色というほかの絵札とは一線を画する特徴があります。古代エジプトを繁栄させたナイル川の肥沃な土壌の色であり、エジプト人たちは黒を尊び、めでたい色として扱ってきました。現代においても、世界共通の喪を表す色でありながら、黒い礼服はもっとも格式が高いものとされ、祝いの席でも身に着けられています。「すべては土に帰る」という慣用句があるように、あらゆるものを生み出し飲み込む黒土の色として、底知れぬ力強さをもつ色だといえるでしょう。

# 16 塔、神の家

英語：The Tower, The House of God, The Tower of Babel,
フランス語：La Maison de Dieu, Le Foudre
イタリア語：La Casa del Diavolo, La Torre

## バベルの塔に下された天罰

「地獄の悪魔」というショッキングな図像の次に、22枚の大アルカナのなかでもっとも恐れられている凶札「塔」が配置されています。このアルカナは、破壊、混沌、打撃を受けることの象徴です。高く建造された塔が崩れ落ちていくさまは、人生が根底からくつがえされるかのような痛手を受けて、人が身も心も立ち直れないほどにダメージを受けることの暗示だというのがこの札の伝統です。

先のアルカナに登場した悪魔の誘惑に負けてしまった人間のなれの果て、という解釈が伝統的にされてきました。また旧約聖書の説話「バベルの塔」が題材になっているとも伝えられています（図1、2）。これは「ノアの箱舟」から続く話で、どちらも人間に下された神からの天罰についての物語です。

ノアの箱舟では、地上で堕落していく人間の姿を見かねて神が大洪水を起こし、あらゆるものを押し流してしまいますが、信心深いノアとその家族、つがいの動物たちだけが、神の命ずるままにノアがつくった箱舟に乗って助かります。

その後、ノアの子孫たちがまた地上に増え、ぶどう栽培で富を得る一方で、彼らに神を畏れぬ驕りが生じます。そして天にも届くような高い塔を建てようと、みなで堅く焼いたレンガを積み上げます。そこへ再び神が現れ、ひとつのことばを使っていた人々に、さまざまな異なる言語を与えて混乱を与えたため、話が通じなくなった人間たちは塔を建造することができなくなり各地に離散していったのでした。

「バベル」はヘブライ語で「神の家」もしくは「天国の門」を意味することば。これを建造することは、天界の住人になろうと、つまり神と同等の存在であるとアピールしたも同然です。神は、ノアの子孫という同族のみで単一の仕事をすることが驕りの原因であるとして、一族を分けるために言語を分けたのです。

この話の背景について、ユダヤ人がバビロニアに流れた際、多言語が発生していることに驚き、神の罰をそこに見たと伝えられています。たしかに、言語や表現の違いというのは、国際社会で足かせともなり、人間の「原罪」さながらです。

「バベルの塔」の説話は、シュメール時代のメソポタミア諸都市に建造された、王権を象徴するための「聖塔／Ziggurat（ジッ

グラト）」に由来するものです。絵画の世界ではこの聖塔をモデルに、数層のレンガが上部に向かって細くなるように積み重ねられた四角柱か円筒のバベルの塔が多く描かれました。時代とともに高層多階化し、1400年代にらせん階段がついた塔が登場すると、フランドル（ブラバント公国。現在のベルギー）地方の画家に好んで採用されるようになりました。

説話のなかで、神は天罰として塔を破壊してはいませんが、「バベルの塔」といえば「天罰の破壊」というキーワードが思い浮かぶのは、興味深いところです。

図1　サン・マルコ寺院の壁画よりバベルの塔
（ヴェネツィア、10世紀）

図2　フランスの写本『ベッドフォードの時間』よりバベルの塔（ロンドン・大英博物館、1414〜23年頃）

## 16 塔、神の家 ヴィスコンティ版
# 実際の城に似た塔

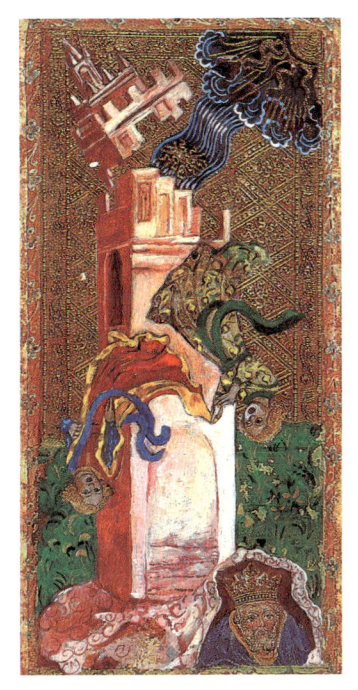

キャリー・イェール・パック

ベルガモ・パック

　先のアルカナ「悪魔」同様、こちらも現存するヴィスコンティ版の2つのパックには見出すことができず、既存のタロットをもとに新たに復刻版が作製されています。

　キャリー・イェール・パックでは、アルカナ「塔」の典型となっている「落雷によって崩れ落ちる塔」が採用されています。石造りの四角柱の建物が破壊され、上部の住居部分がいまにも落下しようとしています。紫色の光線をもつ太陽が、天から煙を吐くかのように塔に向かって暗雲を吹きつけており、通常の天災、落雷による被害の類ではない異変を物語っています。塔から投げ出され、落下してゆく人たちの衣装からは身分の高さがうかがえます。キャリー・イェール・パックの「塔」は、美徳の擬人像によって悪徳が踏みつけられる図像（アルカナ「女教皇」「教皇」参照）をモティーフに復刻されました。

　ベルガモ・パックの塔も落雷により崩壊していますが、より旧約聖書の「バベルの塔」を意識してでしょう、レンガ造りの壁面が見られます。聖書の本文中には、石ではなく焼くことにより強度を増すレンガを、漆喰ではなくアスファルトで固めたことが記されており、バベルの塔の建造を目指し

191

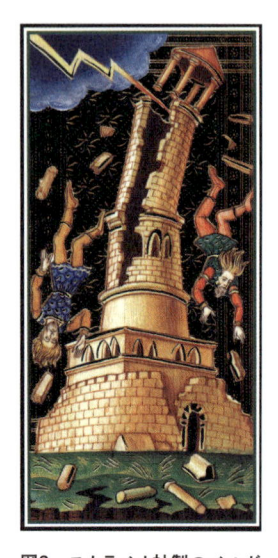

図3 スカラベオ社製のベルガモ・パック「塔」

図4 ミンキアーテ・タロット「塔」

図5 エステンシ・タロット「塔」
（パリ・フランス国立図書館）

フェラーラにあるエステンシ城は、ノヴァーラ出身の築城者バルトリーノにより14世紀に着工、16世紀に完成している。同築城者の設計で多くの諸侯たちの城が建造されている。

たノアの子孫たちの尊大さ、プライドの高さを伝えています。

　別の復刻版では、角ばった建物に円筒形の塔がそびえ立ち落雷を受けています（図3）。当時の城は、城主の館であり、また戦いのための要塞でもありました。四角柱の背の高い主塔に居住空間の館が続くスタイルが多く見られます（図5、6）。主塔は見張り、投石などの攻撃、捕虜を幽閉するなど多様な役割がありました。

　ミンキアーテ・タロットは、イタリア語では「la Torrela／塔」と解説されている一方で、英語のタイトルは「The house of the Devil／悪魔の家」とされるなど研究の余地があるアルカナです（図4）。絵柄はまるで「火災」を表しているかのようで、火を吹く建物から命からがら逃げ出している人などが描かれています。右上方より落雷があったと解説されているものもあります。

図6 イタリア、ミラノのスフォルツァ城

## 16 塔、神の家 マルセイユ版
### 天罰ではなく、神との結合

ノブレ版
(1650年頃)

ヴィーヴル版
(1650年頃)

ドダル版
(1701年頃)

バーデル版
(1751年頃)

カモワン版
(1861年)

　塔はどれも比較的カラフルで、忌み札のイメージが薄れている印象を受けます。それぞれ色彩に趣向を凝らしており、構図の一貫性もほかのアルカナより薄れています。

　ヴィーヴル版では、「塔」はもっとも興味深いアルカナだと紹介されています。その絵柄に見られる「空から降る光」「羊飼いの足元の山羊と羊の群れ」「聖なる木」などはどれもキリスト教において重要なシンボルです。キリスト教画に豊富にある「イエスの再臨」の図像を参考にしたものなのか、関連性が気になるところです。

193

**図7 《ヤギと羊を分かつイエス》**（モザイク／ラヴェンナ・サンタ・ポリナーレ・ヌオヴォ聖堂、6世紀初期）
キリスト教では羊飼いもしくは白い羊はイエス、ヤギは異教徒の象徴とされる。

**図8 イグドラシルと呼ばれる聖なる木**
『スノッリのエッダ（北欧神話と詩の教本）』英語訳書より（1847年）
ヨーロッパ北部、北欧神話に伝わる生命の樹（イグドラシル）はトネリコで、世界を取り巻く宇宙全体を表すもの。天界、人間界、地中（下界）へと、枝葉から根を通して永遠に循環している。

　ノブレ版では、このアルカナは「神との結合」の象徴とされています。そのための「神の家」であり、それは燃え上がるような体験です。すべてのエネルギーが一度に高まり、頭頂部の泉門から外に噴出しています。それは数多くの過去の経験や記憶が、突然、その配置を変え、秩序立って、意味のある星座を形づくるようなものだと語られています。

　そして、塔から投げ出されている2人の人物がまるで動じず、無表情でさえあるのは、一体化の体験からゆっくりと地上に落ちているところだからです。この経験から、人は死を恐れることがなくなり、無意識に対して完全な確信にいたります。つまり私たちが生きているこの現実の世界とは異なる世界があるということを、心の底から理解するのです。これ以降、人は日々の生活をより生き生きと充実させることができるようになります。

　さらに、これまでのアルカナに描かれてきた空が無彩色の白だったことに触れ、以降、空の意味が変わってくることが重要だと述べられています。

　カモワン版では、悪魔の誘惑に勝ったものが神の光を全身で受けとめる図像とされ、このアルカナが通俗的な天罰としての「塔」を表したものではないことが明言されています。赤、黄、緑、空色といった色とりどりの火花とともに、強烈な神の光が建物に降りてくると、その建物は「神の家」となります。その証に建物の上部には王冠が授けられるのですが、あまりの衝撃に耐えかねた人がひとり、塔から転がり出て、外を歩いていた人ももんどりうっているさまが描かれています。神のエネルギーを受け入れることができれば、その人はその身体もろとも「神の家」と化すのです。

## 16 塔、神の家 ウェイト版
### 新しいことをはじめるために必要な破壊

　描かれているのは石造りの塔です。ウェイトにとって、このアルカナが示す崩壊は、前出のアルカナ「悪魔」を反映したものではありません。「悪魔」と「塔」の2枚は非常によく似たものですが、前者は物質欲および人間としての堕落、後者は人間の知性（霊性）の崩壊を意味するものだとウェイトは述べています。人はライフイベントを「いいこと」「わるいこと」と二分したがりますが、そうではなく、その本質的な内容が重要なのです。語るには尽くせない物事の奥行きを、ウェイト版のアルカナは私たちに訴えかけています。

　背景が真っ黒なうえに、天から落ちてくる稲光が黄色に染められ、視覚的に強烈な印象をかもし出しています。アルカナ「悪魔」でも述べたとおり、黒は、すべてを生み出し飲み込む黒土の強烈なエネルギーの色です。とてつもなく大きな作業に、渦中にいる人は身も心も消耗し、喪に服するかのような絶望を感じることの暗示です。

　石という象徴を見ていきましょう。樹木同様、森羅万象のひとつとして、古来、信仰の対象とされてきました。石器にはじまり、刀、矢尻、彫器、かまど、住居等、人間の生活に密着した欠くことのできない資材であり、貝殻、べっ甲、魚の歯と並んで自然貨幣と呼ばれる原初の通貨でもありました。

図9 ドゥッチョ・ディ・ブオニンセーニャ《キリストの試練》(ニューヨーク・フリック・コレクション、1308〜11年頃)
イエスは悪魔に高い山に連れられ、そこから見える都市国家と引き換えに、悪魔を崇めるよう誘惑されるが、完全に拒絶。悪魔が刺激した物欲、名誉欲、権勢欲を表すものとして、イエスの周囲には当時のイタリアの聖堂や城が高々とそびえ立つさまが描かれている。

　絵札には塔から投げ出される人々が描かれています。この塔の住人は物質主義者の象徴でもあり、まさに富みを築き贅を尽くしてきた様子がうかがえます。

　石はまた、四大要素のなかの「地」の属性をもちます。それは、物質、金品、肉体等、私たちが地に足をつけている現実社会、俗世間の象徴でもあります。人間の精神構造でいえば、感情的側面を表す水と理知的な側面を表す風とのバランスをとる力、合理性の象徴でもあります（図9）。

　しかしながら、絵柄の石造りの塔は土台がすでに老朽化しており、もはや役に立たなくなっている状態です。どこにでも場所を占領するだけで無意味に立ちはだかる古びた建造物があるもので、古きよきものを遵守するという慣習のなかで、容易に壊すこともできない過去の遺物によって、現代人が不便な生活を強いられるような事態をここに見ることもできます。

　これに落雷があり、破壊されることは幸いであるかのように、ウェイトは稲光を太陽の光の色で描いています。ものごとが土台からくつがえされるような激変、衝撃的な出来事の暗示も見てとれる絵札ですが、そんな破壊的な事態のなかにもなにがしかの希望があるはずだとこのアルカナは物語っています。

　落雷は誰の身にも、突如として降りかかってくる自然現象であり、生態系に必要な現象でもあります。必ずしも当事者に非があるというわけではないことがうかがえます。先へ進めないのなら、晴れ間が出るのを待つだけのことかもしれません。新しい家を構築するために、古びて機能不全におちいった住居を建て壊すのは、いわば自然なステップです。

# 17 星

英語：The Star, Hope
フランス語：L'Etoile
イタリア語：La Stelle

## 内なる輝きを表す

　このアルカナのタイトルは「星」ですが、通称の「希望の星」を好んで使う愛好家も多く、英語圏では「希望／Hope」と名づけられている札を見ることもあります。夜空にまたたく星々を背景に、美しい女性が描かれているのがこのアルカナの典型的な図像です。

　星、そして太陽と月の3つの光は、太古より「神聖なる光」として崇められてきたものです。星をはじめ、空に光るものを神として信仰の対象とする星辰信仰は、古代エジプトが起源であるとも、あるいは文明の発祥とともにおこったものだともいわれています。

　文明をもたぬ古代人の暮らしのなかで、天体の軌道、それに影響を受け発生するさまざまな自然現象は、あらゆる行動の指針、生活のバロメーターであり必要不可欠なものでした。そこから天文学が枝分かれしたという占星術は、当初より人々の死活問題にかかわる最重要事項といっても過言ではありませんでした。

　夜空に輝く星々の光を描きだしたアルカナ17は「光明」の札です。光明とは、私たち現代人の生活においても、将来への明るい見通し、希望を示して使われることばであり、仏教においては、智慧や慈悲の象徴です。

　光としては最大級の太陽は、一者の神、創世主、父権、陽のエネルギーのシンボルとされ、相対する月は、母性、陰のエネルギーのシンボルとされてきました。地域によってはこの太陽と月が象徴するものが逆転していることもままあります。

　星は、これら太陽と月の申し子で、大いなる父と母をもった存在、つまり地上に生きる私たちひとりひとりを象徴してもいます。どこからともなく生まれ消えゆく儚い定めを背負った人の子を示しているのです。「すべての男女は星である」とは、20世紀最大のオカルティスト、アレイスター・クロウリー（54ページ参照）が残したことばです。

　キリスト教画では、聖母マリアの冠や頭上の光輪に星が見られます（83ページ参照）。また、12の星が描かれているときにはイスラエルの12部族、12使徒を象徴し、夜空に輝く無数の星はひとりひとりの信者の象徴だともいわれています。闇を制し光をもた

らした朝日がイエスの象徴であるのに対して、月は聖母マリアの象徴となり、またイエスは「明けの明星（金星）」、聖母マリアは母の象徴である「海」の星、通称ステラ・マリスとも呼ばれています。

　エステンシ・タロットでは、「悪魔」「塔」に続きこの「星」も欠落しており、復刻版作製の際に、標準的なタロットからアイデアを得て、デザインが考案されました（図1）。美しい、全裸の女性が海の上にたたずみ、その頭上には、八方向に光線を伸ばす大きなひとつ星が描かれています。海の神ポセイドンやネプチューンのアトリビュートである槍をもつ姿は、まさに「海の女神」です。海の神については「悪魔」の項でその恐ろしさを伝えましたが（183～184ページ参照）、彼らは人を惑わすばかりではなく、非現実の世界、神秘的で美しいもの、幻想的で芸術的な諸力をつかさどる者でもありました。アルカナ「星」には、そのファンシーで神秘的な性質ゆえに崇められた海の女性神が描かれているかのようです。ことばでは形容し難い人間の内なる輝き（Inner Light）を描きだしたものといえます。まだ未開発の秘めたる可能性、創造力の源泉、無意識に潜む力は、闇のなかでこそ光るのです。裸体の女性を描き、海、泉、流れ出る水流が添えられていることで、その透明感が伝わってきます。星の光は、目がくらむような強い光線ではなく、美しく、ロマンティックで、心洗われる感覚をもよおすもの。このアルカナも女性性の一種であり、「女帝」の異形なのです。

**図1　エステンシ・タロット「星」**

**図2
ミンキアーテ・タロット「星」**
ベツレヘムの星によってイエスの生誕を知り、祝いに駆けつけた東方の三聖者のひとりを思い起こさせる。

## 17 星 ヴィスコンティ版
### 祈りをささげるポーズ

キャリー・イェール・パック
(イェール大学ベイネック図書館)

ベルガモ・パック
(アカデミア・カッラーラ)

　キャリー・イェール・パックには、重厚感のあるローブを羽織った女性がひざまずき、両手を合わせて視線を上部へ向けて、祈りをささげる姿が描かれています。これが、キリスト教における三対神徳のひとつ「望徳／Hope」の擬人像であることは、アルカナ「女教皇」でお伝えしました（66ページ参照）。擬人像の足の下に悪徳が倒れており、このアルカナが「美徳の勝利」を暗示していることがわかります。

　「希望をもつ」ということがひとつの徳性と見なされている点が重要です。「希望」とは、未来に望みをかけること、未来を見通す力と、いまをより進化させようとする人智の力が織りなす精神性です。「願う」ことが、心のなかでただものごとの成就を求めることであるのに対して、「望む」は、将来に対する期待や見込みを立て、それを当てにすることを意味することばでもあります。人生においては、希望をもつことが難しいことがあります。健康を損ねたり、経済的困難におちいったり、気力・体力が底を尽きてしまったときに、世の中の不条理に直面したときに、すんなり希望をもつことができるでしょうか？　アルカナ「塔」を経て、絶望のどん底に突き落とされたときにさえ希望をもつこと、それがキリスト教の

199

図3 シモーネ・ディ・クロチフィッシ《真の十字架の発見》(ボローニャ国立美術館、1375〜80年)

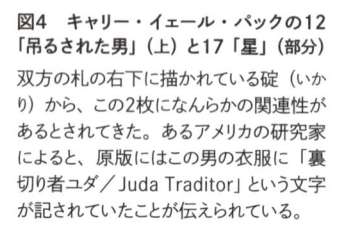

図4 キャリー・イェール・パックの12「吊るされた男」(上)と17「星」(部分)
双方の札の右下に描かれている碇(いかり)から、この2枚になんらかの関連性があるとされてきた。あるアメリカの研究家によると、原版にはこの男の衣服に「裏切り者ユダ／Juda Traditor」という文字が記されていたことが伝えられている。

中核をなす重要な精神性なのです。

中世期に描かれたこの擬人像は、みな一様に「両手を合わせて視線を上部へ向ける」ポーズで描かれています。そして、同じような図像を「真の十字架の発見」という主題で描かれたキリスト教画に見出すことができます(図3)。1200年代には成立していた虚構の物語、十字架伝説は、当時の芸術家たちによりさまざまなシーンが題材に選ばれ、多くの美術作品が残されています。

★十字架伝説　イエスが磔(はりつけ)になった木は、アダムが楽園から追放される際に持ち出した「知恵の木」で、その木がモーゼに渡り、ユダを介して処刑に用いられ、イエスが復活した後は信者たちによって探し求められ、複数の人々の探究を経て最後には発見され、超越的な力が宿る木として崇拝されたという物語。

ベルガモ・パックには、髪の長い女性が立ち姿で描かれています。天空を思わせる青い衣装には、金糸のステッチで刺繍がほどこされ、星の光線を示しているようです。緑の小高い丘の上に立ち、手を伸ばし触れている頭上の星からは、8本の閃光が放たれています。

8という数字は、西洋で8本足のは虫類や昆虫を不浄の生き物として扱うところから、不吉な数とされる地域が多い一方で、女性を表す2の倍数、7を上まわる強い数という考え方も根づいています。無限大を示す∞(インフィニティ)の記号のもとになった数字でもあることなど多様な数ゆえに、ここに採用されている可能性があります。

## 17 星 マルセイユ版
# 星が示す7つの感覚

ノブレ版
(1650年頃)

ヴィーヴル版
(1650年頃)

ドダル版
(1701年頃)

マドニエ版
(1709年)

カモワン版
(1861年)

　マルセイユ版では多くの裸体の女性が主体として描かれているなかで、ヴィーヴル版に見られるのは、コンパスをもった占星術師らしき人物です。エステンシ・タロットの「月」(127ページ図2参照)によく似た図像です。

　すべてに大きなひとつ星と、その周囲に7つの星が描かれています。ひとつ星はよく見ると色違いの2つの八芒星が重なり合

201

って、16の光線を放っています。まわりの7つ星もやはり八芒星で、必ず4つが黄色に配色されており、各年代のメイカーに息づく伝統の根強さがうかがえます。

ノブレ版では、描かれている若い女性が両性具有的であることが指摘されています。さらに中世ギルドの職業哲学において、もっとも高い親方の位階を示すものが「星」であることが伝えられています。女性の清らかさと男性的な実現力を兼ね備えることによって、熟達した親方の7つのチャクラが覚醒し、マスターピースと呼ばれる最高傑作がつくられるのです。

ドダル版では、石工（メイソン）のギルドの伝統の表れとして、女性のへその部分に目が描かれていること、彼女の片目がまっすぐ私たちのほうを見ているのに、もう一方の目は横向きに描かれていることがあげられています。

このアルカナは22枚のなかで特殊な役割をもつものであり、たんなる石工ではなく、親方としての修業時代の到来を伝える札な

のです。石工は、石の使い方が腹でわかるようになるよう教え込まれます。腹で感じる鋭敏な感覚は**「親方の目」**と呼ばれ、磁石のように石と腹が引きつけ合ったり反発し合ったりすることで、その石を建物のどこに、どのように用いればよいかを感知する力です。輝く星は7つの鋭敏な感覚機能が開くことの象徴です。ここから、親方の感覚は、恒久的に研ぎ澄まされた状態になるのです。

描かれている女性はアニマ（ユングにより提唱された男性がもつ女性性）の女神とされ、共同のプールを乱すことなく、個人の水をそのなかに混ぜ合わせています。

カモワン版は、清めの泉で女性が女神に変身する儀式を執り行っているという絵柄です。女性の腹部がふくらみ妊娠しているのは、前途有望な輝かしい未来の象徴です。尽きることのない水瓶（みずがめ）から注ぎ出る宇宙エネルギーは、彼女の潜在力、無限の可能性の表れです。それにもかかわらずひざまずく謙虚な姿勢から、女性の内面の清らかさ、ピュアな精神性が伝わってきます。

## 17 星　ウェイト版
## この世を潤す「命の水」

　ウェイト版では、裸の女性が両手にもつ2つの水瓶から、大地と泉にとめどなく水を注ぎ込んでいます。これは「命の水」であり、地上に生きるすべてのものが無償で与えられるべきものです。ここに描かれている女性はこの世を潤す大いなる存在で、地上において創造の泉をわかせる女神です。女神は水面に立つことができるようです。

　命の水は、ギリシア神話に登場する水瓶をもった少年ガニュメデス（図5）に由来します。

　ウェイトは、この「星」がたんに「希望のカード」であると安っぽく語られることに異論を呈し、人間の内なる光、輝きこそがこの「星」であると主張しています。

　シンボリズムにおいて「水」は清めの象徴です。彼女が注ぎ込んでいる水は、大地を清め、地上に生きるあらゆる生命体の魂を洗い流すことでしょう。心を浄化し清めることで、私たちは生きながらにして、何度も気持ち新たに生まれ変わることができるのです。その瞬間こそが、「人が希望を抱くとき」であり、まさにこのアルカナが伝えるメッセージなのです。澄みきった宇宙のなかで、夜空の星々はより一層輝きを増すことでしょう。これはもっとも美しい地上の循環を示している札なのです。

　大きな八芒星が、7つの小さな八芒星に取り囲まれています。これについては、北

**図5 「ヘベリウス星座図絵」より**（1687年頃）
ガニュメデスはトロイアの王の子どもだったが、その美しさをゼウスに見初められ、大ワシに姿を変えたゼウスによってさらわれ、オリュンポスで神々の給仕係となる。彼には同時に永遠の若さと不死が与えられ、その生命の源である「命の水」を草木や動物たちにも注ぐ存在となった。

**図6 自らの心臓の血を雛に与えるペリカン**
キリスト教においてペリカンは自己犠牲と献身の象徴であり、イエス自身の象徴でもある。

極星を軸に、その周囲を回転する北斗七星の七つ星、すなわち大熊座が描かれているといわれてきました。北極星は、地球の自転軸の延長方向にあるため、通年真北に見えます。古代の人たちはこの星を目印にして、方角や時間の経過について情報を得ました。また、一年を通じて夜空に姿を見せていることから、不滅の象徴として人々は北極星に敬意を払いました。

あるいは描かれている星々は、女神イシスの象徴シリウスと、その周囲に輝くオリオン座だとも解説されてきました。古代エジプト人にとっては、天空に輝く青白いひとつ星、シリウスは夜空の太陽でした。シリウスは全天でもっとも明るい恒星であり、ナイル川の氾濫を知らせる星としても重要な役割を果たしていました。エジプト人にとって、光は厄災を避けるためのものでした。そして、人間の肉体は滅びても、魂は天空の星となって、永遠に輝き続けると信じたのです。

七つの星の7は、一週間、七曜日に相当する、宇宙のサイクルにおけるひとつの重要な単位を示しています。7で完成する宇宙の周期、このくり返しが人間の「内なる光」を発動させるのです。

背景には木に降りたつ鳥が見られます。ここに描かれているのが、自由に飛びまわる鳥ではないことに注目してください。キリスト教画では、生命の木にとまる鳥とその木に絡みつくヘビが戦う図像が、善と悪の戦いの象徴として描かれます。また、イエスを象徴する鳥はペリカンです。自らの胸を突き、流れ出た血によって、ヘビに殺された雛鳥を復活させる図像で表され、自己犠牲と献身の象徴とされます。

ここにはヘビは見られません。邪悪なものを一切追い払い、1羽のペリカンがここで巣づくりをはじめようとしているかのようです。ここにも希望が象徴されています。

# 18 月

英語：The Moon
フランス語：La Lune
イタリア語：La Luna

## 人の内面を示す天体

　アルカナ18は、古代より人が崇めてきた三光のひとつ「月」。夜空にまたたく星々の生みの母親、夜の太陽とも呼ばれた大いなる月の絵札です。先のアルカナから光はじょじょに明るさを増しています。

　月は、太陽が沈んだ後に地上を支配するものでした。太陽が絶対神、男性の緒力にたとえられるのに対して、月が女性の緒力の象徴であることは要所でお伝えしてきました。単体で光を発することなく、太陽の光を受けそれを跳ね返すことで輝く天体、それが月です。受けとめること、反映、状況に応じて変化する力をもち、太陽あっての月という側面も重要です。光があるところには必ず影ができるもの。月はこの世の影の部分、表に対する裏の世界を象徴するものであり、この世を形成する力の2分の1を担っているのです。

　タロットにおいては、擬人化された月として、神話に登場する月の女神が描かれることもあります（図1、207ページ参照）。ま

図1　マンテーニャのタロット
A.41　月／Luna

図2　ミンキアーテ・タロットの「月」と「太陽」（1700年代初期）
月のもとで**コンパス**をもった占星術師はどこか憂いを帯び、太陽のもとに描かれた男女と対照的。

た、「月」の陰性、「太陽」の陽性が対照的に描かれたセットもあります（図2）。

エステンシ・タロットにも、2人の占星術師が**コンパス**を手に、天体観測をしている光景が描かれています（127ページ参照）。コンパスは、数学、幾何学に貢献した数々の哲学者たちを排出したギリシア哲学の産物、「智慧（ソフィア）」の象徴です。すべてを包括する宇宙、人類愛、人類全体の規範のシンボルとして現在では世界で広く使用されています。

また、コンパスは占星術師のシンボルでもあり、絵画のなかでのアトリビュートでもあります（図2、3）。

1200年代のイタリアで、占星術師はすでに一定の地位を確立していました。王侯貴族たちのお抱えの芸術家がいたように、占星術師もまた宮廷に出入りすることを許され、祭事の日取りから病や災害に事前に備えるため等、あらゆる決定事項が託されたのでした。

占星術師は天体の配置からそれらを占断します。円状に描いた黄道12宮のなかに、普段は点在している複数の天体が一か所に集合するときや、円のなかで天体と天体がある一定の角度を形成するときなど、顕著な星の動きとその日時を算出するのです。ゆえに、コンパス、三角定規、分度器などは占星術師にとって欠くことのできない仕事道具でした。これらをシンボルマークに採用している友愛結社「フリーメイソン」が知られています。

当時の天体観測では、七曜日に対応した7つの星が対象とされており、特に太陽と月は重要視されていました。名家の子どもは決まって、生まれた日時とそのときの星の配置によって、才覚や将来の命運が占われたのです。太陽はその人と肉体と自我、月は精神と潜在的な無意識を象徴するものとされ、これは現代の占星術でも変わりありません。

図3
ヴィーヴル版にはタイトルがなく、17番に占星術師のコンパスが見られることから、こちらが月と取り違えられることがあるが、18番にはノブレ、ドダル版に見られる正面を向いた月がたしかに描かれており、17番に見られる放射線は「星」だという判断に落ち着く。

ヴィーヴル版
アルカナ17「星」

アルカナ18「月」

## 18月 ヴィスコンティ版 ミラノのクーデターと星の配置

キャリー・イェール・パック

ベルガモ・パック
(アカデミア・カッラーラ)

　キャリー・イェール・パックは、真珠の髪飾りや水滴の模様がついた青いローブなどから神秘性がうかがえ、位の高い女神を思わせる風貌です。

　腰の高い位置に巻いた腰ひもを左手でつまんでおり、そのひもがまるでヘビのように曲がりくねっているように見えます。また、これは壊れた弓であり、月の女神**アルテミス**のアトリビュートである弓矢を象徴したものだとも考えられています（図4）。女性の守護神である女神ヘラ（ローマ神話ではジュノー）なども月に結びつけられることがあります。

　ベルガモ・パックは、「節制」「星」と同じようなタイプの女性です。青い服にチュニックを羽織っており、長い金髪を腰のあたりまで伸ばしています。右手に三日月を手にしたポーズはキャリー・イェール・パックとまったく同じです。遠景に緑の山々が連なるさまが描かれ、その山並みと女性のローブのすそとが一列になって描かれています。彼女が自然と一体化した超自然的存在であることの表れでしょう。

　イタリアではすでに1200年頃から「大学」が開設されていました。当初は教会法、世俗法、医学の3分野のみでしたが、やがて

207

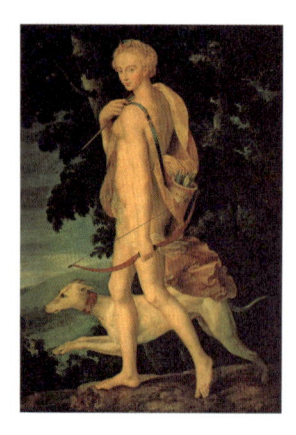

**図4　フォンテーヌブロー派《狩人としてのディアナ》**
(パリ・ルーヴル美術館、1550〜60年頃)

アルテミスはローマ神話のディアナと同一視される。野生の動物たちを守護し、狩猟をつかさどる神でもある。孤独を好み、人間には冷淡で、自分の裸身を見た男性を鹿の姿に変えてしまうなど高潔である。海の潮の満ち欠けを操ることが許されていた。アトリビュートは弓矢、犬、三日月など多数。

修辞法、哲学、天文学が加わり6分野となる際、天文学者（図5）として教授に採用されたのは多く占星術師でした。採用は、それぞれの志願者の知識と情報のボリューム次第でした。任期は短く不安定な役職ではありましたが、王侯貴族から多額の報酬を得る者もいて、当時の人文主義者たちは古くからある古典的な文化を学び、こぞって大学教授の地位を目指したのでした。

ヴィスコンティ・スフォルツァの一門もほかの諸侯たちと同様に占星術師を雇い入れ、子どもたちには人文主義的★な教育を受けさせました。古くからある神話に登場する神々、またその神々がつかさどる天体の軌道と地上におこるさまざまな事象を結びつけて解釈するという占星術師の役割は、一般社会にすでに浸透していました。戦争時には傭兵隊長が出陣する時期を、キリスト教会の教皇さえも枢機卿会議を開催する時刻を星の配置に従って決定していたことが伝えられています。

★**人文主義**　イタリアを中心に発達した中世文化の一形態で、古代、ギリシア・ローマの文学、神話、芸術作品の古典研究を通して、神や人間の本質を理解しようとした。キリスト教会の拘束を受けず、世俗主義、個人主義的な側面をもつ。

ミラノの統治者であった暴君ベルナボに、甥のジャンガレアゾ・ヴィスコンティがクーデターをしかけ、初代ミラノ公に成り上がったことに、果たして占い師がどこまで関与していたかは謎ですが、1385年5月、双児宮（双子座）で木星と土星の合というきわめて珍しい星の配置が形成され、「新旧交代の予兆」が巷で話題となりました。

**図5　左）望遠鏡をのぞく天文学者　右）観測室**
ヨハネス・ヘヴェリウス『月面誌』(1647年) より (千葉市立郷土博物館)

## 18 月 マルセイユ版
## 人の想像力を吸いとる存在

ノブレ版
（1650年頃）

ドダル版
（1701年頃）

マドニエ版
（1709年）

コンバー版
（1760年頃）

カモワン版
（1861年）

　マルセイユ版の「月」に、女性の姿は見あたりません。夜空に浮かぶ三日月が目鼻口をともない擬人化されて描かれています。絵札の上半分の月、下半分を占める下界に犬が2匹と大きなザリガニ、波打つ水、岩辺、建物の配置等、一貫性が見てとれ、大がかりなアレンジが入り込む余地がないギルドの確固とした伝統がうかがえます。

　ザリガニは、月に結びつけられる水辺の生き物で、吉凶混合の象徴をもつものです。

生臭い不浄の下等動物として、旧約聖書では邪悪と罪の具現化とされ、また悪魔のシンボルにもなっています。一方で、脱皮により甲羅が更新されることから復活のシンボルともされ、ごくまれにイエスを表して使われることもあります。厳密には聖人崇拝が異端派と見なされることを考えると、イエスをザリガニに結びつける発想はキリスト教のなかでも異端的なことだったでしょう。

またザリガニは、目的もなく前後に動くことから「不安定の擬人像」のアトリビュートに用いられ、アルカナ「戦車」の御者の甲冑の肩が月であることの由来でもあります。

古代ギリシアでは、蟹の堅い殻は保護の精神、子どもを守る母性に結びつけられ、巨蟹宮（蟹座）のシンボルとされています。西洋占星術において巨蟹宮の守護星は月。太陽と対になって人間の命運をつかさどるもの、陰の領域、肉眼では感知できない不可視の世界、当人すらも気づかない無意識や深層心理を象徴します。

ノブレ版では、このアルカナを前出の「星」に描かれた泉の流れが行きつく先としています。静かな水たまりは無意識のもっとも深い部分を示し、人物が描かれていないことから、ここは理性をはさむ余地のない世界、人の深層心理を描き表したものとされています。

ここでは、ザリガニが2か月に1度、新月の夜に脱皮をくり返す点が重視されています。蟹などの甲殻類は、成長とともに体の外皮が堅い殻となってはがれ落ち、その内側につくられていた新しい皮が硬化し、再び殻となります。同様に、私たちの無意識も日々更新されているのです。

月下で吠える2匹の犬は、用心深い下界の番犬です。不審者には吠え立てますが、その正体がわかれば静まるのが犬の習性です。それはすなわち無意識的な、本能的な、当人すらも意識できない人間の反応の象徴です。2匹の色が異なることから、同じ犬でも感じること、威嚇の対象が異なることがうかがえます。

特徴的なのは、擬人化された月が正面を向いている点で、ドダル版に受け継がれ、のちのブザンソン版（42ページ参照）へと派生しています。ほかの多くの月は横顔を見せており、涙を落とすかのようにしずくを落としています。

カモワン版では月の閃光がしずくとなって、犬の口にこぼれ落ちていくため、霊性を宿した犬は空色で描かれていることが語られています。この絵柄は、月が人間の想像力を食べているという図像なのです。夜の月明かりのなかで、ものごとは昼間とは異なって見え、人は想像力を掻き立てられるものです。その想像力によって月は運行しているという、月が人間のエネルギーを吸いとる存在だという古代信仰がかつてあったのです。

## 18月 ウェイト版
## 闇への不安

所によっては神聖視されたり不浄で邪悪な存在と見なされたりするザリガニですが、どのように見てどのように扱うかは当の人間次第です。ウェイトはそういう人間の深層心理にスポットを当て、「名もない生き物、野蛮な獣よりおぞましい性質をもつものが深遠なる淵から這い出てくる」図像として、このアルカナに一種人間の心像を描きだしています。

暗闇を、太古の人は魔物と見なし恐れました。なんら希望が感じられないばかりか、要らぬ不安や恐怖までもが心の奥底で生み出されるという現象を、ウェイトは月の横顔から不安がしたたり落ちる図像で描きだしています。

自分の都合や現実逃避から神や魔物や霊の存在を見出したり、オカルトサイエンスの法則を持ち出したりするのが人間の常套です。すべては心の産物で、人間の弱い部分、抑圧している無意識にいるもうひとりの私たちが感応しているだけで、心が生み出した生き物は、心に帰ってゆくだけだとウェイトは伝えています。私たちが自我意識をしっかりもつことが重要なのです。過剰な神秘主義・オカルト主義への警鐘でもあります。

遠景には 2 つの門柱が、絵柄の左右に配置されています。2 つの門柱はそれぞれ「生

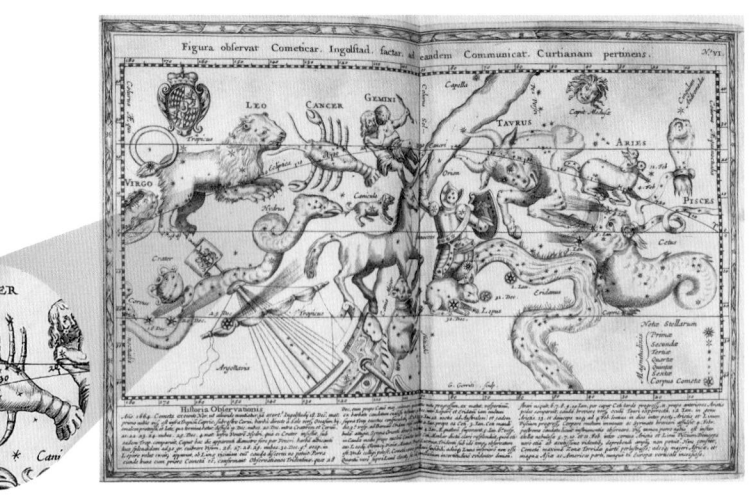

**図6　ザリガニ型の黄道12宮の蟹**
ルービエンニッツキー『彗星の世界』(1681年) より
(千葉市立郷土博物館)
中央左寄りに蟹が見える。

と死」を暗示します。世界の各地で見られる聖域の入り口同様、現世からあの世へと通じてゆく特別な門です。月の光に導かれるまま幻想に生きるということは、死をも意味することなのです。

　この札が従来とは違う点として、月の満ち欠けが強調されていることがあげられています。太陽とは異なり、見上げるたびに日々形が変わり、その都度異なる光を発する月に、人は不吉な暗示を読みとってきました。心と身体を健やかにする太陽光に対して、人を異常にする光が月光でもありました。狂気を表す英語「ルナティック／lunatic」の語源が、ラテン語の「月／Luna」であることをご存知の方も多いでしょう。

　月には32本の光線が描かれ、時計の長針と短針のように、長い光線と短い光線とが交互に並んでいます。月は、太陽の光の具合により、その光の触手の長さを変えます。ウェイトはこの光を「知の光」と呼び、生命の樹（44～45ページ参照）における10の天球と22の小径の総計を表すものとしています。不吉な予兆のなかには、人が知力の光を発動させるチャンスが潜んでいることも描きだしているのです。

　ウェイト版では、犬とオオカミが1匹ずつ描かれています。私たち人間の伴侶というポジションを獲得したのが犬であるのに対して、オオカミは人のパートナーになる以前の荒々しい動物性の象徴としてここに描かれています。オオカミから犬へという進化は、古い意識を脱ぎ捨てることの象徴なのです。

# 19 太陽

英語：The Sun
フランス語：Le Soleil
イタリア語：Il Sole

## 命の象徴である太陽神

　いよいよ最強の光が描かれたアルカナ「太陽」の登場です。この絵札を見れば誰もが笑顔になるという、幸運の象徴とされている吉札で、そのシンボリズムについてはこれまでにも触れてきました。熱をともなった太陽のまばゆい光線は、星や月を圧倒するもので、地上のあらゆるものの滋養であり、命の源です。強者のシンボルとしてワシや獅子といった野獣を紹介してきましたが、彼らも太陽の光なくしては力を発揮できません。まさに生命力の象徴とされるのが「太陽」なのです。

　史上初の王制国家エジプトで擁立された国王ファラオは、太陽神ラーと見なされました。ギリシアでは全能神のアポロン（ローマ神話のアポロ）が太陽神として、またもっと古い時代には、太陽をつかさどる男性神ヘリオス（ローマ神話のソル）が崇められていました（図1）。

　太陽神**ヘリオス**は、翼のついた白馬で空を駆けめぐる天界の英雄でした。2頭立て、または4頭立ての馬車がヘリオスのアトリビュートです。四方八方から太陽の光を反射させる彼の馬車は神々しく、オリュンポス中の羨望の的でした。黄金のたてがみを振り乱し爆走する荒馬を御せるのは唯一ヘリオスのみでした。

　ある日、ヘリオスの息子パエトンが強引にその馬車に乗り、天界に飛びたってしまうのですが、操縦できず、あわや地上へ真っ逆さま、というところでゼウスに救われます。稲光によって馬車は天界の川に落とされ、かろうじて下界での惨事は免れました。

　紀元前5世紀頃には、ギリシア人の理想の人間像と化した全能神アポロンに人々は

**図1　4頭立ての馬車に乗る太陽神ヘリオス**（南イタリアのカノーザ・ディ・プーリアで見つかったギリシアの花瓶、紀元前330年頃）
ヘリオスは月の女神セレネ、曙（あけぼの）の女神エオスの兄にあたる。

213

太陽神のイメージを重ねるようになり、アポロンにヘリオスが吸収される形となりました。

　古いタロット風の絵札や古典系のタロットには、そんな天空を駆けめぐる太陽神のイメージが見受けられます（図2）。

　タロットにおいて、馬にまたがる子どもが旗を振りかざしている図像がしばしば見られます。これは、1600年代のヴィーヴル版、1700年代のバッカス・タロットなど、北方ヨーロッパ産のセットの特徴のようです。

　その「太陽」が、別のセットのアルカナ「死に神」に通じるものがある点が興味深く、絵柄による象徴表現というものが、時空を超えて物事の本質を知らしめる手段であることを実感できます。アルカナ「太陽」「死に神」ともに、人間の命について、その真価を語る札だといえます（図3）。

**図2　マンテーニャのタロット　A.44 太陽／SOL**
太陽を手にしている神の姿がヴィスコンティ版にも重なる、ヘリオスとパエトンを思わせる図像。パエトンが落ちた川はイタリアのポー川だといわれ、当地の画家にとってヘリオス親子のエピソードは魅力的な題材だった。

**図3**
左）ヴィーヴル版「太陽」
右）ミンキアーテ・タロット「死に神」
並べて比較すると、生まれゆく命と死にゆく命の対照性が浮かび上がる。「死に神」のカードでは馬まで骸骨化している。ヴィーヴル版では強さを示す「古代フランスの国旗」をもった少女の図像とされている。

## 19 太陽 ヴィスコンティ版 スフォルツァ家の後継者たち

キャリー・イェール・パック

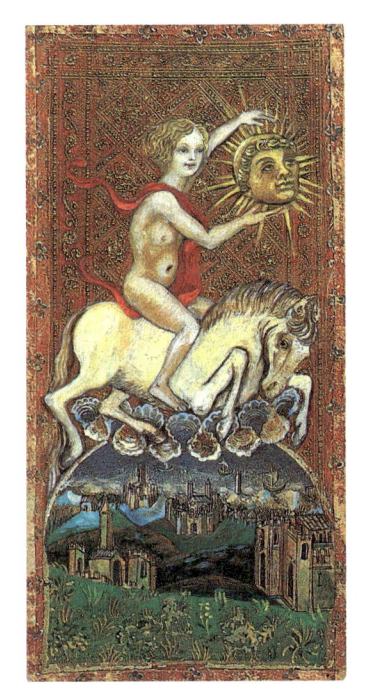

ベルガモ・パック

　キャリー・イェール・パックの「太陽」には、白馬に乗った少年が天空を舞うさまが描かれています。手には人面をかたどった金色の太陽、首元には赤いスカーフが見られ、伝統的に描かれる太陽神や古いアルカナを彷彿とさせる図像です。白馬は貝殻をかたどった雲のようなものの上にいて、浮遊しながら人間界を見下ろしています。

　ベルガモ・パックには、小さな雲の上に乗った**プット**★が描かれています。

プットの背についた小さな羽、そして右足を乗せて立っている雲は、いずれも美しい紺青に染められています。真っ赤な人の頭をかたどった太陽を頭上に高く掲げ、「いたずら者」といった風貌です。このプットは後述するアルカナ「世界」にも登場します。

　首元にはスカーフと、赤い玉が連なる首飾りが見られますが、これは「ロザリオ」に相当するものです。ロザリオは「聖母マリアのバラ園」を意味し、キリスト教にお

いて祈禱とその回数をたしかめるための信者の持ち物です。

こうして見ると、描かれている子どもは、まるでイエス・キリストのように、生誕からすでにその手に世界を治めると運命づけられた存在であるかのようです。

★プット（Putto）　キューピッドなど、裸体の子ども像の総称で、特にルネッサンス芸術のなかで、翼をほどこされた小天使を指すときに使われる。

子どもの図像を見るに、第4代ミラノ公フランチェスコ・スフォルツァの後継の代に思いがいたります。正妻と複数の側室の子が総勢28人ともいわれるスフォルツァの子どもたちのなか、注目すべきは、第5代ミラノ公となった長男のガレアゾ・スフォルツァ（1444〜1476）と、第7代公爵にして**僭主国家**ミラノの最後の統治者となった弟のルドヴィゴ・スフォルツァ（1452〜1508）、通称イル・モーロ（浅黒い人）です。ガレアゾ・スフォルツァは悪政を批判され1476年に暗殺されましたが、のちに「イタリアの女傑」と呼ばれた娘の**カテリーナ・スフォルツァ**（1452〜1508、232〜233ページ参照）が、一族の血を息づかせています。

★僭主　世襲や血筋によらず、君主となった統治者のこと。フランス軍に侵略されたミラノはスペイン領下となり、ルドヴィゴの祖先が築いた僭主国家ミラノ公国の歴史は幕を閉じた。

ルドヴィゴは、先祖に劣らぬ芸術の庇護者で、レオナルド・ダ・ヴィンチ（1452〜1519）のパトロンとして屈指の存在です。青年期から晩年にかけ、レオナルドは多くの時をスフォルツァ城で費やしており、ルドヴィゴの正妻と愛人の確執といった城内の複雑な人間関係に苦心したひとりでもありました。

ミラノ公に即位するより前、ルドヴィゴが34歳のときに自ら正妻にと白羽の矢を立てたのは、名門エステ家の公女。時のフェラーラ公爵エルコレ・デ・エステ（1431〜1505）には2人の娘がいましたが、姉のイザベラはすでに嫁ぎ先が決まっていたため、妹のベアトリーチェ・デ・エステ（1475〜1497）の輿入れが決まったのです。ベアトリーチェは、イタリア語もフランス語も堪能で、文学・哲学に長けていることはもちろん、のちに楽器の腕を発揮し、公妃となってからは頻繁にサロンを開いてプロの歌い手であったレオナルド・ダ・ヴィンチとも共演したほどでした。

1491年1月、ルドヴィゴとベアトリーチェは正式に結婚し、レオナルドによる演出で盛大な披露宴を催しています。エステ公

爵とこの婚礼についての契約を交わしてから10年もの時が経過しており、ルドヴィゴは44歳、ベアトリーチェは15歳になっていました。そしてルドヴィゴの愛人であるチェチリア・ガルレラーニ（104ページ図2参照）は18歳で、そのときすでにルドヴィゴの子どもを身ごもっていました。それはスフォルツァ城では公認のことでした。

　もともとチェチリアは、大使や外交官として活躍した宮廷官僚の娘で、まだ彼女が12〜14歳の頃にルドヴィゴに見初められ、2人は関係をもつようになりました。祖父は法律学者、叔父はフランチェスコ修道会の思想家ベルナルディーノ・ブスティであるという、文化人気質を受け継いだ彼女は知的で、見目また麗しく人目を引く存在だったのです。

　1491年5月、スフォルツァ城でチェチリアが男児を産み落とすや、ミラノの宮廷人たちは世継ぎ誕生の賛辞をたむけ、時の公爵のご機嫌とりにいそしみました。

図4　作者不明《ルドヴィゴとベアトリーチェの結婚》
（ミラノ・ブレラ美術館、1490年代）
1491年1月17日の結婚式の絵。ルドヴィゴはお抱えの占星術師に挙式の日取りを占断するよう命じ、1月がよいが18日を越えないようにと告げられた。ベアトリーチェはポー川を越え、総勢18名のエステ一族とともに馬車と船とで2週間以上もかけてミラノに到着した。

## 19 太陽 マルセイユ版
### なにかを伝え合う子どもたち

ノブレ版
(1650年頃)

ヴィーヴル版
(1650年頃)

ドダル版
(1701年頃)

コンバー版
(1760年頃)

カモワン版
(1861年)

　ヴィーヴル版では、精力、生殖力、生きる力のシンボルとされてきた馬に、強さを示す「古代フランスの国旗」をもった少女がまたがる図像です。これはのちにフランドル地方（現ベルギー）に伝わり、バッカス・タロット（42ページ参照）に受け継がれています。

　それ以外のすべての版では2人の幼児が見られます。マルセイユ版とベルガモ・パックのアルカナ「世界」に図像的な共通点

を見出す方もいるでしょう（図5）。

たがいに手をかけ合い仲睦まじい子どもたちの様子が伝わってきます。彼らを頭上で照らす太陽は、カラフルな閃光を放っています。太陽の顔面は黄色で、閃光は赤、光のしずくは赤と青にしばしば黄色が加えられるという配色の一貫性があります。

ノブレ版の「黄色」は、ギルドの親方メートル・ジャックの忍耐の色です。ここでは前に進む力強さが求められています。先のアルカナ「月」の光という無意識の啓蒙に太陽が重なり、両者が力を合わせ新たな原動力となったところなのです。

また、ここに描かれているのは少年と少女で、少年の手は少女の心臓に触れています。少女の手は少年の首筋に触れ、「神への扉」を開いています。ことばを必要としないほどの高い意識で交流しています。たがいに助け合い、癒すことができる力が、天空から降り注ぐ18の水滴に描き表されています。

彼らが立つ地面は緑色です。「緑」は、ギルドの親方メートル・ジャックの希望の色。希望とは、変化をもたらす意識です。ここは、明日は明日の風が吹くことを確信する精神の庭なのです。

ドダル版では、片目の少年のみぞおちに、目の見える友人が触っています。これは「親方から弟子への伝播」を表しています。アルカナ「星」にも描かれている「親方の目」とは、腹で感じるきわめて鋭敏な感覚であり、同志によって目覚めさせられるものなのです（202ページ参照）。

カモワン版は、西洋儀式魔術（63ページ参照）の伝統における新規参入、師弟愛、兄弟愛（フラタニティ）を物語っていることが指摘されています。周囲にめぐらされた壁により完全に守られた世界で、ひとりの新参者が導かれる図像なのです。ここでは、人の太陽に対する崇拝の念が、太陽によって吸い上げられているさまが描かれています。そのため、水滴の形が上にのぼっていくイメージで描き表されています。

**19　太陽**

**図5　ベルガモ・パック「世界」**（アカデミア・カッラーラ）
2人の裸の子どもが、巨大な円盤を支え合っている。描かれている子どもたちは、神の御使いである天使。幸先のよい絵札とされている。

## 19 太陽 ウェイト版
## 心と身体の一致した状態

**図6 太陽王ルイ14世の紋章**
フランス絶対王政の象徴ともいえるルイ14世（1638～1715）は太陽王と呼ばれた

**図7 アルゼンチンの旗に描かれた太陽神インティ**
インティは南アメリカで15～16世紀に繁栄したインカ帝国の最高神。太陽に顔をほどこしたシンボルは世界各地で見られる。

　ウェイト版では、円の中央にシンボル化された太陽が描かれています。マルセイユ版の面影を残しながら、古典系のタロットに見られる馬にまたがる幼児が採用されていますが、伝統的な横向きではなく正面から描くスタイルとなっています（図6、7）。先のアルカナに描かれた月は横顔でしたが、なにもかもを月とは対照的に描くという工夫からなのでしょう。

　ウェイトは、「白馬にまたがり、赤い旗をなびかせる裸の子どもが、この札に関するより適切なシンボリズムである」と述べています。アルカナ「太陽」は、月の段階を経た「夜明け」の札なのです。「己を知る精神の夜明けが、意識の上に表れた時」の図像として、ウェイトは太陽と新生児を描き

図8　ルーベンス《フォルトゥナ（運命）》
（マドリッド・プラド美術館、1636〜38年頃）
女神フォルトゥナは、荒れ狂う海を背景に帆をもった「運命」の擬人像。風にたなびく帆の様子から、運命というもののことばに尽くし難い躍動感が伝わってくる。アルカナ「太陽」の子どもがもつ旗にも同じ効果が見てとれる。

だしました。太陽の光をさんさんと浴びながら、清廉潔白なヒトの精神と、飼い慣らされた馬の本能とが一体化しています。

　幼児とは、開けっ広げで、なにも包み隠すことのない心をもち、わかりやすく自身を表現するもの。無防備でもあります。知性的、理性的に未発達で、むしろまたがっている馬に近い存在でしょう。

　子どもがかぶっている帽子は、古代エジプト神に見られる鳥の羽やヘビをかたどったヘッドドレスにも似ており、高貴な身分の出身であることがうかがえます。
　ヒマワリの花は、ギリシア神話のなかに「太陽を崇拝する花」として登場します。太陽のエネルギーをより一層強調する構図としてここでは取り入れられており、札がダイナミックな躍動感溢れるものとなっています。四方向、四周期を表す4つのヒマワリ、そして幼児の頭を飾る花冠（リース）には美しき調和、六芒星を表す6つのヒマワリが見られ、足し合わせた数は10となります。10は図像学的に完全な円を表しますが、4と6で構成されていることによって、非の打ち所がない完成の図像だということがわかります。

　子どもの周囲に壁が張りめぐらされており、家の敷地内にいることがわかります。無防備ではありますが、この子は守られた存在なのです。人の管理が行き届いた庭園で、よく飼い慣らされた馬が、この子を振り落とすことはないでしょう。それが両手放しでギャロップする子どもの絵柄でもって示されています。

　幼子が手にしている赤い旗は勝利の象徴です。ルーベンスが描いた《フォルトゥナ（運命）》などが思い起こされます（図8）。

　馬は、その馬力、繁殖力から、性本能の象徴であることはすでにお伝えしました。ここに描かれている馬は、その野性的な本能を子どもでさえ従わせることができるほどに、飼い慣らされています。アルカナ「力」を超えた、肉体と精神の完全な一体化をここに見ることができます。これこそが人間の快楽であり、幸福であるというアルカナ「太陽」なのです。

# 20 審判、最後の審判

英語：Judgment, The Last Judgment
フランス語：Le Jugement
イタリア語：Il Guidizio, La Trompete

## 生まれ変わることの象徴

　第20のアルカナ「審判」の絵柄は、キリスト教の説話「最後の審判」がモティーフになっています。それは新約聖書「ヨハネの黙示録*」に記されている人類の滅亡と復活の物語のクライマックスで、一度は死したキリスト教徒が復活し、永遠の命を授かるという劇的な場面です（図1）。

　全22章からなる「ヨハネの黙示録」は、イエスの弟子ヨハネが受けた啓示を彼自身が書き記したもので、多分に詩的で脈絡が不明瞭だったり、断末魔の情景が想像を絶するものだったりと、当初より画家にとっては挿絵をどう描くか悩ましいところでした。9～10世紀、エジプトやペルシャ、イスラム教など東方の写本美術において、天変地異を起こす魔物やラッパを吹く天使などの図像が確立され、これらを手本として中世の名高い画家たちにより見事なルネッサンス芸術が生み出されるにいたります。

　フランスのパリ、アミアン、シャルトルのノートルダム大聖堂をはじめ、ヨーロッパ各地で見られる「最後の審判」は、天使のラッパの音からはじまり、選ばれしキリスト教徒は天国へ、そうでない異教徒たちは地獄へという末路までが表現されています（図2）。左右対称か上下対称で天界と地獄とがいっせいに描きだされ、その壮大なスケールは圧巻です。

図1　ライヘナウ派《死者の復活》
「ハインリヒ2世の典礼用福音書の挿絵」より
（ミュンヘン・バイエルン国立図書館、1002～14年）

「公審判」と呼ばれるこの世の終末に全人類が受ける神の裁きのシーン。公審判はキリスト教特有のものではない。

**図2 石棺からよみがえる死者たちの彫刻**
(パリ・ノートルダム大聖堂 正面玄関、12世紀)

石棺からよみがえる死者たちの上部には、人の魂の重さが天秤で量られるという「私審判」が表現され、大天使ミカエルの横には悪魔が。古代エジプトの『死者の書』にも見られる個人的な審判（117ページ、118ページ図1参照）と同様の情景であることも興味深い。

キリスト教図像学において、厳密には「黙示録」と「最後の審判」とは別個であり、前者は光と闇の攻防を、後者はキリスト教徒にとっての死と再生を描きだしたものとされている。

★**ヨハネの黙示録** 異教徒によって荒らされ汚れた地上を成敗するかのように、次々と神の御使い、天使が現れ、ラッパを吹き鳴らすたびに地上が焼ける。人々が死にいたるなか、神の怒りに満ち溢れた鉢が大地に、海に、空に傾けられ、世界は終わりを迎える。

アルカナ「審判」の主題となったのは、黙示録の第20章の第11〜15節の「公審判」と呼ばれる場面です（図1）。人類が一度は滅亡しますが、封印されていた「命の書」が開かれ、その書に名前が記されている者、つまりキリスト教の信者たちが再び命を与えられ、「聖なる都エルサレム」なる天国への入場を許されるのです。

天空の雲の上から天使がラッパを吹き鳴らし、墓から裸の男女が目覚める図像は、9世紀頃より描かれてきたキリスト教画の典型です。棺はしばしば海に漂っています。これは「ヨハネの黙示録」第14章のなかで、大いなる都バビロンが崩壊し、悪魔とあらゆる汚れた霊の巣窟となり、富を得た者たちがすべてを失い嘆くさまが記されているなかで、富を得た者たちのことを「海に船をもつすべての人」と表現していることに由来するのでしょう。

このアルカナには、キリスト教徒にとって天国への旅立ちを表す絵柄が採用されていますが、一般的には、象徴的な復活、よみがえりを暗示する札とされています。棺という殻を脱して、サナギが蝶へと変成するメタモルフォーゼの象徴、生まれ変わって新たな人生を歩みだすことを物語る札なのです。

## 20 審判、最後の審判 ヴィスコンティ版
### よみがえりを祈ったミラノ公たち

キャリー・イェール・パック
(イェール大学ベイネック図書館)

ベルガモ・パック

　キャリー・イェール・パックは、「最後の審判」を思い起こさせる図像で、白装束の天使が2人、巻物を手にして描かれ、その翼は3色に彩られています。

　その下で、各々の棺から数名の男女が立ち上がり、天空を見上げています。キリスト教画の場合、復活した人は昇天したイエスの年頃、30才前後で描かれますが、ここで年老いた印象の人物が描かれているのは、ミラノ公爵として大成したフィリッポ・マリア・ヴィスコンティである可能性があり、あとの男女が後継者の若い娘婿と娘、フランチェスコ・スフォルツァとビアンカ・マリアだと推定されています。

　ベルガモ・パックの絵札の上方に浮かぶ「神」は左手に宝珠を、右手には剣をもち、矛先を上に向けています。神の前には、旗が垂れたトランペットを吹く2人の天使が見え、その翼は金色に染められています。

　下方では、ひとつの大きな棺のなかから、老人と男女2人が両手を合わせて天空の神を見上げています。先代のミラノ公フィリッポ・マリアと現職のミラノ公フランチェスコとビアンカ夫妻だといえそうです。

　時代は流れ1497年、第7代ミラノ公爵にルドヴィゴ・イル・モーロが即位してから3年が経とうとしていた時分に、公妃ベア

トリーチェが20歳にしてようやく男子を授かりました。しかし、この時代の多くの妊婦同様、著しく衰弱していたベアトリーチェは出産と同時に命を落とし、ルドヴィゴの命でスフォルツァ家の霊廟と化した聖マリア感謝教会（サンタ・マリア・デッレ・グラツィエ教会）に葬られました。

この教会の一室の壁画に、かの有名なレオナルド・ダ・ヴィンチの《最後の晩餐》が、やはりルドヴィゴの命で描かれています。絵の推定制作年代が1495～1498年なので、ベアトリーチェへの追悼の意が込められたものである可能性が高くなっています。

その後、ルドヴィゴの運勢も傾きだし、2年後の1499年にはヴェネチア共和国と手を結んだフランス王ルイ12世にスフォルツァ城を明け渡すにいたります。1450年以来、ヴィスコンティ家に取って代わったスフォルツァ家のミラノ統治は約半世紀で終焉を迎えます。

フランスの城に幽閉されたルドヴィゴは、1508年、56歳で人生の幕を閉じました。遺体は、曾祖父の初代ミラノ公ジャンガレアゾ・ヴィスコンティが築いたパヴィア修道院に埋葬され、のちにベアトリーチェの遺体もここに移され、いまでも2人の棺が並べられています（図3）。

思い起こせば、エジプトのピラミッドも、国王ファラオが死後、天界に飛びたつための特別な埋葬所、すなわち墓として建造されたものです。ミラノ公たちも自らの死後に思いをはせ、朝に夕に神に祈りをささげたことでしょう。

**図3　ルドヴィゴとベアトリーチェの棺**（ミラノ・パヴィア修道院）
当時の王侯貴族の棺のふたの部分には、彫像がほどこされているものが多々見られる。ウェイト版の小アルカナ「剣の4」（262ページ参照）にも墓が描かれている。

## 20 審判、最後の審判　マルセイユ版
## 生まれ変わり、両性具有となった子ども

ノブレ版
（1650年頃）

ヴィーヴル版
（1650年頃）

ドダル版
（1701年頃）

カモワン版
（1861年）

# 20 審判、最後の審判

　マルセイユ版では、絵札の上方に大きく描かれた天使がラッパを吹いています。ラッパにたなびく旗には十字が記されており、配色には主に黄色、そして赤が用いられており、よく見られる白地の赤十字ではなく、各版の独自性が際だっています。

　天使の羽は多色に染まり、背後の霊的な光からは赤や黄色のしずくが地上に放散されています。しずくの描き方にも各版の特徴が出ています。

　絵札の下方の棺からは、2人の男女とその子どもらしき存在が立ち上がり、天使に向かって祈りをささげています。多く子どもは両性具有で、その背中の半分が男性、半分が女性の形をしています。

　ノブレ版では、棺の縁の色が赤と緑、ギルドの親方メートル・ジャックが流した血の色と希望の色の2色になっているのが特徴的です。そこに見られる子どもは、父と母の特性を兼ね備え、なおかつ男女差のなくなった汚れなき新生児、新しい遺伝子をもつ者の象徴です。子どものような純粋さで、男性のようにも女性のようにも人を愛することができる存在なのです。

　カモワン版では、棺が金色に輝いており、ここに錬金術による変成過程が表現されていると語られています。男女の間にいる子どもは頭部が剃髪されているところから、アルカナ「教皇」に描かれていたひとりの信者だとされています。教皇さえも超越するほどに霊性を高め、生まれ変わったことがここに示されているのです。

　ほかの天使が登場するアルカナ「恋人」が持ち出され、その段階ではおこり得なかった男女の高いレベルでの結合を暗示する札であるとされています。

　子どもの身体は空色で、ドダル版も同様です。天使が乗っている雲の形、そこから放散される光のしずくの形などにもカモワンとドダル版の類似性が見られます。

　しずくの数については、ノブレ、ドダル版が11です。

## 20 審判、最後の審判 ウェイト版
# 永遠の存在になるための「復活」

　ウェイト版では、絵柄の上方にラッパを吹き鳴らす天使が大きく描かれ、色鮮やかでヴィヴィッドな印象です。高位の天使の羽の赤色（107ページ参照）が存在感をかもし出しています。このアルカナでは、なによりもまず、天使の出現に焦点が当たっています。

　ラッパにつけられた白地に赤い十字の旗が絵札の中央に見られ、新約聖書に伝えられる、殉教したイエスが3日後に墓から復活する説話「イエスの復活」のキリスト教画に典型的にみられる勝利の旗を思い起こさせます（図4）。

　ウェイトは、キリスト教最大のストーリー「死者の復活」という奇跡を私たちに伝えながらも、ヴィスコンティ版、マルセイユ版で見られた特定の一族の復活、選ばれし信者のみが救われるという「選民思想」とは異質の主張をアルカナに託しています。

　描かれている海上の人々はみな一律の姿勢で、両手を広げ空を仰ぎ、歓喜をその姿に表しています。審判の鐘の音が、分け隔てなく私たち万人に聞こえることの表れです。

　絵札の下半分に描かれた空、海、棺などと同様に、よみがえる人々もすべて天使のいろどりとは対比的で灰色がかっていることから、人間の肉体的な蘇生を暗示するも

**図4　ピエロ・デラ・フランチェスカ《キリストの復活》**
(フィレンツェ・サンセポルクロ市立美術館、1463〜65年)

勝利の旗をもって復活するイエスの絵は多くの作家に手がけられており、ごくまれに赤地に黄色の十字など異なる配色の勝利の旗も見られる。右側の緑豊かな木は再生のシンボルで、左側の枯れ木と相対的。静物に象徴的な意味合いを込めて描く手法はルネッサンス美術の特徴。

のではないことがわかります。

　棺はそもそも死者を葬る際の入れ物です。そのなかに入る死者の肉体は、死者の魂の入れ物であり、絵柄の棺からよみがえる人々は、「解放された魂」の図像なのです。

　棺も肉体も物質の象徴であり、ここには、モノ、金銭、俗世とはもはやかかわりがなくなった人間の精神が描かれているのです。

　私たちは誰でも、生きるために必要だと固執してきたお金や地位や名誉といった事柄が、自分が大切だと信じていたものが、色々あって気持ちのうえで払拭される経験があるものです。意識改革を経て、まさに生まれ変わったような心情になるそのときに、天使のラッパの音が響き渡るごとく、心中が晴れ上がります。そのとき人は高みなる世界に意識をおよばせ、目には見えない世界や神仏に導かれるのです。哲学的、宗教的な発想でものごとを見つめるようにもなるでしょう。

　俗世にとらわれているあなたはまだサナギなのだと、ウェイトは訴えかけています。「お金やモノはあの世へもってはいけない」などともいわれます。私たちが蝶となり、永遠の存在になることの意味を問いかけるアルカナなのです。

# 21 世界、宇宙

英語：The World, The Universe
フランス語：Le Monde
イタリア語：Il Mondo

## この世のありとあらゆるものを一体化

　第21のアルカナ「世界」は、一連のアルカナの締めくくりとなります。

　これまで、アルカナの原型として数々のキリスト教画を紹介してきましたが、一連のアルカナは特定の宗教によるものではありません。1400年代のヨーロッパでタロットを作製するにあたって、キリスト教画は参考図版として活用されたにすぎず、キリスト教画以外に求めるべき参考図版がそう多くは存在していなかったためなのです。

　そんななかで、このアルカナに採用された題材は完全に異教の象徴です。異教とは、あくまでもキリスト教に対してそれとは異なる宗教であって、キリスト教以外のすべての宗教に相当することばであることをご理解ください。

　タイトルは、「世界」「宇宙」などとされ、絵柄には必ず球体が描かれ、「この世におけるありとあらゆるものが一体化した」図像となっています。

　イメージがわき上がりやすいためか、今日のアルカナ21番にはさまざまな趣向が凝らされ、個性派ぞろいです。象徴学的に宇宙の原初状態を表す「宇宙卵」が題材になっている場合も見受けられます（図1）。古代エジプトにおいて、ヘビのクネプが口から宇宙卵を生み、それがロゴス（言語）の象徴となったという神話があります。卵は、種子のなかの胚乳のようなもので、発芽し開花し実を結ぶまでの可能性の宝庫です。ギリシア神話の、地球を背負う姿で表現されるアトラスを描いたタロットも目に

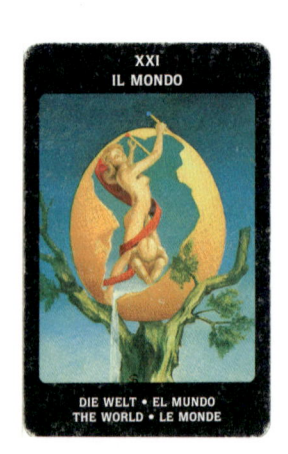

図1　サンドロ・ビビーノ・タロット「世界」（イタリア、1992年）
宇宙卵が割れている。

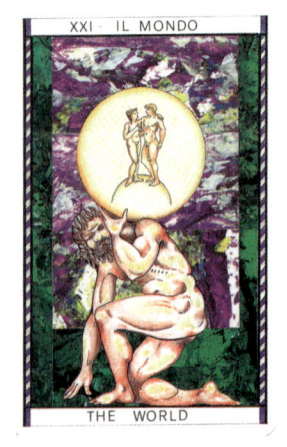

図2　ミトロジコ・タロット「世界」（イタリア、1986年）
ギリシア神話のアトラス（138ページ図4参照）をモティーフとしている。

します（図2）。

　エステンシ・タロットの「世界」は、難解な図像とされています（図3）。おそらく地球を表す球体の上で、アルカナ「正義」「力」「節制」に見られる女性と同じ帽子をかぶった女性が王笏を手にしています。なんらかの徳性を擬人化したか、当時の宇宙観が象徴されているようです。

21 世界、宇宙

図3
エステンシ・タロット「世界」
（パリ・フランス国立図書館）

## 21　世界、宇宙　ヴィスコンティ版

### 世界征服への野望

キャリー・イェール・パック
（イェール大学ベイネック図書館）

ベルガモ・パック
（アカデミア・カッラーラ）

231

キャリー・イェール・パックでは、大きな冠に乗った女神のような存在が、右手にトランペットのような吹奏楽器をもち、左手に小さな冠をもっています。彼女が乗る王冠の縁は、フリルのように曲線を描きながら波状になっており、その青い縁取りが海の波の泡のようにも見えます。

絵札の下半分には、地上の人々の暮らしぶりとともに海、建物、大きな川が描かれ、治安のしっかりしたミラノの情景のようです。アーチ形の枠組みのなかに描かれたそれらは「劇場の一幕」であるかのようです。

ベルガモ・パックの「世界」は、「節制」「星」「月」と並んで、このパックを描いたとされるボニファシオ・ベンボではない画家によって描かれた4番目の札とされています。地球を表すと思われる巨大な球体を支え合っている子どもたちの背には小さな青い翼が生え、どちらも肩に赤いショールを巻いています。球体に描かれている城壁と町なみは、「ヨハネの黙示録」で最後の審判のあとに新しく現れた聖都エルサレムではないかといわれています。

これらのアルカナが描かれた1450年頃、第3代ミラノ公フィリッポ・マリア・ヴィスコンティの全盛期であり、後継者となるフランチェスコ・スフォルツァの存在感が際だちはじめ、2人ともイタリア制覇の野望に満ちていました。しかしその約50年後には、ヴィスコンティ・スフォルツァ家のミラノ支配は終わりを迎えます。

最後に、一門の血脈を後世に伝えたカテリーナ・スフォルツァ（1463〜1509）の話を紹介しましょう（図4）。カテリーナは、先の項でお伝えした第7代公爵ルドヴィゴの姪、第5代公爵ガレアゾの娘です。

1477年4月、カテリーナは14歳のとき、当時34歳だったローマ教皇庁の護衛官ジロラモ・リアーリオ伯爵（1443〜1488、ローマ教皇シクストゥス4世の私生児説あり）に嫁ぎます。スフォルツァ家とシクストゥス4世との間に成立した政略結婚でした。2人は子どもを授かり平和に暮らしていたものの、1483年にシクストゥス4世が崩御すると情勢が一転。ジロラモは教皇庁を追われ、イタリア北東部のフォルリの街を統治することになりました。

1488年、ジロラモ伯爵が暴徒化した反乱軍によって襲撃・殺害される事件が勃発します。子どもを人質にとられながらも、カテリーナは機敏に近隣の同盟国に使者を送り、フォルリ城を守ることに徹しました。そして、反乱軍が子どもに手にかけながら、城を明け渡すよう要求すると、カテリーナは城壁の上に立ち、「子どもなどいくらでもここから産めるのがわからないのか！」とドレスをまくり上げ、下着もつけていない下半身をあらわにして見せたのです。呆気にとられ、士気を弱めた反乱軍は、カテリーナが集めた同盟国の軍隊に畳み込まれて、カテリーナは見事、城を守り抜くことに成功したのでした。

図4 ロレンツォ・ディ・クレディ《カテリーナ・スフォルツァ・デ・メディチの肖像》（フォルリ・市立絵画館、1500年頃）

カテリーナの息子、ジョバンニ2世（1498〜1526）は軍事的な功績に名高く、黒い軍旗を用いたことから「黒隊長」と呼ばれました。その息子コジモ1世（1519〜1574）は、フィレンツェ初の公爵、さらにはイタリア初の大公（Grand Duke）へと出世した人物です。コジモは政治に芸術を大いに利用し、歴史に残る美術の黄金時代をもたらしました。彼の宮廷画家ジョルジョ・ヴァザーリ（1511〜1574）が、メディチ家の行政オフィスであったウィフィツィ（オフィスのイタリア語）宮殿を建設しており、これがのちにヨーロッパ最大といわれるウィフィツィ・ギャラリーとなります。ヴァザー

その後1496年、カテリーナ33歳のときに、フィレンツェからやってきた親善大使ジョバンニ・メディチと恋に落ち、熱愛の末に2度目の結婚をします。ジョバンニは病で短い生涯を終え、カテリーナはその後正式に、カテリーナ・スフォルツァ・デ・メディチとなるも、彼女のフォルリ城にフランス軍が手を伸ばしてきます。近隣諸国が次々とフランスに降伏するなか、カテリーナは軍服に身を包み、剣を片手に抵抗を続け、囚われの身となるまで屈することはありませんでした。数年にわたりフランス軍に身柄を拘束された後、カテリーナは息子たちの計らいでフィレンツェに亡命。最期はメディチ宮殿で息を引きとりました。
「私はスフォルツァ（力ある者）の娘です」と、折りに触れ口にしていたカテリーナは、中世イタリアのプリマドンナとも、女傑とも称されている存在です。

図5 ヴァザーリの回廊 （著者撮影）
1560年に建設が開始されたウフィツィ宮殿と、その後コジモが住居として購入したヴェッキオ宮殿とが1565年には渡り廊下でつなげられた。現在も、川幅1km以上にわたる空中美術館には画家の自画像コレクションが増え続け、史上最大といわれている。

図6　ミンキアーテ・タロット
39番「世界」　　　　　　　　　　　　　40番「トランペット、もしくは審判」

ミンキアーテ・タロットは全97枚の変則的なゲーム用タロットで、40番に見られる天使のラッパの旗にメディチ家の紋章が。キャリー・イェール・パックの吹奏楽器と冠をもった女神が39番と40番のモティーフになっているかのよう。

リはその奥の院、現在では一般公開されておらず、鑑賞には予約が必要となっている空中ギャラリー「ヴァザーリの回廊」の仕掛け人でもあります（図5）。

ウィフィツィ・ギャラリーはフィレンツェ市区ともどもいまをときめく世界遺産と化しています。ここにまぎれもなく、ヴィスコンティ・スフォルツァ一族の影ありなのです。

1743年2月、最後の公女アンナ・マリア・ルイーザ（1667〜1743）が他界し、メディチ家の系譜は途絶えました。

1700年代初頭といえば、フィレンツェにミンキアーテ・タロットが発祥しており、このパックのなかの40番の絵札にメディチ家の紋章が描かれています。

## 21 世界、宇宙 マルセイユ版
### 不老不死の薬を手にする異教の神

ノブレ版
（1650年頃）

ヴィーヴル版
（1650年頃）

ドダル版
（1701年頃）

コンバー版
（1760年頃）

カモワン版
（1861年）

マルセイユ版ではみな一様に札の四隅にワシ、獅子、牡牛、天使が見られ、その中央で女神が舞うという絵柄で、キリスト教画に見られる典型的なイエスと四聖人の図像（17〜18ページ参照）をモチーフにしたものです。ヴィーヴル、ドダル版は、女神（女性）かどうか微妙です。

四隅の聖獣は、上下で色が分かれているなど描き方に違いが見られ、4つのうちの

1つだけ異なる色になっている傾向があります。四大要素「火地風水」（63〜64ページ参照）の4という数の構成要素について、2＋2もしくは3＋1の原理をここに見ることができます。特に後者の原理は、小アルカナの人物札4枚のデザインについても採用されているというのがカモワン版の特徴です。

ノブレ版では、女神は両足でリズムをとっているように見えます。女神の右足が「黄色」に染まっているところが重要とされ、これはギルドの親方メートル・ジャックの忍耐、勇気を表す色。人生において前進するために、常に発揮しなければならないものです。

ノブレ版同様、ヴィーヴル、ドダル版では女神が両足を踏み鳴らしているように見えるのに対して、コンバー、カモワン版では、女神が片足で立ち、左足を右足に交差させており、2つのタイプの女神を見ることができます。

女神は月桂樹で体の一部を覆い、文化や文明にインスピレーションを与える存在だとノブレ版では語られています。そして、絵札の四隅に描かれているのは、キリスト教の四聖人であり、西洋占星術における4つの不動星座であり、世界を形づくり、バランスを保持するのに不可欠な土台なのです。

ドダル版では、このアルカナを「アニマ・ムンディ／anima mundi」＝「世界魂」「宇宙霊魂」としています。これは「地球上のあらゆる生命体は本質的につながっている」というギリシア伝来の思想の上に立つもので、ここではひとつになった生命体が擬人化されているとされています。

カモワン版に描かれているのは、宇宙意識を一身に備えている「異教の神」です。その彼女が錬金術上の不老不死の薬、エリクシルを手にしているさまだと述べられています。女性のダンスはタントラといわれるもので、そもそもタントラは、女性の性力を崇拝する仏教のシャクティ派の文献としてつくられたものでした。あるいは、性力を昇華させるため、男女が性交渉にいたる儀式がタントラであり、その儀式を図像化したものがアルカナ「世界」だという説もあります。

## 21 世界、宇宙 ウェイト版
## 永遠を象徴する創造神を思わせる輪

ウェイトによれば、このアルカナは、「宇宙の完全性と終わり、宇宙の神秘、神のなかに宇宙の理解を見出したときの歓喜」を象徴したもの。これは、あくまでも人間の内面の反映であり、魂の図像なのです。

歓喜は「宇宙卵」を表す楕円形のリースのなかでおこっています。リースの上下の2か所には赤い結び目が見られます。この円は2本の縄でできているということがわかります。左右2つの半円によって一重の円が形成されていること、これもまた**対立原理**の一致（75ページ参照）を示すシンボルです。

さらに結び目は、無限を表す記号・インフィニティ（∞）として描かれ、この輪が「永遠」のものであることがわかります。

このリースのなかで、2本の魔術棒／ワンドを巧みに操り、陰陽のエネルギーを永遠にコントロールすることができる女性像は、陰陽の融合ともとれる存在です。

さてこのリースは、ウェイトいわく「占星術師の冠」です。これは一体どういうことなのでしょうか。西洋占星術で扱われている12星座は、すべて陰か陽か2つの区分に分類することができます。これらが黄道上に交互に並び、ひとつの円環を作り上げているのです（図8、9）。黄道12星座は、それぞれの異なる特徴を生かし補い合いながらいかにして一体となるかというひとつの象徴でもあり、陰と陽の融合というテーマを見出すことができます。

これこそがこのアルカナを通してウェイトが訴えかけている最大のメッセージです。
　絵札の四方に描きだされた「獅子、牡牛、人、ワシ」は、12星座のなかの4つの不動星座にあたる獅子座、牡牛座、水瓶座、蠍座の古いシンボルでもあります。象徴学上これらのシンボルは、活動星座や柔軟星座のシンボルよりも早く登場しており、古代エジプトの**四聖獣**に由来するものと考えられます。（17〜18、142〜143ページ参照）
　そして正確な12星座の配列にしたがえば、獅子座、牡牛座、水瓶座、蠍座は、それぞれ4つの要素、火、地、風、水のグループの筆頭にくる星座でもあります。黄道12宮上の全12星座を代表して、このアルカナの四隅に登場しているようなものだといえます。

　西洋占星術は、人間や森羅万象の質（クオリティ／Quality）と要素（エレメント／Element）を見極め、それらをどう活用するかというギリシア伝来の思想であり、人間学です。
　同様にこのアルカナは、12星座を構成している質や要素の重要性を、すなわち人間ひとりひとりの存在意義を伝えています。すべてがその特性を機能させながら一体化を果たせたときが完全なるゴール、この世は完全無欠の世界と化すのです。

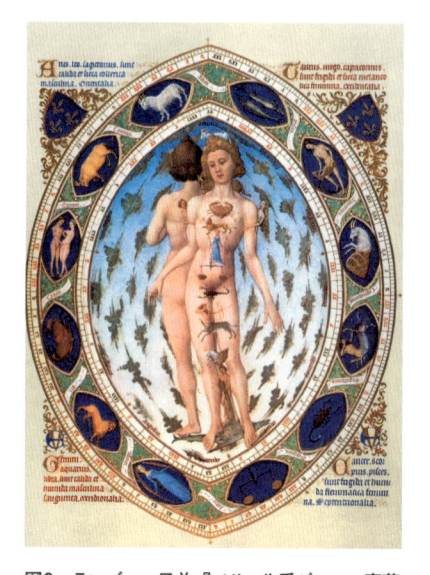

**図8　ランブール兄弟『ベリー公爵ジャンの豪華な時禱書』より「占星学的人体図」**
（シャンティイ・コンデ美術館、15世紀）
黄道12星座が人体におよぼす影響を描いた細密画。

**図9　生命を生み出す神パネスのレリーフ**（モデナ市美術館、2世紀）
パネスは原初の卵から生まれた最初の神。永遠の象徴として黄道帯のサインに囲まれている。翼とヘビは、ギリシア神話、グノーシス主義、ミトラ教の神アイオーンのものだが、ほかにも背後の光輪と三日月、ひづめなどさまざまな古代神のパーツが寄せ合わさっている。

# 22 愚者、狂人

英語：The Fool
フランス語：Le Mat, Le Fou, Le Fol
イタリア語：Il Matto, Il Folle

## 配列からはみ出した特殊な切り札

　このアルカナは伝統的には大アルカナに属さないものとされ、特殊な札として扱われてきました。あくまでも切り札は大アルカナ21枚であって、そこにこの特殊なアルカナがプラスされていると主張する専門家は現在でも存在しています。

　1909年にこの「愚者」に算用数字のゼロを振り当て、22枚の大アルカナをワンセットとするウェイト版が人気を博して以来、1世紀が経過しているいまでは、「愚者」を筆頭に最終札「世界」までの22枚を大アルカナと考えるのが一般的です。

　タイトルの「愚者」が定着したのも現代に入ってからで、それまでは「狂人／matto」「こじき／beggar」などがむしろ主流でした。なんとも貧相な、道化のようにも見えるアルカナも出まわっています。人物の足に、犬、ネコ、ワニなど小動物が噛みついている姿があり、それらは「人に守り神の存在があること」「人間の浅はかさや愚かさの異形」であるなど、表されていることには諸説があります。

　エステンシ・タロットの「狂人」は、鈴でできた鎖を振りまわしている巨人の絵柄

図1　エステンシ・タロット「狂人」（パリ・フランス国立図書館）

図2　ゼバスティアン・ブラント『阿呆船』の挿絵より「永遠の歓喜を軽視すること」
道化のような風貌の主人公、阿呆が、天秤の右の皿に乗っている「城砦」を重視し、左の皿に乗った「天上の世界」を無視している。富や支配にとらわれる人間の浅はかさを読者に訴えかけている。

239

です（図1）。その大きな耳はロバのようでもあり、かぶり物の偽の耳飾りのようにも見えます。その足元には、戯れているのか、巨人に抵抗しているのか、人の子たちが描かれています。巨人の手玉にとられて操られているのかもしれません。一説によれば、ここに描かれているのは「世界を崩壊させる巨人」だともいわれています。また、1494年、ドイツで出版されたゼバスティアン・ブラントの風刺文学『阿呆船』に見られる「阿呆」が題材になった可能性なども指摘されています（図2）。これは、「聖職者になることについて」「星占いについて」などの112章からなる社会風刺作品で、各章は短い詩と木版画の挿絵のセットで構成されています。

　このアルカナが特殊な切り札であったことから、配列のなかでどの位置に置くかも不安定で、大アルカナの前に置くか最後尾に置かれるケースがほとんどでした。しかしフランスのタロット研究家レヴィやパピュ（44、49ページ参照）が提唱した、20「審判」と21「世界」の間に「愚者」を置く配置が支持された時期もあります。これは、古代エジプト人の霊魂不滅の死生観を反映したもので、現在出まわっている「エジプシャン・タロット」などに息づいています（図

**図3　エジプシャン・タロット**
レヴィのタロットエジプト起源説から発想を得た現代のメイカーによる創作タロットの一種。ナイル川ならではの生き物、ワニが見られる。

**図4　スカピーニ・タロット**（1985年）
中世イタリア各地でシンボルとして採用された獅子が小さく見えるが、子どもの獅子なのか、愚者が巨人なのか？

3）。これには22枚の大アルカナに、エジプト人が死後、神の国に参入できるかどうかという物語が描き表されており、最終札の「世界」でそれが達成されます。達成できなかった者は、「審判」による裁きでもう一度地上での人生をやり直さなければいけません（117〜118ページ参照）。その段階としての「愚者」には、身分は低いが自由を手にしている若者が描かれており、ピラミッド建設の際にかり出された奴隷のようにも見えます。

　ウェイト系のスカピーニ・タロットの「愚者」にもワニが見られます（図4）。ほかにもトラ、獅子などさまざまな小動物が見られますが、それらが愚者の足に噛みついているのが、現代タロットでは典型的です。

## 22 愚者、狂人 ヴィスコンティ版
# 狂気の擬人像

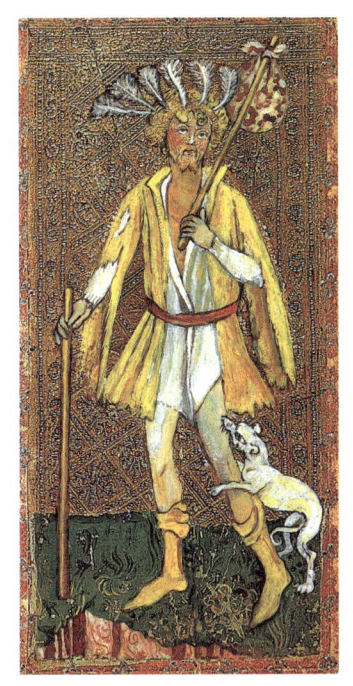

キャリー・イェール・パック

ベルガモ・パック

　キャリー・イェール・パックでは、愚者は頭まわりに鳥の羽をぐるりと飾りつけており、まるで冠か派手な帽子のようです。右手に杖、左手に荷物を釣り下げた棒をもち、崖っぷちにたたずんでいるようです。足に食いついている生き物は、ルネッサンス期に人気の出た犬種イタリアン・グレイハウドとされていますが、アルカナ「恋人たち」に見られた白テンのようでもあります。

　ベルガモ・パックでは貧相な印象で、彼が履いている白いストッキングは擦り切れ、足先が出ているほどです。薄いぼろ布のような上着から下着が見えており、身なりに構うことができない社会的弱者を思い起こさせます。右手には護身用の棒を肩にかけています。

　似通ったこれら2枚のアルカナは、1200年頃に建造されたフランスのパリ、アミアンなどのノートルダム大聖堂に見られる「狂気」の擬人像と類似しているといわれており、キリスト教における七美徳の「賢明」に対する悪徳の象徴として描かれています。ルネッサンスの巨匠ジオットも壁画に描きだしています（図5）。

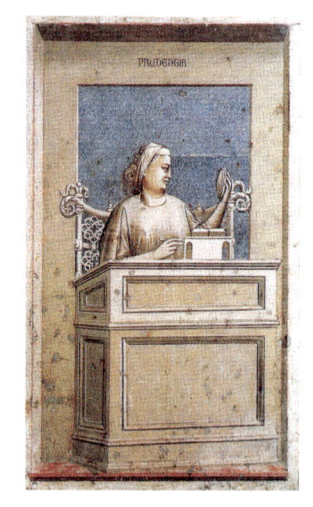

図5
ジオット《愚鈍》(左)と《賢明》(右)
(パドヴァ・スクロヴェーニ礼拝堂、1305年)

「狂気」の擬人像は、ほとんど衣服をつけていない男が棍棒をもった姿をしています。この時代の精神薄弱者などは、周囲からの冷やかしやいやがらせを避けるため、身を守るための棍棒をもたされていたのです。しばしばチーズなどの食べ物をくわえた姿で表されているものもあり、動物的な面が強調されています。

こういった社会的弱者に雇用の機会を与えることが、中世ヨーロッパの宮廷では義務でもあり、またステイタスでもありました (図6)。

画家や歌手、珍しい動物と並んで、奇抜な装いに身を包み滑稽な振る舞いで人を笑わせる道化師もまた抱えられていました。肉体的障害をもつことが多い王付きの道化は、王のスケープゴートであり、王が公にできないことや心の内を発散するのが役割で、どんなタブーも許される存在だったのです。

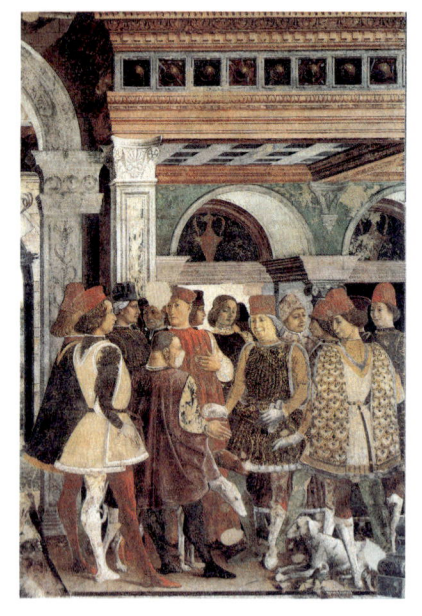

図6 コズメ・トゥーラとフランチェスコ・デル・コッサ《12か月の暦》より〈4月〉
(下段部分／フェラーラ・市立ラビダリオ美術館、1469〜70年)

宮廷道化師にほうびを与えるボルゾ・エステ(中央、灰色の髪の人物)。道化は犬と描かれることが多かった。中世美術のなかではしばしば「貪欲、好色」の象徴としてイタリアン・グレイハウンドが紹介されている。この絵はもともとは、正しい幾何学遠近法に則って描かれたスキファノイア宮殿の壁画だった。

## 22 愚者、狂人 マルセイユ版
## 死に神と重ねられる存在

ノブレ版
（1650年頃）

ヴィーヴル版
（1650年頃）

ドダル版
（1701年頃）

マドニエ版
（1709年）

マルセイユ版の「愚者」には一貫して札番号が振られていません。番号がないということは、アルカナ全体の序列にかかわらないということでもあります。マルセイユ版の体系が確立した1600年代当初、この札にはタイトルすらも記されておらず、不安定な位置づけにある特殊なアルカナと見なされていました。

　構図はほぼ同じで、道化師のような帽子をかぶったひげ面の男が、肩に荷物を担いでどこかへ向かって歩いています。また、男の足には小動物が飛びかかっています。杖をつきながら歩いているのか護身用なのか、必ずみな長い棒をもっており、旅人の風貌でもあります。ヴィーヴル版の人物の向きのみが相変わらず異なっています。

　ノブレ版では、「世界」の後に残った最後の札として解説書に登場しています。まるで、トランプのジョーカーのように、タロット・ゲームにおいて、ほかの札の代わりに使用することもたびたびだったことが伝えられています。イクスキューズと呼ばれる愚者は、必ずプレイヤーのもとにもどり、決してとられることがないという特権があるのです。

　よって、この愚者は不死身であり、完全に自由である象徴でもあります。

　ここに描かれている小動物は猫で、古代エジプトでは猫の姿をした女神バステトなどが奉られていました。愚者の下半身がはだけており、猫が性器をくすぐっていると解説されているのは興味深いところです。

　カモワン版では、愚者は巡礼の旅に出発しようとしており、その足元の生き物は、古代エジプトの犬頭神、冥府の神アヌビス（118ページ参照）の化身とされています。

　また、アルカナ「死に神」の鎌の持ち手と「愚者」の杖が完全に重なるようになっています。この2枚のアルカナがひとつの象徴の異形であるという点に魅せられるカモワン・ファンも多いようです。

図7　カモワン版の「愚者」と「死に神」の杖と鎌に注目。二者はいずれもユダヤの唯一神ヤハウェの異形とされる。

## 22 無邪気さがもつ可能性

愚者、狂人 ウェイト版

　ウェイトは、このカードに0（ゼロ）という番号を振り当てました。

　ゼロは「無」の象徴であり、形がなく、実体がないながらも存在しているもの、潜在的な可能性や創世主が宇宙をそこから創り出したという「混沌」を表し示すものでもあります。

　若者が崖っぷちを無防備に旅する姿は、ここからどう転ぶのかという、見る者に期待と不安の入り混じった感情を抱かせる絵柄です。足元は危なげながらも、彼は意気揚々と前進しています。

　若者の背景にある白光する太陽は、彼を祝福するかのように輝いており、ユダヤの神秘思想カバラの「無限光」、すなわち宇宙の創世主が思い起こされます。

　若者の足元に描かれている小犬も白色です。白は汚れなき純真さ、無垢を象徴する色です。彼には、ただ無心で付き従ってくれる仲間が存在することを示していますが、その仲間は人間ではありません。

　1万年以上も前から人間と暮らし、家族同様のコンパニオンアニマルというポジションを得ていまにいたる犬は、伴侶、忠誠の象徴として、西洋絵画によく採用されるアトリビュートでもあります。計算ずくでこの愚者に近寄ってくる人間は皆無ですが、理屈抜きで共感し、行動をともにしようとする仲間を彼は引きつけるのです。

子犬は、同時に愚者の好奇心旺盛な心、躍動する魂をも表しています。彼になにかを伝えようとしているかのようにも見え、愚者が心の奥底でなにかを感知していることの表れともいわれます。あくまでも本能の働きゆえ、それを意識しないまま時間が経過すれば、彼はこの崖から転落することになるかもしれません。そんな危険性をはらんだ可能性の図像が、アルカナ「愚者」なのです。

知性を持ち合わせていない動物や理知的に未発達な幼い子どもから、私たちは日頃から多くを学んでいるものです。なんのすり込みもないまっさらな状態の人間の可能性を伝える札なのです。

多くの魅力がこの愚者に備わっていることが描かれています。手にしている白いバラがそのひとつ。西洋のバラは、東洋のハスの花に匹敵し、バラは霊現あらたかで崇高な精神性の象徴として、家紋や寺院の装飾、彫り物、インテリアのモティーフに使用されています。花自体が、人の内面や心、精神性のあり方を示すものであることから、愚者は漠然とではありますが、高みを目指していることになります。

右手の杖も、彼の魅力であり能力のひとつです。これまでも触れてきましたが、木の棒は生命力、活力の象徴です。太古の人が最初に手にした道具でもあり、なにごとにも欠かせない生活必需品です。まっすぐに伸びた長い棒は多様な使い道が見出せます。知恵なき愚者ですが、考えるより行動するというフットワーク、実行力を感じさせる前衛的な姿勢が特徴で、無邪気に誰彼かまわず歩み寄る存在でもあるでしょう。

棒の先にかけている皮袋は財布で刺繍がほどこされており、ウェイトによればこれは「高価なもの」。愚者の背景に経済力と後ろ盾がうかがえます。

**ムリーリョ《放蕩息子の帰還》**
(ワシントン・ナショナルギャラリー、1667〜70年)
親から財産を分けてもらい遠い国に旅立つも、放蕩の末に散財し、飢えに苦しみ、親元へ帰還。そんな罪深い子どもでも親は受け入れ、改心させるものだというキリスト教の説話は、若い人間の自由な魂を封じ込めてしまうもの。ウェイトは、むしろ可能性を開花させるべく放蕩の道も決して間違っていないことを訴えかける。ある意味で異教的なアルカナといえる。ここにも白い子犬が。

# 第3章　小アルカナの歴史

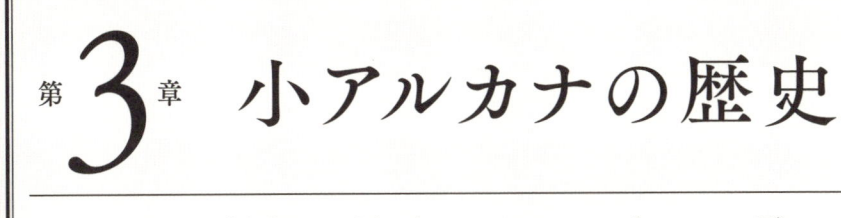

まず小アルカナの成り立ちをたどり、次にベルガモ・パック（ヴィスコンティ版）、バーデル版（マルセイユ版）、ウェイト版の小アルカナの数札と人物札について解説します。最後にキャリー・イェール・パックの人物札にも触れます。

## 小アルカナの起源

　第1、2章で紹介した大アルカナと、この第3章で取り上げる小アルカナは、別個に成り立ち、ある時期にどこかで結びつけられたという説がありますが、真相は解明されていません。大アルカナにも小アルカナにも謎の多いタロットですが、身近なものを見渡してみると、起源や成り立ちが明らかになっていないものごとはそう珍しくはありません。

　タロットが占術道具であるがゆえでしょう、ことさらにファンシーな起源説が歓迎されることもありますが、ここでは無数にある起源不明の身近なもののひとつとして、社会的、歴史的背景とともにその真実の姿に迫ってみましょう。

　現存する最古のタロット、ヴィスコンティ版キャリー・イェール・パックについて、所蔵先のイェール大学ベイネック図書館には、大アルカナ11枚にすでに、数札39枚、人物札17枚がセットとなった状態で保存されています。

　これがもともとキャリー家所蔵のコレクションだったという図書館の情報に加え、欧米のタロット研究者による論説のなかに、「キャリー・イェール・パックは1400年代、イタリア・ミラノの貴族の間で人気のあったトリック・テイキングというカードゲームで使用されていた」という記述が、時代を追うにつれ見られるようになってきました。

　カードゲームのトリック・テイキングは、現在も私たちが卓上で楽しめるトランプゲームに似ており、数札も重要になってきます。17世紀の印刷物に、下記のようなトリック・テイキングの遊び方が記されています。

★トリック・テイキングは、前のプレイヤーが出した札と同じスートか数を出し、もし出せる札がない場合は、切り札（大アルカナ）を出すことができる。愚者は「エクスキューズ」として別のカードの代わりにできるが、トリック（その回の勝負）に勝つことはできない。

★愚者を出されたプレイヤーがそのトリックの勝者となり、愚者を含めて前のプレイヤーが獲得していた札を渡される。

★各トリックを1点として得点を数え、さらにジャックは1点、ナイトは2点、クイーンは3点、キングは4点、世界、魔術師、愚者は5点、ほかはすべて0点、最後の手をとる場合のボーナス10点などの追加点がある。

## 小アルカナの歴史

キャリー・イェール・パックがトリック・テイキングに使用されていたことを裏づける実際的な資料を、いまだ目にしたことはありません。そもそも、ベイネック図書館に保存されているキャリー・イェール・パックは、紙製の印刷物ではなく手描きのテンペラ画で、厚みが3〜5mmもあります。

あるいは、キャリー・イェール・パックをモデルに、巷でゲーム用のタロットが量産されて広まり、それがトリック・テイキングに使用されるようになったということを研究家はいわんとしているのか、考えさせられる論説です。

第2章では、大アルカナの絵柄、そこに描かれている数々の象徴を、西洋史を通して見つめてきました。その起源は、精神論にまつわる寓意画に求められ、古来用いられてきた宗教的、神話的なシンボルに帰するものでした。大アルカナ22枚の原型ともいえるさまざまな西洋絵画は、文字の読めない一般市民へのメディア媒体としての絵画が多く作製された時代に生まれたのでした。

そのなかで紹介したタロット風デッキ「マンテーニャ」がそうであったように、教育的な書物に代わる「educational cards」としての役割を、タロットが果たしていたととらえている研究家も多数存在しています。これについては今後も新たな資料が出てくるでしょう。

他方、小アルカナについて詳しく調べるにあたっては、当時遊戯の主流であったトランプ、サイコロ、チェスといったゲームの起源や成り立ちを探る作業が求められます。小アルカナの数札、そして社会階層が表現されている人物札はほかの遊戯道具にも共通する特徴で、点とりゲームを可能にする重要素ですし、なにより小アルカナの札構成は遊戯カードであるトランプと瓜二つなのです。

こうなってくると、大アルカナと小アルカナの起源は別個で、中世期の「educational cards」と遊戯カードであるトランプとが融合したものが、キャリー・イェール・パックやエステンシ・タロットなのではないかと考えるのがしぜんでしょう。

2つが融合したのは、1300〜1400年代のヨーロッパ宮廷です。現在の標準的なタロットは、宮廷発祥の新しい芸術文化の一端だと考えるべきかもしれません。その際、現存しているキャリー・イェール・パックがそもそものタロットである可能性に加え、版画をつくるための原画であった可能性も検討されるべきではないかと筆者は考えます。意図されようとされまいと、この絵柄に似せて、その後ヨーロッパ全土へ紙製のタロットが広がっていったことに変わりはありません。

## トランプとの関連

ヨーロッパでは、1〜10までの4スートで構成されているトランプの数札は、ピップ・カード（pip cards）とも呼ばれていました。これはタロットの数札から派生したものだといわれたこともありましたが、現在ではタロットよりトランプのほうが、古くから成立していたことが認められています。

またトランプの場合はゲームに応じて使用されるトランプの札構成も異なっており、56枚以外に32枚、40枚、48枚、52枚のセットも存在していました。

トランプは、紀元50年頃の中国が起源だとする説が有力です。105年頃に紙が発明されるまでは、木製のドミノのような木札でゲームがなされ、800年代より木版の多色刷りのものが出まわりだしています。

さらに中近東、インドでも手描きの娯楽カードの存在が認められています。現在トルコ・イスタンブールのトプカプ宮殿博物館に保管されている、推定1400〜1500年代の手描きのトランプ「**マムルーク朝パック**」は、4つのスートに貨幣、杯、剣、競技用の棒が採用され、1から10までの数札と4枚の人物札がそろっており、ラテン式スートの原型としても注目されています（図1）。40枚の数札には各スートのシンボルが、イスラム教のモスクの装飾によく見られる幾何学的な配置で並べられています。

このような古いカードはもはや現存しておらず、こういったスタイルがいつ頃定着し、どのように西洋に派生してきたのかを解明することは、今後も困難なことでしょう。

★**マムルーク朝** エジプト、シリア一帯に、トルコ系マムルーク出身の軍令官により確立されたスンナ派のイスラム王朝（1250〜1517年）。首都カイロは国際交易の中心として繁栄した。

大英博物館に保存されている古いトランプの情報によれば、1370年以前にヨーロッパに入っており、当初より棒、剣、杯、貨幣の4スートからなっており、これがそのままイタリア、スペインでゲーム用のカードとして使用されるようになったといいます。タロットが歴史にはじめて登場したのは、このほんの少し後のことです。56枚のトランプ・セットが、別個に成立していた寓意札のセット22枚と結びつき、78枚のタロット・セットが確立した可能性は否定できないところでしょう。

小アルカナの歴史

# ナイビと呼ばれたタロット

　第1章では、1500年代の宗教改革の頃より、タロットの絵柄に敏感になったキリスト教会により、使用を禁止する命令が出されたことをお伝えしましたが、中世社会においては1400年代より、庶民の品がない娯楽、飲酒や賭博が問題視されるようになっており、トランプやサイコロとともにタロットも批判の的になっていたことが伝えられています。

　イタリアの歴史家キアーラ・フルゴーニ（『ヨーロッパ中世ものづくし』岩波書店）によれば、1425年にフランチェスコ会の説教師ベルナルディーノ・ダ・シエナがあらゆる賭博を糾弾する声明を発表し、そのなかでトランプとともにナイビと呼ばれるカードが「悪魔の聖務日課書」として激しく非難されたことが伝えられています。そして、このナイビが現在のタロットだといわれています。

　ナイビは、棒、剣、杯、貨幣というラテン式スートが採用されているところが、現在のフランス式スート（クラブ、スペード、ハート、ダイヤ）が主流のトランプとは異なる特徴です（表1）。さらにナイビは、1枚の絵札に上下対称に人間の上半身が描かれている細密画タイプのものとして語られています（図2）。

　ベルナルディーノはそれらの人物札について、「棍棒は狂人、杯は酒場の常連、貨幣は守銭奴、剣は口論、争い、殺人を、キン

**図1**
**フェラーラで製造されたナイビ**（手彩色版画／ヴェネツィア・コッレール博物館、1490〜99年）

現在はCarte da gioco（トランプもしくはタロットカード）として所蔵されているラテン式スートが描かれた4枚のナイビ。左上より、剣のエース、棒の2、杯の4、貨幣の4が確認できる。木版画で手描きの彩色がほどこされている。

251

グとクイーンはごろつきの王と女王で、上が男色者、下が肉欲を表している」と定め、これらの邪悪な絵札を排除すべく、激しい運動を展開したことが伝えられています。

キアーラ・フルゴーニは書籍のなかで、1450年代にはナイビと呼ばれたタロットが、すでに原版は失われてしまったが、当時は安い石版印刷に後から彩色が加えられるというスタイルで量産されており、中流庶民から貴族階級まで広く流行したと伝えています。しかし同書では「タロットはもと も と宮廷の裕福な階層から生まれたもの」であるとし、起源としてシャルル6世の遊戯札、1420～1450年に作製されたヴィスコンティ版を紹介しており、この頃すでに石版印刷のナイビと呼ばれたタロットが出まわっていたとする記述との矛盾が感じられます。

仮に石版印刷の遊戯札が残っていたとしても、現存するヴィスコンティ版は上下対照の細密画タイプのものではなく、起源を同じくするものとは容易にいえなくなってきます。

# 印刷技術との関連

1400年代にはドイツからイタリアへと広まった印刷技術がヨーロッパ各地で定着し、書籍、広告等あらゆる紙媒体に革命的な変化がもたらされました。印刷業者が出版業者の依頼で書籍を刷り上げ、出版業者が書店に本を卸すようになります。書籍の挿絵は木版で、カラーとなると印刷後に手作業で彩色をほどこすという手間を要しました。

そのような出版事情のなかで、手描きの彩色タロットは、紙に包まれたセットで販売されていました。これを所有し、ゲームに興じたのは、庶民のなかでも豊かな部類で、貴族から直接荘園を預かる領主たちなどだったことが推察できます。

聖書の写本を手書きで作製する修道士や大学の学生といった特定の階層でも、本は買わず、貸本屋や図書館を利用していました。1700年代になってようやく庶民向けの有料図書館が開設され、1900年代に入って無料の公共図書館が各国でお目見えしています。この頃からようやく読書という趣味が人々の間で流行りだしました。1909年初版のウェイト版が流行した背景には、こういった社会事情も影響しているといえるでしょう。

**図2**
**ジェノヴァのタロット（復刻版）**
1884年にジェノヴァで作製され、トリック・テイキングに使用されていた。ラテン式スートが採用され、1枚の絵札にひとつの絵柄が上下対称に反転した状態で描かれている。1700年代以降はこの種のゲーム用タロットが量産され、現在、世界各地の美術館に多数保存されている。

## 大アルカナ

## 小アルカナ

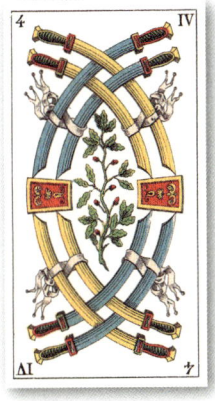

| 日本語 | 英語 | フランス語 | イタリア語 | トランプのスート |
|---|---|---|---|---|
| 棒、ワンド<br>ほかに(魔法の)杖、王権、バトン、槍など | Staves<br>Wands<br>Scepters<br>Batons<br>Clubs | Batons | Bastonl | クラブ |
| 剣、ソード | Swords | Epees | Spade | スペード |
| 杯、カップ<br>ほかに聖杯、キャリス、ゴブレットなど | Cups<br>Chalices<br>Goblets | Coupes | Coppe | ハート |
| 貨幣、コイン<br>ほかにペンタクル、金貨、魔法円など | Coins<br>Money<br>Pentacles<br>Circles | Deniers | Denari | ダイヤ |

表1

# スートについて

現在の標準的な小アルカナの数札は、4つのスートで構成されています（表1）。中世期にはラテン式スートとも呼ばれていました。これらがマーク化されたといわれるトランプの4スートはフランス式スートと呼ばれています。伝統的な対応関係は表1のとおりです。

# 人物札について

人物札は、中世ヨーロッパの宮廷の頂点である王と女王、それに仕える騎士と小姓により表されているため、宮廷（コート／Court）カードとも呼ばれます。

中世期の身分階級をゲームにしたチェス・ゲームに由来するという説もあり、たしかに、チェスの駒には王、司教、狂人などあらゆる中世の社会的階層が取り入れられています。トランプにも、各スートに王、女王、ジャックもしくはネイブという3種の社会的階層を表す札が入っています。ジャックは家来、従者という階層を表しています。中世ヨーロッパの最たる特徴である身分制度が大きく影響していることはたしかでしょう。

現在の標準的なタロットの人物札は「王、女王、騎士、小姓」の4種で、英語、フランス語、イタリア語表記は表2のとおりです。

| 日本語 | 英語 | フランス語 | イタリア語 |
|---|---|---|---|
| 王、キング | King | Roi | Re |
| 女王、クイーン | Queen | Reine | Dama |
| 騎士、騎手、ナイト | Knight Horseman | Cavalier | Cavallo |
| 小姓、ペイジ | Page Knave | Valet | Fante |

表2

# 近世以降に重要な役割を担う小アルカナ

　現存する最古のキャリー・イェール・パックの小アルカナには数の表記がありません。しかしながら、槍や剣といった象徴物が1から10まで数列を示すかのように規則的に描かれているため、「槍の2」「剣の3」等、象徴物とそれが描かれている数との組み合わせでなんらかの意味合いを表している数札であることが認められています。

　この小アルカナ1枚1枚をどのように解釈し、使用するかという実用的な体系を整えたのは、第1章で紹介した欧米の近代〜20世紀のオカルティストたちです（44〜54ページ参照）。なかでも、アルカナとヘブライ文字やカバラの「生命の樹」との対応を試みたエリファス・レヴィ、そして数札を絵柄をともなうものに変えたA・E・ウェイトの功績が重視されています。

　ウェイトは、56枚の小アルカナを、ユダヤ神秘思想カバラの「生命の樹」に対応さ

せ、それまでは「象徴物と数」のみだった小アルカナを絵画で描きだしました。

　こういった経緯を深く理解するため、古典系の小アルカナからイラスト化されたウェイト版まで、3タイプの小アルカナの推移を確認していきましょう。

　現在の標準的なタロットのスートは棒、剣、杯、貨幣ですが、キャリー・イェール・パックのスートには、棒ではなく槍が採用されています。その20〜30年後につくられたベルガモ・パックでは棒に変わっており、そのままマルセイユ版、ウェイト版へと受け継がれています。ウェイト版では、貨幣ではなく魔法陣のペンタクルという象徴が新たに編み出されています。

　同じ数を示す札にしても、たとえば杯の3と貨幣の3では並び方が異なっている点なども興味深いところです。

# 数札 ACE

**棒のACE**

ベルガモ・パック
（ヴィスコンティ版）

バーデル版
（マルセイユ版）

ウェイト版

**剣のACE**

ベルガモ・パック

バーデル版

ウェイト版

象徴物が1点、札の中心に大きく描かれ、きらびやかに装飾がほどこされています。ヴィスコンティ版には一族のモットーが記されたリボンがたなびいています。
　マルセイユ版では、象徴物をもつ「手」が描かれているものとないものとがあります。エース／Aceは、元来サイコロの最少の出目である1を表していたものですが、1400年代後期からトランプの品位の高い札に転じていきました。
　ウェイト版では、ACEの札は生命の樹（45ページ参照）の天球「王冠」に対応しており、生命の根元的な力がイメージされています。

小アルカナの歴史

## 杯のACE

| ベルガモ・パック | バーデル版 | ウェイト版 |

## 貨幣のACE

| ベルガモ・パック | バーデル版 | ウェイト版 |

257

| 数札 | 2 |

棒の2

ベルガモ・パック
（ヴィスコンティ版）

バーデル版
（マルセイユ版）

ウェイト版

剣の2

ベルガモ・パック

バーデル版

ウェイト版

ヴィスコンティ版では2つの象徴物が交差するか、バランスよく並んで描かれています。マルセイユ版では伝統的に、貨幣の2か杯の2にメイカーの名前が刻まれており、花や木の葉の装飾模様が添えられます。また、剣は反り返っているかのような曲線で描かれ、以降もずっとこのスタイルです。直線で描かれている棒と見分けやすくしたことが伝えられています。
　ウェイト版では、2の札は生命の樹の天球「理解」に対応しており、地上の均衡はとれるが人智のおよばない段階がイメージされています。

小アルカナの歴史

杯の2

ベルガモ・パック 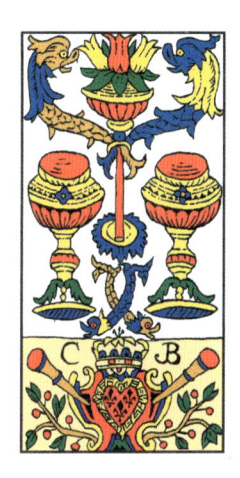　　　バーデル版 　　　ウェイト版

貨幣の2

ベルガモ・パック 　　　バーデル版 　　　ウェイト版

| 数札 | 3 |

棒の3

ベルガモ・パック
(ヴィスコンティ版)

バーデル版
(マルセイユ版)

ウェイト版

剣の3

ベルガモ・パック

バーデル版

ウェイト版

ヴィスコンティ版の剣は欠損していた1枚ですが、棒とともに、交差する2本の中央に1本が垂直に加えられています。杯は、2つの間にもうひとつが割り込むような形で横向きに描かれ、貨幣のみが整列しています。マルセイユ版では杯も貨幣も三角形をつくるような配置で、棒と剣はヴィスコンティ版と同様です。
　ウェイト版では、3の札は生命の樹の天球「知恵」に対応しており、地上における人間の停滞、節目がイメージされています。

小アルカナの歴史

杯の3

ベルガモ・パック 　　　　バーデル版 　　　　ウェイト版

貨幣の3

ベルガモ・パック 　　　　バーデル版 　　　　ウェイト版

| 数札 | 4 |

### 棒の4

| ベルガモ・パック (ヴィスコンティ版) | バーデル版 (マルセイユ版) | ウェイト版 |

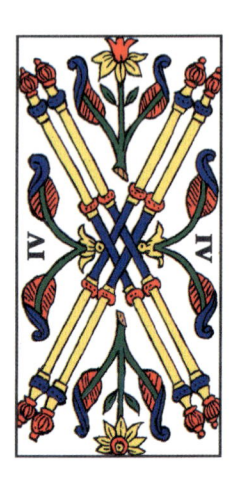

### 剣の4

| ベルガモ・パック | バーデル版 | ウェイト版 |

ヴィスコンティ版の棒と剣は、左右対称に2本ずつ交差しています。杯と貨幣は四角い札に均整がとれた形で描かれています。マルセイユ版では、前後の3と5と比較して、装飾模様が一段と華やかです。古代ギリシア哲学伝来の四気質、四要素説、中世期に提唱された四徳の概念等、4が西洋人にとって重要な意味をもつ数字であることが思い出されます。
　ウェイト版では、4の札は生命の樹の天球「慈愛」に対応しており、地上の安定がイメージされています。

小アルカナの歴史

杯の4

ベルガモ・パック 　　　　バーデル版 　　　　ウェイト版

貨幣の4

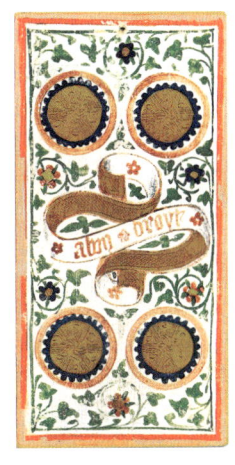

ベルガモ・パック 　　　　バーデル版 　　　　ウェイト版

263

| 数札 | 5 |

### 棒の5

ベルガモ・パック
(ヴィスコンティ版)

バーデル版
(マルセイユ版)

ウェイト版

### 剣の5

ベルガモ・パック

バーデル版

ウェイト版

ヴィスコンティ版の棒と剣は3の構図と同様で、左右対称に2本ずつ交差し、中央に1本が垂直に加えられています。以降、奇数の札はすべてこのスタイルで、マルセイユ版の棒と剣も同じです。杯は4で描かれたパターンに1つの杯が横向きで加えられるという図像ですが、貨幣はサイコロの5の目のように配置されています。マルセイユ版では、杯も貨幣もサイコロの目と同様の構図で、総じて5の札は装飾模様が少なく、簡素な印象です。
　ウェイト版では、5の札は生命の樹の天球「峻厳」に対応しており、地上が荒れる段階、闘争がイメージされています。

杯の5

ベルガモ・パック 　　　バーデル版 　　　ウェイト版

貨幣の5

ベルガモ・パック 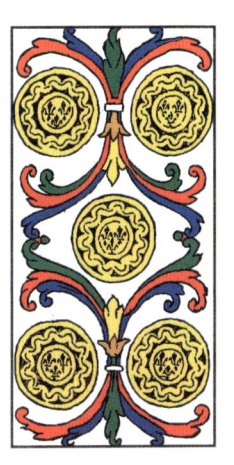　　　バーデル版 　　　ウェイト版

| 数札 | 6 |

棒の6

ベルガモ・パック
(ヴィスコンティ版)

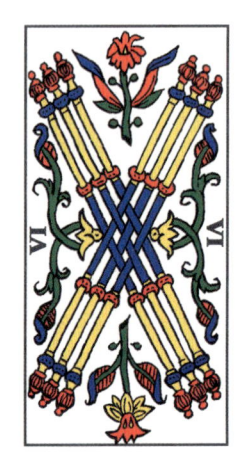

バーデル版
(マルセイユ版)

ウェイト版

剣の6

ベルガモ・パック

バーデル版

ウェイト版

ヴィスコンティ版とマルセイユ版の棒と剣は左右対称に3本ずつ交差しています。ヴィスコンティ版の杯と貨幣も3つずつ2列に並んでおり、サイコロの6の目と同様です。マルセイユ版の杯も同じく整然としていますが、貨幣は三角形と逆三角形を上下に置いたような配置です。

　ウェイト版では、6の札は生命の樹の天球「神の美」に対応しており、地上における美しき調和、円満解決がなされる段階がイメージされています。カバラの生命の樹では、樹の半分に当たる5を越えたこの6が中心となり、対応する惑星は太陽。いわばここは樹の心臓部、非常に重要で総合的な位置となります。

杯の6

ベルガモ・パック 　　　　バーデル版 　　　　ウェイト版

貨幣の6

ベルガモ・パック 　　　　バーデル版 　　　　ウェイト版

| 数札 | 7 |

棒の7

ベルガモ・パック
(ヴィスコンティ版)

バーデル版
(マルセイユ版)

ウェイト版

剣の7

ベルガモ・パック

バーデル版

ウェイト版

ヴィスコンティ版とマルセイユ版の棒と剣は3本ずつ交差し、その中央に1本が垂直に加えられています。杯と貨幣は、サイコロの6の目の構図に1つ杯と貨幣が加えられた図像です。マルセイユ版の杯は中央の杯をはさんで上下対称に3つずつ描かれ、貨幣は逆三角形と四角形を合わせたような配置です。
　ウェイト版では、7の札は生命の樹の天球「勝利」に対応しており、人の欲望に根ざした行為が地上に災いをもたらす段階をイメージしています。

小アルカナの歴史

杯の7

| ベルガモ・パック | バーデル版 | ウェイト版 |

貨幣の7

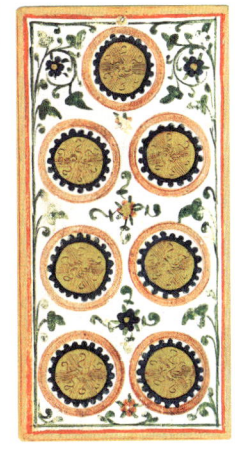

| ベルガモ・パック | バーデル版 | ウェイト版 |

| 数札 | **8** |

**棒の8**

ベルガモ・パック
（ヴィスコンティ版）

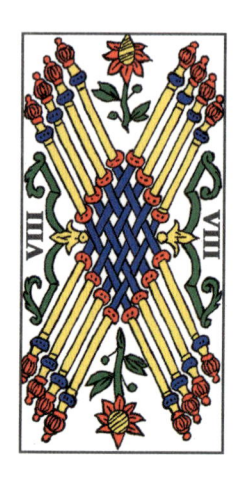

バーデル版
（マルセイユ版）

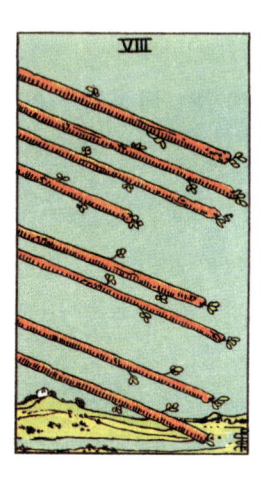

ウェイト版

**剣の8**

ベルガモ・パック

バーデル版

ウェイト版

ヴィスコンティ版とマルセイユ版の棒と剣は左右対称に4本ずつ交差しています。ヴィスコンティ版の貨幣も4つずつ2列に並び整然としていますが、杯はサイコロの6の目の構図に2つの杯が加えられるという図像です。マルセイユ版の杯は中央に2つの杯をはさみ上下対称に3つずつ杯が描かれています。対して貨幣は4つずつ2列に並ぶという単純な規則性が見られます。
　ウェイト版では、8の札は生命の樹の天球「栄光」に対応しており、晴れやかではないが、人智を発揮することによる物事の解決がイメージされています。

小アルカナの歴史

杯の8

| ベルガモ・パック | バーデル版 | ウェイト版 |

貨幣の8

| ベルガモ・パック | バーデル版 | ウェイト版 |

## 数札 9

棒の9

ベルガモ・パック
(ヴィスコンティ版)

バーデル版
(マルセイユ版)

ウェイト版

剣の9

ベルガモ・パック

バーデル版

ウェイト版

ヴィスコンティ版とマルセイユ版の棒と剣は4本ずつ交差し、その中央に1本が垂直に加えられています。ヴィスコンティ版の貨幣は8の構図に1つが加えられている図像で、杯は3つずつ3列に整然と並んでいます。マルセイユ版の杯も同様ですが、貨幣は中央に1つの貨幣をはさみ上下対称に4つの貨幣が描かれています。
　ウェイト版では、9の札は生命の樹の天球「基礎」に対応しており、10の最終段階の一歩前、非常に不安定な段階をイメージしています。

小アルカナの歴史

杯の9

ベルガモ・パック 　　　　バーデル版 　　　　ウェイト版

貨幣の9

ベルガモ・パック 　　　　バーデル版 　　　　ウェイト版

273

## 数札 10

棒の10

ベルガモ・パック
(ヴィスコンティ版)

バーデル版
(マルセイユ版)

ウェイト版

剣の10

ベルガモ・パック

バーデル版

ウェイト版

絵札に描かれた象徴物は隙間なくひしめき合うかのごとくです。ヴィスコンティ版の棒と剣は5本ずつ交差し左右対称に描かれ、貨幣も5つずつ2列に整然としていますが、杯は9の構図に1つ杯が横向きで加えられているという図像です。マルセイユ版の杯も同様ですが、棒と剣は4本ずつ交差し、その中央に2本が加えられています。貨幣は、サイコロの5の目の構図が上下に2つ描きだされています。
　ウェイト版では、10の札は生命の樹の天球「王国」に対応しており、俗世、サイクルの最終段階、現実をイメージしています。

小アルカナの歴史

杯の10

ベルガモ・パック 　　　　バーデル版 　　　　ウェイト版

貨幣の10

ベルガモ・パック 　　　　バーデル版 　　　　ウェイト版

| 人物札 | 王 |

棒の王

ベルガモ・パック
（ヴィスコンティ版）

バーデル版
（マルセイユ版）

ウェイト版

剣の王

ベルガモ・パック

バーデル版

ウェイト版

伝統的に、王は御坐に座ったスタイルで描かれ、ヴィスコンティ版の王は比較的若い印象で、多く正面を向いているなか、杯の王のみが横向きです。マルセイユ版では4スートすべての王が御坐にゆったり腰かけている様子で、みな一様に向かって右側に視線を投げています。

　ウェイト版では、生命の樹において人間の根源的なエネルギー、生命力をつかさどる「流出界」に対応し、男性原理に根ざした強力な存在として4タイプの王が描かれている。

小アルカナの歴史

杯の王

ベルガモ・パック
（アカデミア・カッラーラ）

バーデル版

ウェイト版

貨幣の王

ベルガモ・パック

バーデル版

ウェイト版

| 人物札 | **女王** |

**棒の女王**

ベルガモ・パック
（ヴィスコンティ版）
（アカデミア・カッラーラ）

バーデル版
（マルセイユ版）

ウェイト版

**剣の女王**

ベルガモ・パック

バーデル版

ウェイト版

女王は座り姿と立ち姿の両方が見られますが、みなすその長い優美なドレスを身にまとい、堂々たる印象です。ヴィスコンティ版では、髪をアップにして王冠をかぶる女王の表情は淡々としており大きな違いが見られません。マルセイユ版ではみな立派な椅子に腰かけていますが、貨幣の女王のみ横向きです。
　ウェイト版では、生命の樹において人間の心、感情、情動をつかさどる「創造界」に対応し、女性性の豊かな4タイプの女王が描かれています。

小アルカナの歴史

**杯の女王**

ベルガモ・パック 　　　　バーデル版 　　　　ウェイト版

**貨幣の女王**

ベルガモ・パック 　　　　バーデル版 　　　　ウェイト版

| 人物札 | 騎士 |

**棒の騎士**

ベルガモ・パック
（ヴィスコンティ版）
（アカデミア・カッラーラ）

バーデル版
（マルセイユ版）

ウェイト版

**剣の騎士**

ベルガモ・パック
（アカデミア・カッラーラ）

バーデル版

ウェイト版

騎士は馬に乗り、象徴物を片手にもっています。戦場に似つかわしい甲冑姿も貴族的で洒落ています。ヴィスコンティ一族の紋章、波状の線と直線が入り混じった「太陽光」が、馬飾りや衣装にきざまれているものもあります。

　ベルガモ・パックには、小姓がそのまま馬に乗ったかのような「騎士見習い」（86ページ参照）を感じさせるものもあります。貨幣の騎士は現存していない唯一の人物札でオリジナルではなく、復刻版のヴァージョンにより人物の描き方に多少の違いがあります。マルセイユ版は戦場に似つかわしい風貌で、馬の色合いも重要だとされます。

　ウェイト版では、生命の樹において人間の理知、思考をつかさどる「形成界」に対応し、若い男性的な4タイプの騎士が描かれています。

小アルカナの歴史

**杯の騎士**

ベルガモ・パック 　　　バーデル版 　　　ウェイト版

**貨幣の騎士**

ベルガモ・パック 　　　バーデル版 　　　ウェイト版

281

# 人物札 小姓

**棒の小姓**

ベルガモ・パック
（ヴィスコンティ版）
（アカデミア・カッラーラ）

バーデル版
（マルセイユ版）

ウェイト版

**剣の小姓**

ベルガモ・パック
（アカデミア・カッラーラ）

バーデル版

ウェイト版

小姓（86ページ参照）は、古典系では少年ばかりが描かれ、なかには騎士と同一人物のように見えるものもあります。マルセイユ版でも、概して男児が描かれているようですが、中性的な存在もいます。
　ウェイト版では、生命の樹において人間の肉体、五感、統合力をつかさどる「活動界」に対応し、少年、あるいは若い女性的な4タイプの小姓が描かれています。

小アルカナの歴史

杯の小姓

ベルガモ・パック 　　　バーデル版 　　　ウェイト版

貨幣の小姓

ベルガモ・パック
（アカデミア・カッラーラ）　　　バーデル版 　　　ウェイト版

283

# キャリー・イェール・パックの人物札

ヴィスコンティ版キャリー・イェール・パックには、「女騎士」「女小姓」という、ほかにはない人物札が存在します。ほかの人物札とあわせて紹介しましょう。
ここでの4スートは、棒の替わりに槍(やり)が採用されています。

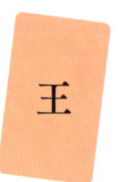

**王**

第4代ミラノ公フランチェスコ・スフォルツァの父親ムツィオ・スフォルツァ(第3代ミラノ公の傭兵隊長)がモデルだという説もあります。

槍の王

剣の王
(イェール大学ベイネック図書館)

杯の王
(イェール大学ベイネック図書館)

貨幣の王
(イェール大学ベイネック図書館)

小アルカナの歴史

女王

杯の女王が現存していないため、槍の女王の絵柄の彩色・ディテールに変化をつけて復刻版が作製されました。

槍の女王
(イェール大学ベイネック図書館)

剣の女王
(イェール大学ベイネック図書館)

杯の女王

貨幣の女王
(イェール大学ベイネック図書館)

285

## 騎士

洒落た騎士たちが、戦いというよりパレードか娯楽としての乗馬に興じている雰囲気です。衣装や馬飾りのそこここにヴィスコンティ一族の紋章がきざまれています。

槍の騎士

剣の騎士

杯の騎士
(イェール大学ベイネック図書館)

貨幣の騎士
(イェール大学ベイネック図書館)

| 小アルカナの歴史

## キャリー・イェール・パックの人物札

小姓

槍の小姓
（イェール大学ベイネック図書館）

剣の小姓

杯の小姓
（イェール大学ベイネック図書館）

貨幣の小姓

帽子やチュニックに当時のモードが表れています。現存していない剣の小姓は槍の小姓を、貨幣の小姓は槍の騎士をアレンジした形になっています。

## 女騎士

女騎士は一様に優雅な印象です。すそが長い豪華な刺繍入りの上着を羽織って、馬にまたがっている者、馬の背に横座りしている者とに二分されます。高く編み上げたヘアスタイルは当時のイタリアの流行です。槍の女騎士のみ帽子をかぶっています。馬はみな白馬で、パレード用の装飾がほどこされています。

槍の女騎士
(イェール大学ベイネック図書館)

剣の女騎士
(イェール大学ベイネック図書館)

杯の女騎士

貨幣の女騎士
(イェール大学ベイネック図書館)

## キャリー・イェール・パックの人物札

**女小姓**

女小姓も、エレガントにすそを引きずるような長いドレスをまとっています。貨幣の女小姓の金箔の衣装には、ヴィスコンティ一族の紋章、枝葉がついた「公爵の王冠」「白鳩」がきざまれています。杯と貨幣の女小姓は横向きで、男の小姓とペアになっているように見えます。

槍の女小姓
(イェール大学ベイネック図書館)

剣の女小姓
(イェール大学ベイネック図書館)

杯の女小姓
(イェール大学ベイネック図書館)

貨幣の女小姓
(イェール大学ベイネック図書館)

# タロット関連年表

| | 日本に関する事項 |
|---|---|
| 伊 | ＝イタリアに関する事項 |
| 仏 | ＝フランスに関する事項 |
| 独 | ＝ドイツに関する事項 |
| 英 | ＝イギリスに関する事項 |

| 西暦 | 世界史・日本史の主な事項 | タロットおよびトランプに関する事項 |
|---|---|---|
| 紀元前4 | この頃、イエス・キリスト誕生。 | |
| 紀元1〜2世紀頃 | ローマ帝国全盛期（パックス・ロマーナ） | |
| 50 | | この頃、中国でトランプ発祥か。 |
| 105 | | この頃、中国で紙が発明され、手描きの紙製トランプが王侯貴族のためにつくられる。 |
| 239 | 邪馬台国の卑弥呼が魏に遣使。 | |
| 313 | キリスト教公認（ミラノ勅令） | |
| 392 | キリスト教以外の宗教を厳禁。 | |
| 391 | 倭が百済・新羅を破る（朝鮮出兵）。 | |
| 395 | ローマ帝国、東西に分裂。 | |
| 530頃 | 仏教伝来 | |
| 600 | 遣隋使の開始。 | |
| 604 | 十七条の憲法を制定。 | |
| | 飛鳥寺釈迦如来像、法隆寺五重の塔がつくられる。 | |
| 712 | 『古事記』撰上 | |
| 720 | 『日本書紀』撰上 | |
| 7世紀後半〜8世紀後半 | 現存する日本最古の和歌集『万葉集』が編纂される。 | |
| 800 | カール大帝、戴冠（西ローマ帝国の復興）。 | |
| 800年代 | | 木版の多色刷りのトランプが出まわりだす。 |
| 845 | 菅原道真、誕生（〜903）。 | |
| 905 | 『古今和歌集』（勅撰和歌集のはじめ） | |
| 962 | 独　オットー1世、戴冠（神聖ローマ帝国）。 | |
| 966 | 藤原道長、誕生（〜1027）。 | |
| 1000頃 | 『枕草子』『源氏物語』 | |
| 1054 | 東西教会分離（ローマ・カトリック） | |
| 1212 | 『方丈記』 | |
| 13世紀中頃 | 『平家物語』 | |
| 1245 | 仏　パリでノートルダム大聖堂が完成。 | |
| 1267 | 伊　この頃、ジオット誕生（〜1337）。 | |
| 13世紀末 | 水墨画が本格的に描かれるようになる。 | |
| 1305 | 足利尊氏、誕生（〜1358）。 | |
| 1345 | 仏　パリのノートルダム大聖堂が完成。 | |
| 1339 | フランスとイギリスの間で百年戦争はじまる。 | |
| 1347〜49 | 黒死病の流行。 | |
| 1364 | 仏　シャルル5世、フランス国王に即位。 | |
| 1370 | | この頃、棒、剣、杯、貨幣からなる4スートのトランプがヨーロッパに伝わる。 |

290

| | | |
|---|---|---|
| 1380 | 仏　シャルル6世、フランス国王に即位。 | |
| 1385 | 伊　ジャンガレアゾ・ヴィスコンティ、ミラノ単独統治を開始。 | |
| 1386 | 伊　ジャンガレアゾ・ヴィスコンティによりミラノの大聖堂建設開始。 | |
| 1395 | 伊　ジャンガレアゾ・ヴィスコンティ、初代ミラノ公に即位。 | |
| 1396 | | 仏　現存しない最古のタロットについてシャルル6世の会計帳に記述される。 |
| 1397 | 足利義満が金閣建立。 | |
| 1402 | 伊　ジョバンニ・マリア・ヴィスコンティ、2代目ミラノ公に即位。 | |
| 1412 | 伊　フィリッポ・マリア・ヴィスコンティ、3代目ミラノ公に即位。 | |
| 1420 | 雪舟、誕生（～1506）。 | |
| 1425 | 伊　フランチェスコ会の説教師がタロットを含むあらゆる賭博を糾弾する声明を発表。 | |
| 1428 | 伊　フィリッポ・マリア・ヴィスコンティとサボイ家のマリア、結婚。 | 伊　この頃、キャリー・イェール・パックが作製される。 |
| 1441 | 伊　フィリッポの娘ビアンカとフランチェスコ・スフォルツァ、結婚。 | |
| 1450 | 伊　フランチェスコ・スフォルツァ、4代目ミラノ公に即位。 | 伊　この頃、ベルガモ・パックが作製される。 |
| 1450 | 伊　ボルゾ・エステ、フェラーラ公に即位。 | |
| 15世紀中頃 | 能・狂言が完成する。 | この頃、トランプのマムルーク朝パックが成立したと推定される。 |
| | 茶の湯・連歌が盛んになる。 | |
| 1460 | | 伊　この頃、マンテーニャのタロットが作製される。 |
| 1454 | 伊・仏　ローディの和 | |
| 1456 | 独　グーテンベルク、活版印刷術を発明。 | |
| 1467 | 応仁の乱（戦国の世となる） | |
| 1469～71 | | 伊　ボルゾ・エステによりエステンシ・タロットが作製される。 |
| 1400年代後半 | ヨーロッパ各地に「死の舞踏」の絵柄が出まわる。 | |
| 1477 | 伊　第5代ミラノ公の娘、カテリーナ・スフォルツァが教皇庁の役人と結婚。 | |
| 1494 | 伊　イタリア戦争はじまる。 | |
| 1495 | フランスがミラノを侵略、スフォルツァ家の統治終了。 | |
| 1496 | 伊　カテリーナ・スフォルツァがジョバンニ・メディチと2度目の結婚。 | |
| 1498 | 伊　ジョバンニ2世（のちのメディチ家の黒隊長）誕生。 | |
| 1517 | 独　ルター、95箇条の意見書を発表。 | |
| 1519 | 伊　ジョバンニ2世の子、コジモ1世誕生。 | |
| 1519 | 伊　この頃、レオナルド・ダ・ヴィンチの《モナ・リザ》完成。 | |

| | | |
|---|---|---|
| 1520 | 伊　ラファエロ死去（1483～）。 | |
| 16世紀前半 | 御伽草子の流行。 | |
| 1522 | 千利休、誕生（～1591）。 | |
| 1543 | 狩野永徳、誕生（～1590）。 | |
| 1549 | フランシスコ・ザビエル、来日。 | |
| 1559 | 伊　コジモ1世の命により宮殿とヴァザーリの回廊建設開始。 | |
| 1574 | 伊　コジモ1世死去。長男フランチェスコ1世が第2代トスカーナ大公に即位。 | |
| 1580 | 伊　ヴァザーリの回廊完成。 | |
| 16世紀後半～17世紀前半 | 南蛮文化の最盛期（楽器、タバコ、パンなど）。 | 日本で天正カルタが普及する。 |
| 1582 | 本能寺の変 | |
| 1583 | 伊　ガリレオ・ガリレイ、振り子の等時性を発見。 | |
| 1600 | 関ヶ原の戦い | |
| 1600 | 英　東インド会社設立。 | |
| 1609 | 伊　第3代トスカーナ大公フェルディナンド1世死去。 | |
| 1616 | 伊　ローマ宗教裁判所、地動説を異端と判決。 | |
| 1621 | 伊　ガリレオを庇護した第3代トスカーナ大公コジモ2世死去。 | |
| 1641 | オランダ商館が出島に移され、鎖国が完成。 | |
| 1650 | | 仏　この頃、ノブレ版、ヴィーヴル版が作製される。 |
| 1651 | 英　トマス・ホッブズが『リヴァイアサン』で啓蒙主義的な国家論を説く。 | |
| 1670 | 伊　コジモ3世が第6代トスカーナ大公に即位。 | |
| 1667 | 伊　コジモ3世の娘、アンナ・マリア・ルイーザ誕生。 | |
| 1682 | 井原西鶴『好色一代男』（浮世草子のはじめ） | |
| 1700年代 | ヨーロッパで庶民向けの有料図書館が開設。 | |
| 1700年代初頭 | | 伊　フィレンツェでエッチングのミンキアーテ・タロットが発行される。 |
| 1700年代前半 | | 仏　ブザンソン版が発行される。 |
| 1701 | | 仏　この頃、ドダル版が作製される。 |
| 1701 | | 仏　税制改革により、マルセイユ版の伝統が消失。 |
| 1709 | | 仏　マドニエ版が作製される。 |
| 1725 | | 伊　この頃、フィレンツェからボローニャにおいて、教皇と女司祭長の絵札の排除命令が教会から下される。 |
| 1743 | 伊　アンナ・マリア・ルイーザ死去、メディチ家の統治終了。 | 伊　ミンキアーテ・タロット発行される。 |

|  | | | |
|---|---|---|---|
| 1751 | | 仏 | この頃、バーデル版が作製される。 |
| 1760 | | 仏 | この頃、コンバー版が作製される。 |
| 1765 | 鈴木晴信、木版の錦絵を創始。 | | |
| 1774 | 杉田玄白・前野良沢『解体新書』 | | |
| 1777 | | | ベルギーでバッカス・タロットが発行される。 |
| 1779 | 仏　農奴廃止令。 | | |
| 1781 | | 仏 | アントワーヌ・クール・ド・ジェブランがタロットのエジプト起源説を主張。 |
| 1789 | 仏　フランス革命勃発。 | | |
| 1790 | 寛政異学の禁 | | |
| 1799 | エジプトでロゼッタ・ストーンが発見される。 | | |
| 1800年代初期 | | 仏 | エリファス・レヴィがタロットとカバラの関係を指摘。 |
| 1806 | 独　神聖ローマ帝国滅亡。 | | |
| 1813 | 伊　ミラノの大聖堂完成。 | | |
| 1833 | 歌川広重「東海道五十三次」。 | | |
| 1835 | 坂本龍馬、誕生（～1867）。 | | |
| 1800年代中頃 | | 伊 | ミンキアーテ・タロットの復刻版ミンキアーテ・フローレンスが発行される。 |
| 1853 | クリミア戦争勃発。 | | |
| 1853 | 米使ペリー、浦賀に来航。 | | |
| 1859 | 英　ダーウィン『種の起源』 | | |
| 1863 | 米　奴隷解放宣言。 | | |
| 1868 | 戊辰戦争はじまる（江戸無血開城）。 | | |
| 1872 | 福沢諭吉『学問のすすめ』 | | |
| 1875 | | 仏 | ポール・クリスチャンのタロットが話題になる。 |
| 1888 | | 英 | 黄金の夜明け団が結成され、タロット研究が進む。 |
| 1889 | 大日本帝国憲法発布。 | | スイスのオスワルド・ヴィルトによりオスワルド・ヴィルト版が発表される。 |
| 1892 | | 仏 | パピュが"The Tarot of the Bohemians（ボヘミアン・タロット）"発表。 |
| 1894 | 日清戦争はじまる。 | | |
| 1900年代 | 世界各地で無料の公共図書館が設立され、読書が流行りだす。 | | |
| 1904 | 日露戦争はじまる。 | | |
| 1905 | 独　アインシュタイン『相対性理論』 | | |
| 1909 | | 英 | A・E・ウェイトによりウェイト版が刊行される。 |
| 1914 | 第一次世界大戦勃発。 | | |
| 1923 | 関東大震災 | | |
| 1939 | 第二次世界大戦勃発。 | | |
| 1942 | | | A・E・ウェイト死去。 |
| 1944 | | 英 | アレイスター・クロウリーによりトート・タロットが発表される。 |
| 1945 | 第二次世界大戦終戦。 | | |

# ウェイト版解釈のための
# キーワード早見表

ここでは実践鑑定の場でもっとも解釈しやすいと定評を得ているウェイト版を扱います。1枚引きで行動の指針や心の持ち方を問いかけるのもよいでしょう。

| 大アルカナ | | 正位置 | 逆位置 |
|---|---|---|---|
| | 愚者<br>The Fool | 冒険、童心、夢を追いかけるのみ | 傍観、抜け殻 |
| | 魔術師<br>The Magician | 発言力、計画性、ビジネススキル | 浅知恵、計画倒れ |
| | 女教皇<br>The High Priestess | 聖性、貞節、几帳面 | 潔癖症、かごの鳥 |
| | 女帝<br>The Empress | 華、結実、豊穣（ほうじょう）、母心 | 受け身すぎる、過保護 |

| | | | |
|---|---|---|---|
| | 皇帝<br>The Emperor | 闘志、男気(おとこぎ)、勝ち得る | 支配、権力・武力で従わせる |
| | 教皇（法王）<br>The Hierophant | 学校、病院、保守性、形式 | 体裁、お役所仕事 |
| | 恋人たち<br>The Lovers | 楽園、レジャー、開放感 | 不和、軽はずみ、気分屋 |
| | 戦車<br>The Chariot | ヒロイズム、賭け、ゲーム、スポーツ | 散漫、熱が冷める、浪費 |
| | 正義<br>Justice | 法律、訴訟、数字で答えをだす | 不釣り合い、不公平、不当な成り行き |
| | 隠者<br>The Hermit | 俗人離れ、地味、質素倹約 | 屈折した人、社会的弱者 |

| | | | |
|---|---|---|---|
| | 運命の輪<br>Wheel of Fortune | 時の流れと変化の恩恵、流行 | 時の流れと変化に巻き込まれる |
| | 力<br>Strength | 勇気、根気、自分との戦い | 荒れる、投げ出す、自分に負ける |
| | 吊るされた男<br>The Hanged Man | 奉仕、自分を捨てる、ペンディング | 無理しない、人より自分 |
| | 死に神<br>Death | 不毛、潮時、刷新、絶縁 | 断ち切れない、未練 |
| | 節制<br>Temperance | 節度、細やかな配慮、癒し | さじ加減が問題、不健全 |
| | 悪魔<br>The Devil | 魔がさす、アディクション、金目 | 底意地、理性との葛藤 |

| | | | |
|---|---|---|---|
| | 塔<br>The Tower | 崩壊、ダメージ、嵐を呼ぶ言動 | 再建のとき、時間を要する改革 |
| | 星<br>The Star | 光、輝くもの、美的センス、理想を追う | 輝けない、高すぎる理想 |
| | 月<br>The Moon | メンタル、秘め事、虚構 | 見えてくる真実、故郷の安らぎ |
| | 太陽<br>The Sun | 健やか、家族、世俗的な吉事 | 曇りがちな喜び、自己中心的 |
| | 審判<br>Judgement | 覚醒、生まれ変わったかのような意識 | 自分の殻をやぶれない |
| | 世界<br>The World | ゆるぎない完璧、障害は皆無 | ある程度の完成度、完璧主義の落とし穴 |

| 小アルカナ | 正位置 | 逆位置 |
| --- | --- | --- |
| Ace of Wands | 創造性の源、生命力 | 活力減退、沈静化 |
| 2 of Wands | 主導権、責任ある選択、重圧 | 主導できない、無責任な言動 |
| 3 of Wands | 発展途上、一定の成果 | 身を引く、遅咲きの成果 |
| 4 of Wands | 安楽、充実する余暇、集い | 惰性に終わる、まとまらない集い |
| 5 of Wands | 奮戦、野蛮、性急 | 長引く争い、消耗する |
| 6 of Wands | 優勢、リーダーシップ、自意識過剰 | 優勢に見えて劣性、有頂天になり降格 |
| 7 of Wands | 守りの攻撃、立場を守る、突き上げ | 器がない、立場を失う |
| 8 of Wands | 突風のような変化、便乗する | 向かい風、変化に乱される |
| 9 of Wands | 負傷する、不戦敗、ハンディ | 過去の傷、懲りずにまた痛い目に遭う |
| 10 of Wands | 我欲、キャパシティを超えている | 限界、選択の余地なし |
| King of Wands | ワンマンな男性 | 傍若無人な男性 |
| Queen of Wands | 天真らんまんな女性 | むとんちゃくな女性 |
| Knight of Wands | 野心あふれる若者 | 血の気の多い若者 |
| Page of Wands | 熱心な少年・少女 | 持続性がない少年少女 |

| | | |
|---|---|---|
| Ace of Cups | 愛の源泉、心の温もり | 愛の放散 |
| 2 of Cups | 深く尊重し合う愛、親密 | 愛情の問題 |
| 3 of Cups | 広く浅く交際する、社交辞令 | 対人トラブル、不和、解散 |
| 4 of Cups | 空しさ、無気力 | ないものねだりをするばかり |
| 5 of Cups | 気落ちする、期待外れ | 悲しみから自暴自棄に |
| 6 of Cups | 慈しみ、兄弟愛 | 同情、淡白な兄弟愛 |
| 7 of Cups | 誇大妄想、現実逃避 | 妄想の本質が問題 |
| 8 of Cups | 心変わり、倦怠感 | 心変わりを認められない |
| 9 of Cups | 要領のよさ、慢心 | 依存心から停滞する |
| 10 of Cups | 満ち足りた心、家族愛 | 完全には満たされない、家庭の問題 |
| King of Cups | 懐が深い男性 | 情に振りまわされる男性 |
| Queen of Cups | 慈愛に満ちた女性 | 流されやすい女性 |
| Knight of Cups | 心優しい若者 | 甘えた若者 |
| Page of Cups | 純粋な少年・少女 | 非現実的な少年少女 |

| | | |
|---|---|---|
| Ace of Swords | 理知の源、鋭い力、決断 | 理知の力では敵わない |
| 2 of Swords | 緊張状態、神経をすり減らす | 相手とともに自分も傷つける |
| 3 of Swords | 心の傷、理解してもらえない悲痛 | 掻き乱される心、誰のせいでもない悲しみ |
| 4 of Swords | 小休止、平和への祈り | 争いを避けない、やみくもに立ち止まる |
| 5 of Swords | 辛辣な言動、人間関係の亀裂 | 尾を引く対立、荒れる人間模様 |
| 6 of Swords | 方向転換、移動 | 変化に抵抗する、追い詰められて変わる |
| 7 of Swords | ごまかし、小細工、駆け引き | ゆがんだ心が発する言動 |
| 8 of Swords | 八方ふさがり、待つのみ | 自業自得、タイミングを見誤る |
| 9 of Swords | 人知れず悩む、止めどない不安 | 現実に向き合う必要性 |
| 10 of Swords | 打ちのめされる、悲惨な敗北 | 立ち上がることが課題 |
| King of Swords | 独善的な男性 | 冷酷無情な男性 |
| Queen of Swords | 手厳しい女性 | 神経質な女性 |
| Knight of Swords | 機敏な若者 | 情報過多の若者 |
| Page of Swords | 先走りがちな少年少女 | ミスが多い少年少女 |

| | | |
|---|---|---|
| Ace of Pentacles | 物質的なエネルギー | 物質的基盤がない |
| 2 of Pentacles | 相互作用、価値感の一致 | 経済の波を読み誤る、利害の不一致 |
| 3 of Pentacles | 少しの前進、コストパフォーマンス | 停滞するビジネス、安かろう悪かろう |
| 4 of Pentacles | 所有、維持、固執 | 独占欲と物欲が裏目に |
| 5 of Pentacles | 経済難、金銭的援助が必要 | 債務処理 |
| 6 of Pentacles | ギブ&テイク、対価を支払う・得る | 損益、不当な雇用条件、 |
| 7 of Pentacles | 満足できない成果、不足が問題 | 数字や成果にとらわれすぎ |
| 8 of Pentacles | 修行、長期にわたる努力 | 長期戦からドロップアウト |
| 9 of Pentacles | 開花する才能、支援と環境に恵まれる | 実力はあるが恵まれない |
| 10 of Pentacles | 完成、資産を築く・受け継ぐ | 完成度が落ちる、負の遺産 |
| King of Pentacles | 伝統や格式を重んじる男性 | 体裁ばかりの男性 |
| Queen of Pentacles | 心優しく堅実な女性 | 浪費傾向のある女性 |
| Knight of Pentacles | 周到な若者 | ずる賢い若者 |
| Page of Pentacles | 勤勉な少年少女 | スローモーな少年少女 |

## 主要参考文献

『ミラノ―ヴィスコンティ家の物語』マリア・ベロンチ、大條成昭訳、新書館
『イタリア・ルネサンスの文化（上・下）』ブルクハルト、柴田治三郎訳、中公文庫
『ルネッサンスの光と闇』高階秀爾、中公文庫
『ルネサンスの歴史（上・下）』I・モンタネッリ、R・ジェルヴァーゾ、藤沢道郎訳、中公文庫
『ルネサンスの女たち』塩野七生、新潮文庫
『図説メディチ家』中嶋浩郎、河出書房新社
『図説ルネサンスに生きた女性たち』佐藤幸三、河出書房新社
『フィレンツェ―初期ルネサンス美術の運命』高階秀爾、中公新書
『物語イタリアの歴史―解体から統一まで』藤沢道郎、中公新書
『日本イタリア京都会館誌イタリアーナ21、26、27』財団法人日本イタリア京都会館
『日本語ウィフィツィ美術館公認ガイド』
『メディチ家　美術品収集の黄金時代』マッシモ・ウィンスピア、中嶋浩郎訳、Silllabe
『最後の晩餐―サンタ・マリア・デレ・グラツェ　食堂と教会の案内』
『服装史　中世編I』オーギュスト・ラシネ、マール社
『図説大聖堂物語―ゴシックの建築と美術』佐藤達生、木俣元一、河出書房新社
『西洋絵画の主題物語I聖書篇』諸川春樹監修、美術出版社
『西洋絵画の主題物語II神話篇』諸川春樹、利倉隆、美術出版社
『西洋美術史』高階秀爾監修、美術出版社
『イメージの博物誌　天使』P・L・ウィルソン、鼓みどり訳、平凡社
『イメージの博物誌　フリーメイソン』W・カーク・マクナルティ、吉村正和訳、平凡社
『イメージの博物誌　ユダヤの秘義』セヴ・ベン・シモン・ハレヴィ、大沼忠弘訳、平凡社
『週刊グレート・アーティスト35 ジオット』同朋舎出版
『週刊グレート・アーティスト36 ランブール兄弟』同朋舎出版
『週刊グレート・アーティスト38 ファン・エイク』同朋舎出版
『週刊グレート・アーティスト39 フラ・アンジェリコ』同朋舎出版
『週刊グレート・アーティスト40 ファン・デル・ウェイデン』同朋舎出版
『週刊グレート・アーティスト41 ボッティチェリ』同朋舎出版
『「知」のビジュアル百科　古城事典』クリストファー・グラヴェット、森岡敬一郎日本語版監修、坂本憲一訳、あすなろ書房
『「知」のビジュアル百科　ルネサンス入門』アンドリュー・ラングリー、森田義之日本語版監修、あすなろ書房
『「知」のビジュアル百科　文字と書の歴史』カレン・ブルックフィールド、浅葉克己日本語版監修、あすなろ書房
『「知」のビジュアル百科　衣服の歴史図鑑』L・ローランド＝ワーン、川成洋日本語版監修、リリーフ・システムズ翻訳協力、あすなろ書房
『「知」のビジュアル百科　中世ヨーロッパ入門』アンドリュー・ラングリー、池上俊一日本語版監修、あすなろ書房
『「知」のビジュアル百科　中世ヨーロッパ騎士事典』クリストファー・グラヴェット、森岡敬一郎日本語版監修、あすなろ書房
『「知」のビジュアル百科　魔術事典』ダグラス・ヒル、高山宏日本語版監修、あすなろ書房
『Pen　No.325』2012年11月15日号
『図説ケルトの歴史』鶴岡真弓、松村一男、河出書房新社
『木版画を読む―占星術・「死の舞踏」そして宗教改革』森田安一、山川出版社
"The Complete Engravings, Etchings and Drypoints of Albrecht Duurer" Dover
『図説・古代密儀宗教』ジョスリン・ゴドウィン、吉村正和訳、平凡社
『サイン・シンボル事典』ミランダ・ブルース＝ミットフォード、若桑みどり訳、三省堂
『キリスト教美術図典』柳宗玄、中森義宗編、吉川弘文館
『魔術―深層意識の操作』ルッツ・ミュラー、岡部仁訳、青土社
『カバラーの世界』パール・エプスタイン、松田和也訳、青土社
『シュメル―人類最古の文明』小林登志子、中公新書
『エジプト神話シンボル事典』マンフレート・ルルカー、山下主一郎訳、大修館書店
『図説世界シンボル事典』ハンス・ビーダーマン、藤代幸一監修、八坂書房
『世界シンボル辞典』J・C・クーパー、岩崎宗治・鈴木繁夫訳、三省堂
『タロット象徴事典』井上教子、国書刊行会
『秘伝カモワンタロット』フィリップ・カモワン、大沼忠弘、学習研究社
『新・タロット図解』A・E・ウェイト、シビル岡田訳、アレクサンドリア木星王監修、魔女の家BOOKS
『タロット秘密解読』アレクサンドリア木星王編、魔女の家BOOKS
『オカルトの事典』フレッド・ゲティングズ、松田幸雄訳、青土社
"Encyclopedia of the Occult" Rider
"The Pictorial Key to The Tarot" A.E. Waite, Samuel Weiser Inc.
"The Visconti-Sforza Tarot Cards" Michael Dummett, George Braziller, Inc
"Tarot Classic Book" Stuart R. Kaplan, U.S.Games Systems, Inc
"The Minchiate Tarot" Brian Williams, Inner Traditions
『カラー版 ヨーロッパ中世ものづくし』キアーラ・フルゴーニ、高橋友子訳、岩波書店
『世界史AB用語集』『山川世界史小辞典』『山川世界史総合図録』『詳説日本史研究』以上山川出版社

参考ウェブサイト：
http://tarot-history.com
http://letarot.com
http://www.tarotpedia.com/wiki/Main_Page

# おわりに

　ルネッサンス期に華やいだ宮廷芸術の一端としてのヴィスコンティ版、王やキリスト教会主導の階級社会を風刺したマルセイユ版、そして西洋文化の起源にさかのぼり、絵とシンボルの力を見直すがごとく作製されたウェイト版へと変容していくタロットの姿に、みなさまはなにを感じとられたでしょうか。人生について大きな気づきや「幸運のタネ」を見出せる、それがタロット占術のもっとも魅力的なところかもしれません。

　今日、私たちに馴染みのあるタロットといえば、人生に迷った人が心を開き、生きることに前向きになるための占いのツールとなっています。心理療法に匹敵するほどの自己啓発的な効果が期待されるため、占術を教授する立場からすると、「直感に頼った未来予知」などではなく、まずは絵柄・シンボルの伝統を、そして古典系、マルセイユ系、ウェイト系のDNAの違いをしっかり理解していただきたいと思いいたります。プロ占術家に限って「歴史はどうでもよい、解釈を教えてほしい」といってこられますが、道具を使いこなすには、そのものの成り立ちや構造を把握することに尽きるのではないでしょうか。

　タロットの歴史といっても未解明な部分が多いなか、本書執筆終盤になって、フランスから大アルカナ44枚でワンセットになったヴィーヴル版の復刻版が届くなど、新たな研究・開発は各国で日進月歩に進んでいます。
　またいつかどこかで、目新しい情報提供ができる日が来ることを願いつつ、筆をおきたいと思います。最後に、本書執筆にあたりお世話になった方々に、感謝と敬愛の意を表し、深く御礼申し上げます。

2014年11月

井上教子

## 井上教子　いのうえ・きょうこ

神奈川県生まれ。米Illinois Collegeにて心理学専攻。長年、占術家ステラ・マリス・ナディアとして数々の占いコンテンツの企画・制作にたずさわり、現在は占いに関する一切の業務を請け負う株式会社ステラ・マリス・ナディア・オフィス代表を務める。ネットサイト「タロットマスターズワールド」を通じてタロット研究資料を公開したり、各種タロットのウェブ講座を展開している。
著書に『In the Dead of the Night〜真夜中に〜』(れんが書房新社)『タロット解釈実践事典』『タロット象徴事典』(ともに国書刊行会)。
オフィシャルサイト：http://stella-office.com/

---

## タロットの歴史　西洋文化史から図像を読み解く

2014年11月30日　1版1刷　発行
2022年 5 月30日　1版2刷　発行

| | |
|---|---|
| 著　者 | 井上教子 |
| 発行者 | 野澤武史 |
| 発行所 | 株式会社山川出版社 |
| | 〒101-0047　東京都千代田区内神田1-13-13 |
| | 電　話　03(3293)8131(営業) |
| | 　　　　03(3293)1802(編集) |
| | 振　替　00120-9-43993 |
| 企画・編集 | 山川図書出版株式会社 |
| 印刷・製本 | 図書印刷株式会社 |

©Kyoko Inoue 2014 Printed in Japan
ISBN978-4-634-15062-1

造本には十分注意しておりますが、
万一、落丁本・乱丁本などがございましたら、
小社営業部宛にお送りください。
送料小社負担にてお取り替え致します。

定価はカバーに表示してあります。